悬索桥

XUANSUOQIAO GUANLI YU YANGHU SHOUCE

管理与养护手册

重庆市城市建设投资（集团）有限公司 编著
重庆市城投路桥管理有限公司

重庆大学出版社

图书在版编目（CIP）数据

悬索桥管理与养护手册/重庆市城市建设投资
（集团）有限公司，重庆市城投路桥管理有限公司编著. --
重庆：重庆大学出版社，2023.6
ISBN 978-7-5689-3949-2

Ⅰ.①悬… Ⅱ.①重… ②重… Ⅲ.①悬索桥—技术
管理—手册②悬索桥—保养—手册 Ⅳ.①U448.25-62

中国国家版本馆 CIP 数据核字（2023）第 093265 号

悬索桥管理与养护手册
XUANSUOQIAO GUANLI YU YANGHU SHOUCE
重庆市城市建设投资（集团）有限公司
重庆市城投路桥管理有限公司　编著

责任编辑　肖乾泉
版式设计　肖乾泉
责任校对　王　倩
责任印制　赵　晟
出　　版　重庆大学出版社出版发行
　　　　　出版人：饶帮华
　　　　　社址：重庆市沙坪坝区大学城西路 21 号
　　　　　邮编：401331
　　　　　电话：(023) 88617190　88617185（中小学）
　　　　　传真：(023) 88617186　88617166
　　　　　网址：http://www.cqup.com.cn
　　　　　邮箱：fxk@cqup.com.cn（营销中心）
发　　行　全国新华书店经销
印　　刷　重庆五洲海斯特印务有限公司
开　　本　787mm×1092mm　1/16
印　　张　16.25
字　　数　276 千
版　　次　2023 年 6 月第 1 版
印　　次　2023 年 6 月第 1 次印刷
书　　号　ISBN 978-7-5689-3949-2
定　　价　59.00 元

《悬索桥管理与养护手册》
编辑委员会

主　　　任:李　明

常务副主任:张　鹏

副　主　任:张孝卫　杨　忠　黄光成　李华基　王秀莉　周念忠

委　　　员:李　政　肖时龙　胡　涛　向双林　金　鑫　肖杨军
　　　　　　张卢喻

编辑部

主　　编:李　政

副　主　编:肖时龙

成　　员:张　圣　刘　健　周小平　李代杰　王志艳
　　　　　李泽军　王　争　陈大碧　李长杨　龚汉锡
　　　　　周　健　孙　科　李　怡　黄　彬　彭俊超
　　　　　刘　璞　刘　航　叶永俊　唐中浪　吴诗元
　　　　　董　磊　曾　勇　田世清

序

　　"交通强国"战略是我国全面建设社会主义现代化强国的基本战略,在建设社会主义现代化强国之路上,中国共产党带领勤劳勇敢的中国人民披荆斩棘、筚路蓝缕,创造了无数举世瞩目、令人惊叹的大桥工程,我国桥梁规模堪称世界现代交通基础设施建设的奇迹! 在桥梁建设发展史中,悬索桥占据着重要的地位,因其用料省、自重轻、跨度大、构造简、线形美等优点,大跨度桥梁几乎全采用这种结构,是跨越能力最强的桥型之一。我国现代悬索桥兴起于20世纪90年代,经过数十年的发展,建成了许多世界著名的悬索桥,使我国跨入了现代化悬索桥设计施工技术的先进行列。因此,管理好、养护好悬索桥,既是新时代桥梁管养领域的客观需要,更是全面建成社会主义现代化强国的客观需求,是桥梁管养同行必须悉心研究的问题!

　　重庆市城市建设投资(集团)有限公司全资子公司重庆市城投路桥管理有限公司(以下简称"城投路桥")自2002年成立,经过20多年的发展,管养了重庆市主城区14座特大型跨江大桥,管辖资产超过500亿元。这不但在"桥都"重庆首屈一指,在西南地区乃至于全国,也是桥梁管理维护的一流企业。依托于得天独厚的管养条件、常年丰富的管养实践,城投路桥在管养理念、方法等方面不断探索、提高,总结多年管养经验,组织一批技术实力顶尖、管养经验丰富的桥梁管养工作者,精心编写了《悬索桥管理与养护手册》。这是一本悬索桥管养规范性企业标准,详细介绍了悬索桥管理、检查、保养、维护等内容,对指导悬索桥规范、有效地管养具有较大的参考价值。

　　随着党的二十大胜利召开,我们相信,在迈上全面建设社会主义现代化国家新征程、向第二个百年奋斗目标进军的关键时刻,全体桥梁建设和养护同仁自信自强、守正创新,踔厉奋发、勇毅前行,悬索桥的建设和管养事业将会迎来新的发展进步。《悬索桥管理与养护手册》的出版发行,将为悬索桥管养事业的持续发展再立新功!

2022 年 12 月 5 日

前　言

　　悬索桥能否在设计使用寿命期内安全使用直接关系到道路交通的长期安全、畅通。桥梁在服役期间的技术与安全状态与诸多因素有关,其中,桥梁管理和养护工作质量至关重要,尤其是设计或施工本身存在一定缺陷的桥梁更需要精心呵护。悬索桥管理与养护虽然已有规范标准可以遵循,但因其存在诸多不足,其有效性仍不够。

　　为使悬索桥能够有效管养,确保桥梁的安全、完好状态,以党的二十大精神为引领,按照《城市桥梁养护技术标准》(CJJ 99—2017)、《城市桥梁养护技术规程》(DB 50/231—2006)和《城市桥梁安全性评估规程》(DB50/T 273—2021)等有关规范的要求,结合重庆城投路桥管理有限公司20多年悬索桥管养的经验积累,以重庆市主城区第一座跨江悬索桥——鹅公岩长江大桥为基础,结合多年来对悬索桥管养的探索与实践,系统梳理多年检测数据,同时借鉴吸纳行业优秀经验,辐射涵盖国内外诸多悬索桥管养内容,编制了《悬索桥管理与养护手册》,以供行业内参考交流,同时指导今后悬索桥的管养工作。

　　本手册编制目的:

　　对管养单位技术、管理人员由公司自行承担的工作,做到工作内容清楚(有哪些工作要做)、工作思路清晰(工作开展的程序)、管理有章可循、技术有案可鉴、问题有径可诉、结果有据可查。对管养单位技术、管理人员由公司监督执行(管理单位负责监督、验收,具体工作由外委单位承担)的工作,做到管养内容明了、验收内容清楚、验收方法明确、结果处理要求具体。

　　本手册重点章节及内容要点:

　　(1)悬索桥典型病害,罗列悬索桥常见的各种典型病害。内容要点:阐述病害现场,分析病害成因。

　　(2)大跨度悬索桥的常规检测,解决按期检测(查)、识别病害、分析病因、结果报告的问题。内容要点包括养护类别及养护等级划分,悬索桥经常性检查的部位、内容、方法、病害识别,定期检测和特殊检测的内容、检测(查)要点、检测(查)要求,桥梁监测的监测范围、监测内容、数据分析要求。

（3）悬索桥各主要构件的养护维修方法和施工工艺，相应的养护维修方法应按照处置方案执行。涉及本手册中相同处置工艺的，可参考执行。

本手册在现行标准基础上，将技术、管理要求和落地路径进一步明确，能够更好地指导悬索桥管理与养护工作开展，确保悬索桥安全运营。

本书在编写过程中，得到了重庆市桥梁协会、重庆交通大学等单位的大力支持，在此表示衷心的感谢；也参阅了一些公开出版和发表的文献，在此对相关作者一并表示感谢；书中部分图片来自网络，无法找到作者，如涉及版权使用问题，请与本书作者联系。

由于编者水平有限，书中不足之处在所难免，敬请读者批评指正。

目 录

第1篇 概述

第2篇 养护篇

第 3 篇　管理篇

|第1篇| 概 述

第1章 概 述

1.1 悬索桥的特点

悬索桥,又名吊桥(suspension bridge),是以通过索塔悬挂并锚固于两岸(或桥两端)的缆索(或钢链)作为上部结构主要承重构件的桥梁。现代悬索桥是由索桥演变而来的。现代悬索桥的构造方式是 19 世纪初出现的。悬索桥是以承受拉力的缆索或钢链作为主要承重构件的桥梁,由基础、锚碇、索塔、主缆、吊杆、桥面系等部分组成。悬索桥的上部结构主要承重构件是悬吊系统,它主要承受拉力,一般采用抗拉强度高的钢材(钢丝、钢缆等)制作。悬索桥可以充分利用材料的强度,并具有用料省、自重轻的特点,适用范围以大跨度及特大跨度桥梁为主。当今,大跨度桥梁大多采用此结构,是大跨度桥梁的主要表现形式。

悬索桥是特大跨度桥梁的主要形式。相对于其他桥梁结构,悬索桥可以使用比较少的材料来跨越比较长的距离,还可以充分利用材料的强度,减少用料、自重轻,因此在各种体系桥梁中具有较大的跨越能力。截至 2008 年,除苏通长江大桥、香港昂船洲大桥这两座斜拉桥以外,其他的跨度超过 1 000 m 的都是悬索桥。如用自重轻、强度很大的碳纤维作为主缆,理论上悬索桥的极限跨度可超过 8 000 m。

悬索桥是以悬索为主要承重构件,其主要构造包括主缆、桥塔、吊杆、加劲梁、桥面结构、锚碇及基础。悬索桥的主要受力特征是荷载由吊杆传至主缆,再由主缆将力传递至桥塔和锚碇,整个结构传力途径简捷、明确。悬索桥具有构造简单、跨度大、线形优美的特点。成桥时,主要由主缆和主塔承受结构自重,加劲梁受力由施工方法决定。成桥后,结构共同承受外荷载作用,受力按刚度分配。

主缆是结构体系中的主要承重构件,是几何可变体,主要承受拉力作用。主缆不仅可以通过自身弹性变形,而且可以通过其几何形状的改变来影响体系平衡,表现出大位移非线性的力学特征,这是悬索桥区别于其他桥梁结构的重要特征之一。主缆在恒载作用下具有很大的初始张拉力,为后续结构形状提供强大的"重力刚度",这是悬索桥跨度得以不断增大、加劲梁高跨比得以减小的根本原因。

主塔是悬索桥抵抗竖向荷载的主要承重构件,在恒载作用下,以轴向受压为主;在活载作用下,以压弯为主,呈梁柱构件特征。由于主塔水平抗推刚度相对较小,塔顶水平位移主要由中、边跨主缆平衡条件决定,因此,塔内弯矩大小取决于塔的弯曲刚度。

加劲梁是悬索桥保证车辆行驶、提供结构刚度的二次结构,其主要承受弯曲内力。由悬索桥施工方法可知,加劲梁的弯曲内力主要来自结构二期恒载和活载。大跨度悬索桥加劲梁的挠度是从属于主缆的,随着跨度的增大,加劲梁的功能退化为将活载传至主缆,其自身抗弯刚度对结构刚度的影响也逐渐减小。

吊杆是将加劲梁自重、外荷载传递到主缆的传力构件,是连接加劲梁和主缆的纽带,承受轴向拉力。吊杆内恒载轴力的大小,既决定了主缆在成桥态下的真实索形,也决定了加劲梁的恒载弯矩,是研究悬索桥成桥状态的关键。

锚碇是锚固主缆的结构,它将主缆中的拉力传递给地基,通常采用重力式锚和隧道式锚。重力式锚用自重抵抗主缆的垂直分力,用锚底摩阻力或嵌固阻力来抵抗主缆水平分力。隧道式锚则直接将主缆拉力传给周围基岩。在悬索桥结构分析中,常将主缆的锚固点作为固定约束处理。

1.2　悬索桥历史及在国内的发展

悬索桥是跨越能力最强的桥型之一,其历史是古老的,其雏形在 3 000 多年就已出现。早期热带原始人利用森林中的藤、竹、树茎做成悬索桥以渡过小溪,使用的悬索有竖直的、斜拉的,或者两者混合的。婆罗洲、老挝、爪哇原始藤竹桥,都是早期悬索桥的雏形。不过,具有文字记载的悬索桥雏形最早的要数中国。远在公元前 3 世纪,秦取西蜀,在我国四川境内就修建了" 笮"(竹索桥)。直到今天,仍在影响着世界悬索桥形式的发展。

19 世纪末,悬索桥跨度突破 300 m。当时所遇到的问题是活载挠度过大,曾通过增大加劲梁刚度来解决这一问题,主梁高跨比用到 1/40 左右。1888 年,挠度理论的诞生使人们对悬索桥结构的力学特性有了新的认识。

第二次世界大战后,悬索桥进入了新的发展时期。欧洲各国采用了抗风性能好的薄壁箱形截面加劲梁。此后,这种桥型在美国、日本、挪威、丹麦等国家都得到广泛应用。

近代中国的悬索桥发展,自 1938 年湖南建成一座公路悬索桥,可运行 10 t 汽车,随后又有一批公路悬索桥建成。中华人民共和国成立后,共建成 70 多座此类桥梁,但跨度小、宽度窄、荷载标准低,发展大大滞后。

我国现代悬索桥的建造起于 20 世纪 60 年代,在西南山区建造了一些跨度在 200 m 以内的半加劲式单链和双链悬索桥,其中较著名的是 1969 年建成的重庆朝阳大桥、1984 年建成的西藏达孜桥(跨度达 500 m)。

高强钢丝、施工方法和计算理论的发展使悬索桥进入了向低高度主梁、高强度材料和大跨度方向发展的阶段。20 世纪 90 年代后,我国现代悬索桥有了很快的发展,建成了许多各有特色的大跨度悬索桥。主跨长 452 m 的广东汕头海湾大桥被誉为"中国第一座大跨度现代悬索桥",其主跨位居预应力混凝土加劲梁悬索桥世界第一;1996 年建成、主跨长 900 m、首次实现一跨跨越长江的湖北西陵长江大桥,是我国自主设计施工建成的第一座全焊钢箱加劲梁悬索桥;1997 年建成、主跨长 888 m 的广东虎门大桥,是我国自主建造的第一座现代化六车道高速公路钢箱梁悬索桥;1997 年建成、主跨为 450 m 的重庆丰都长江大桥,是我国第一座大跨度钢桁梁悬索桥;1998 年建成、主跨长 1 377 m 的香港青马大桥,是我国第一座跨度超千米的公铁两用悬索桥;1999 年建成的江阴长江公路大桥主跨超过 1 200 m(图 1.1);1999 年 12 月建成、主桥跨度为(230+648+230)m 的福建厦门海沧大桥,是我国首座三跨连续漂浮式悬索桥,位居同类桥型世界第二。2005 年竣工的江苏润扬长江公路大桥主跨为 1 490 m,为世界第三大跨度悬索桥(图 1.2);2009 年通车的舟山西堠门大桥,主跨为 1 650 m,主跨当时位居世界第二(图 1.3);2012 年,我国建成的江苏泰州长江大桥为主跨 2 ×1 080 m 的三塔双跨钢箱梁悬索桥,为世界首创(图 1.4)。

图 1.1　江阴长江公路大桥

图 1.2　润扬长江公路大桥

图 1.3　舟山西堠门大桥

图 1.4　江苏泰州长江大桥

矮寨大桥位于湖南省湘西土家族苗族自治州矮寨镇境内,距吉首市区约 20 km,跨越矮寨镇附近的山谷,德夯河流经谷底,桥面设计标高与地面高差达 330 m 左右。桥型方案为钢桁加劲梁单跨悬索桥,主跨为 1 176 m。该桥跨越矮寨大峡谷,当时主跨居世界第三、亚洲第一。

武汉杨泗港长江大桥总长 4 134. 377 m,主跨为 1 700 m,引桥全长 2 434. 377 m;加劲梁桁高 10 m,2 片主桁中心距为 28 m,标准节间长 9 m,两侧两端各 2 个节间长 10 m,吊杆间距为 18 m(图 1.5)。两座桥塔承台以上塔柱(含塔座)高度分别为 231.9 m、243.9 m。全桥共计 2 根主缆,每根主缆索股共 271 股,每根索股共计 91 丝,抗拉强度标准值为 1 960 MPa;主缆跨度布置为(465+1 700+465)m,边中跨比为 0.274。塔基长 77. 2 m,宽 40 m,高 50 m。

图 1.5　武汉杨泗港长江大桥

除此之外,已建成通车的悬索桥还有宜昌公路长江大桥(主跨 960 m)、西陵长江公路大桥(主跨 900 m)、阳逻长江大桥(主跨 1 280 m)、广州珠江黄埔大桥(主跨 1 108 m)和贵州坝陵河大桥(主跨 1 088 m)等大中跨度悬索桥(表 1.1)。这些桥的建成不仅填补了我国现代悬索桥的空白,而且使我国跨入了掌握现代化悬索桥的设计、分析、施工技术的先进行列。

我国已进入了世界悬索桥建造先进行列。随着江阴长江公路大桥的建成通车,我国已经成为继美国、英国、日本、丹麦和瑞典之后第 6 个能够建造千米级大桥的国家。大跨度桥梁的发展是以缆索承重桥梁作为主要结构形式,尤以悬索桥为主;随着缆索承重桥梁的修建数量的不断增加,大跨度悬索桥的维护修复和管理策略研究已经提上了日程,面临新的挑战。

表 1.1　我国部分主跨 450 m 以上的悬索桥及加劲梁形式

序号	桥名	竣工年份	主跨跨径(m)	桥型	加劲梁形式
1	舟山西堠门大桥	2009	1 650	双塔两跨	钢箱梁
2	润扬长江公路大桥	2005	1 490	双塔单跨	钢箱梁
3	江阴长江公路大桥	1999	1 385	双塔单跨	钢箱梁
4	香港青马大桥	1997	1 377	双塔两跨	钢桁梁
5	阳逻长江大桥	2007	1 280	双塔单跨	钢箱梁
6	矮寨大桥	2011	1 176	双塔单跨	钢桁梁
7	广州珠江黄埔大桥	2008	1 108	双塔单跨	钢箱梁
8	贵州坝陵河大桥	2009	1 088	双塔单跨	钢桁梁
9	江苏泰州长江大桥	2012	1 080×2	三塔两跨	钢箱梁
10	湖北宜昌长江大桥	2001	960	双塔单跨	钢箱梁
11	湖北西陵长江大桥	1996	900	双塔单跨	钢箱梁
12	湖北巴东四渡河大桥	2009	900	双塔单跨	钢桁梁
13	广东虎门大桥	1997	888	双塔单跨	钢箱梁
14	厦门海沧大桥	1999	648	双塔三跨	钢箱梁
15	贵州北盘江大桥	2012	636	双塔单跨	钢桁梁
16	重庆鹅公岩长江大桥	2000	600	双塔三跨	钢箱梁
17	重庆万州长江大桥	2004	580	双塔单跨	钢桁梁
18	重庆忠县长江大桥	2001	560	双塔单跨	钢桁梁
19	广东汕头海湾大桥	1995	452	双塔三跨	钢箱梁
20	重庆丰都长江大桥	1997	450	双塔单跨	钢桁梁

1.3 鹅公岩长江大桥

鹅公岩长江大桥是我国重庆市境内连接九龙坡区与南岸区的过江通道,位于长江之上,为门形双塔柱悬索桥,是重庆市主城区东西方向快速干道的组成部分。鹅公岩长江大桥于 1997 年 12 月 27 日开工,于 2000 年 12 月 27 日建成通车。鹅公岩长江大桥西起于九龙坡区鹅公岩立交,东止于南岸区赵家坝立交,桥面布置为双向 8 车道,设计最高速度为 80 km/h,如图 1.6 所示。

鹅公岩长江大桥是一座城市桥梁,是一座三跨连续钢箱梁悬索桥,跨径布置为(211+600+211)m,全长 7.27 km,其中正桥长 1 420 m,主桥长 1 022 m,主跨为 600 m,主塔高 163.9 m。高耸的门形双塔成为重庆市的又一景观。桥面设计为城市快速路双向 6 车道及双线轨道,宽 35.5m,设计行车速度为 80 km/h,日通行能力 7.2 万辆;后取消轨道线路及人行功能,改造拓宽为双向 8 车道。宽 35.5 m、高 3 m 的扁平钢箱梁在索塔下不设竖向支座,而采用在塔附近设特殊吊杆的措施。在边墩设有黏滞阻尼器,控制加劲梁水平移动的距离。桥址处为泥岩和砂岩互层地层,西岸为重力式锚,东岸为隧道式锚。其混凝土用量为 10 400 m^3、钢材用量为 33 200 t。

图 1.6　鹅公岩长江大桥

第2章 大跨度悬索桥管养的意义与目标

2.1 悬索桥管养的意义

大跨度悬索桥管养的意义在于通过严格执行养护行业标准,遵循"预防为主,防治结合"的科学养护方针,严格执行"养好重点,保证一般"的养护原则,充分确保桥梁作为战略资产的通行安全,同时通过后期实施的一系列桥梁景观灯饰工程、桥梁涂装品质提升工程等,发挥悬索桥作为城市桥梁建设技术发展、桥梁养护技术发展、城市窗口的功能作用。

大跨度悬索桥往往是主干道的关键工程或者某个跨江主干道的"咽喉"工程,也是联系两岸的纽带,对促进经济的发展和保持社会的稳定有着重要的意义。大跨度悬索桥往往是道路的主要工程结构物,是交通的"咽喉",它的技术状况直接影响到公路的畅通和行车安全,也直接影响公路交通的经济效益和社会效益。

吊杆是悬索桥的重要传力构件,其健康状况关乎结构的安全与正常使用。由于吊杆护套在运输或施工过程中的损伤或使用过程中的老化、镀锌钢丝腐蚀、开裂、断丝等原因,相当一部分吊杆在大桥建成后不久便出现严重损伤,有的不得不提前维修或更换,甚至极个别断裂导致桥梁倒塌。如何界定吊杆损伤破坏机理及失效判据,准确分析吊杆的力学行为,准确模拟吊杆的疲劳与腐蚀演化过程,并对吊杆损伤演化及剩余寿命进行评估,决定换索与否,是目前研究人员和管理与养护单位共同面临的难题。鉴于吊杆损伤演化背后隐藏的结构安全和经济隐患,有必要对上述理论问题展开研究,科学地制订吊杆日常养护、检测、评定以及更换及维修策略。

主缆腐蚀的原因是在施工过程中侵入雨水的滞留以及在运营过程中防护的损伤。主缆钢丝会逐渐发生腐蚀,腐蚀发展到一定程度后,必将影响大桥的正常使用功能。在使用过程中,疲劳、腐蚀等原因导致吊杆或主缆索股断丝。有些断丝发生在外层,有些则发生在内部,肉眼无法看到。长期的运营使得主缆松弛以及载重量的改变,会导致主缆线形变化,这种变化积累到一定程度便会影响桥梁使用功能和美观。主缆钢丝腐蚀减少了有效的索股面积和强度,严重危及悬索桥的安全。在100年设计基准期内,主缆是不能更换的。悬索桥的主缆是其主要的承重构件,吊杆是直接承载构件,它们的严重腐蚀会危及其使用功能和寿命。一旦缆索系统发生腐蚀,后果不堪设想。因缆索系统引起的安全事故和经济上的损失是非常惨重的。如何评定主缆的腐蚀状态、主缆钢丝的断裂分析、主缆的检测与维修策略已经提上了日程。

钢箱梁同样问题突出,如存在大量焊接构造,制造施工要求较高;疲劳破坏问题突出,在车轮荷载长期反复作用下,焊缝易开裂。这些都会极大地影响钢箱梁的使用性能及耐久性。钢桥面板开裂所带来的后果也很严重。首先,钢桥面板疲劳裂纹若不能得到及时修补,不但会导致钢桥面铺装迅速破坏,而且会威胁行车安全,给桥梁的安全运营带来隐患。其次,钢桥面板疲劳开裂后维修难度大,费用高且耗时长,修补后的细节疲劳抗力并不能有实质性的提高反而会降低,修补效果差。需要密切结合实际情况,尽快深入对正交异性钢桥面板的受力行为和疲劳破坏机理的研究,建立钢箱梁的维修策略,防患于未然,这具有重要的理论研究价值和工程实际意义。

2.2 悬索桥管养的目标

桥梁的维护,或者更具体地说,桥梁的修理、修补、翻新甚至大修等,在桥梁结构的服役寿命内都是存在的,伴随着桥梁结构服役的整个过程,同时也是维持结构正常服役的必要手段和根本措施。结构维护的基本思想和所采用的手段都与当时的科学技术水平有着紧密的联系。因此,从桥梁结构维护的基本理念和所采用手段的发展历程来看,早期的结构维护通常是对受损伤结构或者已经失效的结构构件的基本功能和安全水平进行不同程度的恢复和提升,以此来满足结构服役过程中所必须提供的结构服役可靠性水平。

早期的结构维护的基本理念可以说是被动的,是对结构中构件的非正常服役状态的校正性行为和对损失的结构安全水平的补救。工程实践表明,工程结构的被动维护措施尽管能够在一定程度上提升结构的抵抗外部荷载的能力、增强抵抗服役环境对结构的侵蚀作用的能力以及对延长结构的服役寿命能够起到积极的作用,但被动维护措施不能从根本上改变结构的服役性态。实际上,在延长结构的服役寿命方面,被动维护的效果也是非常有限的。尤其是对于结构性能损伤严重的工程结构来说,被动维护措施从根本上说是不能很好地发挥效用的。从另一方面来讲,被动维护措施更不能对已经因为结构的损坏造成的经济损失的挽救有所帮助。

随着对结构服役过程中结构性能演化规律研究的进展,尤其是对结构基本构件、构件的组合以及构成结构的材料在特定服役环境中的基本力学性能和耐久性能研究的进展,通过对结构服役过程的可控性、服役过程中结构状态安全水平的可知性以及结构服役寿命的可预测性的认知不断加深,结构的预防性维护能够得以实现。通常情况下,预防性维护的执行不因目标体系的状态而改变,包括常规检测、对目标体系的执行保护措施,以及对损坏单元、设备的修理或替换3 个主要组成部分。因此,对于桥梁结构来说,预防性维护开展的模式是根据日常执行的结构检测的结果对结构的服役状态进行系统的评估和判断,并根据结构服役状态的评估结果对不同状态的结构单元施以保护措施或者对损坏单元进行修理、替换等。

按照《城市桥梁养护技术标准》(CJJ 99—2017)城市悬索桥在道路系统中的地位及重要性的分类,根据悬索桥每年评定的技术等级,所采取的桥梁系列日常养护、保养小修、针对性小修或中修、进行局部中修、大修或加固工程(检测评估后)、进行大修、加固或改扩建工程(检测评估后),使悬索桥满足现行荷载安全通行需求及耐久性要求,同时对于大中城市的跨江悬索桥及 1 类悬索桥,还有考虑城市连接窗口、典型区域代表的景观需求,悬索桥的管理与养护应达到以下目标:

①养护应以创精品养护为目标,贯彻"预防为主,防治结合"的方针,加强桥梁的日常性、周期性检查和养护维修工作,建立、健全桥梁技术档案,制订符合实际的养护维修措施,使大桥及其附属设施处于良好的技术状态。

②养护工作应根据积累的技术经济资料和当地具体情况,通过科学分析、预先防范,消除隐患,增强桥梁设施的耐久性和抗灾能力。

③做好雨季和大风季节的防护工作,以减少水毁和风毁损失。

④推广应用先进的养护技术和科学的管理方法,改善养护生产手段,提高养

护技术水平。

2.3　城市悬索桥管养的基本要求

城市桥梁管理工作主要体现在资产管理、安全管理、运营管理、环境管理和养护工程管理等方面;城市桥梁养护工作主要体现在检测评估和养护维修方面。城市桥梁养护工作是城市桥梁有效管理的基础。

要有效开展城市悬索桥管养工作,必须做到"十个到位",这也是对城市桥梁管养的基本要求。

①认识到位。即通过对城市桥梁管理与养护相关现行有效法规、政策、规范、制度等的了解、学习,建立和强化桥梁管理与养护意识,进而自觉主动按照规定规范开展桥梁管理与养护工作,并持续改进、创新。

②组织到位。即要根据桥梁管理与养护的需要设置有效的管理机构,明确必要岗位和岗位职责,确保全部桥梁管理与养护工作有人去做,有人负责。按照主要工作内容,需要设置与资产管理、安全管理、运营管理、环境管理和养护工程管理等职能相关的部门。

③人才到位。即根据各岗位的任职条件,选配满足要求的技术、管理人才,确保能够胜任岗位工作。根据城市桥梁管理与养护的特点,一般需要配置资产、工程、机电、安全、合同等相关专业的管理和技术人员,且人员素质足够胜任本岗位工作。根据国内城市桥梁管理与养护人才资源现状,结合企业人才流动态势,对于企业团队建设要采取人才引进和人才培养相结合的策略。因此,加强企业人才培养对解决人才到位至关重要。

④条件到位。即根据城市桥梁管理与养护工作内容要求,设置或建立正常开展这些工作所必需的到达、观察、检查、监测等条件,确保工作质量。要设置或完善墩、梁、拱检查通道,确保检查人员能够到达检查位置,确实无法近距离到达的,要配置观察设备。要完善或设置变形观测点。

⑤经费到位。即正常开展城市桥梁管理与养护工作所必需的经费要到位。

⑥信息到位。即要建立健全城市桥梁安全、技术状态相关信息的收集、沟通、处置等制度和渠道,确保信息及时发现、顺畅沟通、及时处置,以最大限度地保障桥梁结构、设施设备、通行车辆及人员的安全。

⑦规范到位。即要在满足现行规范和公司管理要求的基础上,建立与城市

桥梁管理与养护工作相适应的管理制度与标准化工作流程,确保桥梁管理与养护工作有序有效开展。

⑧专业到位。即承担城市桥梁检测评估、方案设计和养护维修任务的必须是专业单位和专业人员。

⑨技术到位。即采用的桥梁管理方法必须符合行业特点,桥梁养护维修技术必须有利于桥梁结构安全和耐久性要求,同时在保证质量、进度和安全方面具有一定的先进性。

⑩监督到位。即要建立城市桥梁管理与养护工作开展情况的监督评价机制,确保各项工作认真落实到位。

第2篇 | 养护篇

第3章 悬索桥的典型病害

悬索桥建成通车后,随着时间的推移、外部环境的侵袭,以及日益繁重的交通,不可避免地会使得桥梁结构的使用性能退化,以及发生病害和损伤。悬索桥的病害陆续暴露,事故不断发生,并且是世界性的,中国也不例外。在大桥的运营过程中,已经发现一些构件存在不同程度的病害,影响了大桥的正常、安全运营,也导致了养护工作及其养护费用的增加。本书所指的主要构件是主缆、吊杆与加劲梁(钢箱梁)。

3.1 主缆的病害

悬索桥的主缆是全桥最重要的承重构件,主缆的长度和线形对全桥的几何形状具有决定性影响。在长期运营中,主缆松弛以及载重量的改变(如桥面载重量、附属设施增加)会导致主缆线形的变化,这种变化积累到一定程度便会影响悬索桥的使用功能和美观。悬索桥主缆钢丝的腐蚀和具体的桥梁防护情况与当地的环境条件密切相关,也与缆索生产过程、缆索钢丝的搬运和储存、水上运输、架设程序、缠丝程序和缆索防腐层的养护密切相关。主缆钢丝腐蚀减小了有效的索股面积和强度,严重危及悬索桥的安全。由于腐蚀的存在,几乎所有大型悬索桥都存在强度损失问题。

如图3.1至图3.7所示,主缆病害类型有以下6种:

①主缆缠丝外表面的油漆漆膜损坏(如开裂、粉化、碎片、针孔或剥落)或钢丝锈蚀;涂层老化,块状脱落,涂层出现针孔、气泡、洞眼、油漆老化以及缆套密封胶破裂等病害。

②主缆索股钢丝出现松弛、鼓丝。

③主缆锌填块滑移,钢丝表面锈蚀和积尘。鞍罩密封门不密封,密封门橡胶条老化。

④表面涂膜局部起泡、开裂、脱起、粉化或生锈。

⑤主缆出现渗漏水现象。

⑥主缆钢丝出现断丝。

图3.1 主缆表面受到腐蚀

图3.2 保护层的捻缝、干燥和掉漆

图3.3 涂层不均匀

图3.4 主缆表面涂层块状脱落

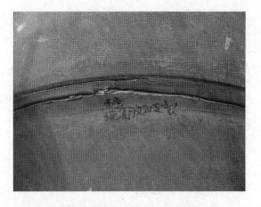

图 3.5 主缆缆套密封胶破裂 　　　　　 图 3.6 主缆表面涂层出现小孔

图 3.7 主缆外表钢丝断丝

如果索夹环缝存在密封缺陷,就会导致主缆存在严重的渗漏水现象。渗水会从锚室内及中跨最低处排出。漏水的情况主要有以下 6 种:

①主缆防护涂层较薄,强度较差。除了自然脱落以外,维修人员的走动等很容易对涂层造成损伤。

②局部缠丝缝隙较大,油漆涂层直接覆盖较难。

③在主缆底部的油漆表面可见有锌粉膏渗出,并有发黏现象。

④主缆表面涂层容易脱落,而且局部有大面积脱落现象。

⑤主缆表面的涂层都有不同程度的开裂(沿缠丝缝开裂),而且逐年增多,并且涂层表面有粉化现象。

⑥主缆的表面涂层存在许多针孔,有大有小,下雨后主缆表面有许多渗水点。

根据国外部分悬索桥主缆防护状况调查,主缆腐蚀的原因是在施工过程中侵入雨水的滞留以及在运营过程中防护的损伤。防护的损伤导致外界雨水和水汽不断渗入,而且在风的作用下,可以使缆索下的水加速进入开口的裂缝中。如果处在含有一定量酸性气体的环境中,主缆钢丝将会逐渐发生腐蚀。腐蚀发展到一定程度后,必将影响大桥的正常使用功能。

在使用过程中,疲劳、腐蚀等原因导致吊杆或主缆索股断丝。有些断丝发生在外层,有些则发生在内部、肉眼无法看到。

3.2 吊杆的病害

吊杆是悬索桥中连接主缆和主梁的关键构件。吊杆的损伤演化是指吊杆各组成部分在外观、材料、力学指标等方面发生改变,使吊杆逐渐丧失使用功能乃至破坏的过程。吊杆各部分由于构造、使用环境与运营情况的不同,呈现不同的损伤形式。吊杆的病害类型包括吊杆索体的护套病害、吊杆锚头病害、吊杆内钢丝病害、附属构件的病害。表3.1 列举了部分桥梁拉索损伤的调查情况。

表3.1 部分桥梁拉索损伤调查情况表

桥名	国家	运营时间	拉索病害现象
Maracaibo 桥	委内瑞拉	16 年	斜拉索被混凝土包裹,锚固端严重锈蚀,更换拉索耗时两年、耗资 5 000 万美元,预测不久的将来仍需换拉索
Kohlbrand Estuary 桥	德国	3 年	更换了所有的斜拉索,耗资 6 000 万美元,为原造价的 4 倍
St. Nazaire 桥	法国	数年	斜拉索由封闭式钢绞线组成,当用锤敲击拉索时,拉索上即可掉下大片索锈
Pasco-Kennewic 桥	美国	3 ~ 5 年	聚乙烯管内注入水泥浆,聚乙烯管外缠绕聚氯乙烯条带。原估计条带的使用寿命为 25 年,由于受紫外线的作用,仅 3 ~ 5 年条带就全部失效
东亨亭顿桥	美国	2 年	斜拉索的第二代 Tedlar 在建成两年后就损坏

续表

桥名	国家	运营时间	拉索病害现象
拉果孪生桥	阿根廷	2 年	两年后 PE 管产生大劈裂,之后解释为管存储不善和高温时超压灌浆所造成。在 PE 管外缠包两层包装袋,再包一层 Tedlar 袋,该措施仍属于临时性质
罗林桥	美国	未知	索上边有明显的振动,72 对索中有 42 处需要修理,包括切割、摩擦、安装不善而产生的搭焊和对焊的失败
广州市海印大桥	中国	6.5 年	边跨两侧 15 号索突然断落,9 号索松弛。两索上端 PE 管内上端水泥浆体不凝固。检查发现所有索 PE 管内索上部普遍有水泥浆空缺段和未凝固,平行钢丝有不同程度的锈蚀。1996 年 1 月 15 日全部换索完毕
山东济南黄河大桥	中国	13 年	1982 年建成的预应力混凝土梁斜拉桥,1995 年因锈蚀全面换索
山东胜利黄河桥	中国	9 年	1987 年建成的第一座钢梁斜拉桥,共 88 根,为 73~127 丝直径 7 mm 镀锌平行钢丝,日本 PWS 索,外包黑色聚乙烯(PE)保护层,热铸锚头,1996 年修补该拉索
广东鹤山九江大桥	中国	11 年	建成于 1988 年,每根索为 4 根 85 丝直径 7 mm 平行钢丝,外热挤压 PE 索套,断面为六角形。因驰振,于 1990 年进行全面调索。建成后 10 年,发现断索现象,于 1998 年换索 11 根,1999 年换索 105 根
广东三水大桥	中国	8 年	防护为 PU+PE,8 年后,防护材料(油脂与石蜡的混合物)出现老化变质,索导管内存在积水。双层护套外层起皱、脱层、开裂,并与内层护套间形成存水腔,15 根拉索双层护套间有积水现象。内层黑色护套有 27 根出现环形断裂或纵向开裂。断裂部位主要集中在拉索中部
宜宾南门大桥	中国	13 年	短吊杆长度较短、细节设计不当、车辆频繁振动等因素引起断裂

3.2.1 护套的损伤

吊杆护套的损伤形式主要受制作材料以及使用环境的影响。护套多采用PE,其病害为开裂,具体表现形式包括龟裂、划痕、刮痕、裂缝等,如图3.8至图3.10所示。

图3.8 护套纵向裂缝   图3.9 护套横向裂缝

图3.10 PE护套破损严重

吊杆PE护套破损的主要原因有以下5种:

①护套受力不合理。PE护套随钢丝的伸长而始终处于较高应力状态下,这种应力状态使PE分子间的结合力逐步下降,导致PE的耐环境应力开裂性能下降,造成护套提前开裂。

②护套制造、运输、施工、运营过程的影响。在制造过程中,吊杆护套受初始损伤开裂;在卷盘运输过程中,位于内圈的吊杆护套由于卷绕的直径较小,始终保持较高应变,导致应力开裂。在施工过程中,施工方由于操作失误或重视程度不足,在成品索搬运及安装过程中未采取必要的保护措施,导致护套损伤。在运营过程中,遭遇意外事故导致护套开裂。

③护套使用环境的影响。光、氧、热、生物等导致的护套老化使护套延伸率

降低,最终开裂;雨水冲淋以及有害气体的腐蚀导致护套提前开裂。

④护套检修过程的影响。对吊杆进行病害检查时,沿吊杆移动的检测小车难免会与护套发生接触,护套在摩擦挤压过程中损伤;修补破损护套时,必须加热破口附近的护套。补好后,PE 冷却收缩,在护套上产生附加拉应力,导致护套不久后再次破损。

⑤PE 材料的影响。不同的 PE 材料的耐环境应力开裂的性能差异较大。受诸多因素的影响,目前国内所用的 PE 材料的使用性能达不到要求,造成 PE 护套在更短时间内开裂。

3.2.2 吊杆锚头病害

部分既有桥梁吊杆病害调查表明,锚头的病害主要包括锈蚀、开裂和变形、渗(积)水。

(1)锚头锈蚀

锚头锈蚀是吊杆锚头病害的主要表现形式,通常出现在锚杯外螺纹等容易积水积尘的部位(图 3.11)。如吊杆锚杯未设置保护罩或保护罩密封不严,则可能导致保护罩、锚头外螺纹、锚杯、锚板甚至钢丝镦头锈蚀。

(2)锚头开裂和变形

锚头变形主要发生在吊杆出厂前的超张拉检验过程中,典型现象是锚板回缩。在实桥的吊杆检测过程中,并未有报道过锚头变形,开裂较少听闻。在国外对 Maracaibo 桥进行检测后报道了锚头的开裂损伤,如图 3.12 所示。

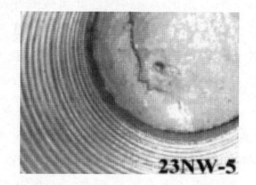

图 3.11　吊杆锚头轻微锈蚀　　图 3.12　Maracaibo 桥的锚头开裂损伤

(3)下锚头渗(积)水

大部分桥梁下端预埋管均有进水现象,几乎所有的桥梁下端预埋管均有冷凝水存在。下端预埋管的积水和冷凝水使预埋管及索体内的潮湿度增加,锚头及索体受到腐蚀(图3.13、图3.14)。北方地区的一些桥梁曾因预埋管内积水发生冻裂预埋管的现象。下锚头渗水也是吊杆常见病害,在国内多座大桥的吊杆均出现此类病害。渗水源于桥面或索面雨水、预埋管内冷凝水以及护套内灌浆积水等。渗水原因主要有以下3个方面:

　　①吊杆外护套断裂或开裂导致锚头渗水;

　　②梁体导管与索体间存在间隙或密封防护失效导致锚头积水或渗水;

　　③索体与下锚头连接处开裂导致锚头渗水。

 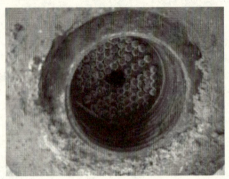

图3.13　吊杆下锚头外部锈蚀　　　　　　图3.14　吊杆下锚头内部锈蚀

3.2.3　吊杆钢丝的病害

吊杆钢丝病害主要包括锈蚀、开裂、松弛及断裂。

钢丝锈蚀在国内外报道的吊杆病害调查中占绝大部分,如图3.15所示。防护措施失效导致钢丝与腐蚀性介质接触并发生电化学等反应是钢丝锈蚀的主要原因。进入索体内部的雨水、潮湿空气,甚至微生物均可能导致钢丝锈蚀。

由于锈蚀产物遮盖,裂纹难以检测,在多数情况下,仅当钢丝断丝后其裂纹才被发现(图3.16)。钢丝断裂在主索、拉索、吊杆中非常普遍,钢绞线断丝及桥面坍塌。在委内瑞拉 Maracaibo 桥进行深度检测时,发现24根拉索存在严重断丝;在德国 Kohlbrand Estuary 桥检测时,发现25根断丝。犍为岷江大桥有33束平行钢丝断丝严重,占总数的17.2%;1995年,广州海印大桥南塔15号西索突然断落,9号西索也有松断现象。钢丝开裂常出现在锈蚀处,由于锈蚀产物遮盖,裂纹难以检测,在多数情况下,仅当钢丝断丝后其裂纹才被发现。吊杆钢丝束发生偏移等因素会导致部分钢丝松弛。钢丝松弛可能使吊杆内各钢丝受力极不均匀,导致钢丝加速失效。

图 3.15　吊杆钢丝锈蚀　　　　　　　图 3.16　钢丝表面裂纹

3.2.4　附属构件的病害

吊杆与索夹的连接一般分为四股骑跨式与双股销铰式。四股骑跨式的吊杆实际上是两根两端带锚头的钢丝绳索绕跨在索夹顶部的嵌索槽中,并使 4 个锚头在下端与加劲梁体连接。双股销铰式的吊杆实际上是用两根下端带锚头、上端带连接套筒的钢丝绳索或平行钢丝索,将其上端同销铰与索夹下的耳板(吊板)连接,下端用锚头同样用销铰与加劲梁体连接。

悬索桥吊杆的立面布置一般有垂直布置和斜向布置两种形式。目前,国外对斜吊杆存在不同的看法,对其利弊正在探索和研究。但从日本新建的几座悬索桥(如白鸟大桥、东京湾联络大桥及明石海峡大桥)来看,其吊杆都采用垂直布置。我国新建的悬索桥吊杆也都采用垂直布置。

吊杆系统附属构件的主要病害类型有 9 种:

①吊杆叉耳、销子等油漆损坏或锈蚀;

②叉耳与箱梁吊耳板、叉耳与索夹耳板之间的填封料破损、剥落、开裂等导致渗水引起锈蚀;

③吊杆减振架锈蚀或疲劳断裂,以及螺栓松动和损坏吊杆护套;

④索夹在主缆上滑移;

⑤索夹和索夹螺杆的外涂装油漆开裂、剥落或锈蚀等;

⑥上、下半索夹之间缝隙的密封胶及索夹端部的填封料开裂、剥落;

⑦索夹螺杆腐蚀、断裂,螺牙、螺帽或垫圈损坏及张拉力不足;

⑧索夹严重腐蚀、夹壁或耳板开裂;

⑨吊杆系统表面涂膜局部起泡、开裂、脱起、粉化或生锈。

索夹滑移的原因有两个:一是高强度拉杆的预拉力松弛,使索夹与主缆的夹紧程度放松;二是在长期使用后主缆的挤紧程度提高、空隙率减小,使得索夹在主缆上产生滑移。滑移改变吊杆状态,由竖直索变成斜吊杆,使加劲梁的受力状态及吊杆的内力改变,对结构产生不利影响;索夹在主缆上的滑移会刻伤主缆缠丝、损坏防锈层,进而使缠丝破坏,导致主缆损伤。

3.3 钢箱梁的病害

(1)正交异性钢桥面板疲劳开裂

钢箱梁的正交异性钢桥面板疲劳开裂已在许多国家的钢桥中出现。关于钢桥面板出现疲劳开裂,最早报道的是英国 Seven 桥。该桥于 1966 年建成通车后,分别于 1971 年和 1977 年发现了焊接细节的疲劳裂纹。德国 Haseltal 和 Sinntal 桥投入使用后不久,钢桥面板也都出现了疲劳裂纹。此外,日本、美国、荷兰、法国等也都发现了钢桥面板疲劳开裂事例。疲劳损伤破坏是大跨度钢桥在运营期间的主要病害之一。

钢箱梁的闭口纵肋正交异性钢桥面板构造复杂,加工、焊接不当难免会出现局部应力集中,大量的焊接工作中不可避免存在焊接缺陷,同时单车荷重和交通量的显著提高,特别是重车比例的日益增大和严重的超载现象都加剧了钢桥面板的疲劳损伤。这些都导致正交异性钢桥面板在车轮荷载作用下容易产生疲劳开裂。

由于正交异性钢桥面板的应力状态非常复杂,钢桥面板容易开裂的部位主要是焊接连接点,即钢桥面板各部件连接处的焊缝。当然,也有因应力集中导致易开裂的部位,如横梁腹板的开孔处,如图 3.17 至图 3.22 所示。

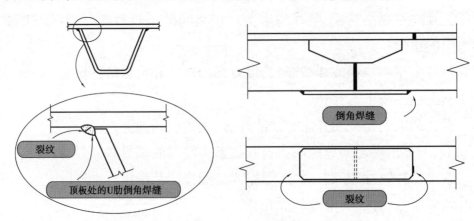

(a)顶板与U肋的角焊缝连接处的裂纹　　(b)搭板梯形纵肋下缘与浮运隔板焊接处的裂纹

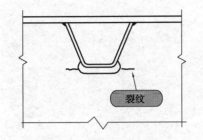

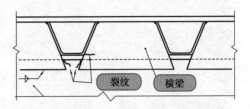

（c）U肋底板与横向加劲板处的横向裂纹　　　　（d）U肋加劲板与横向加劲板处的斜向裂纹

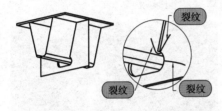

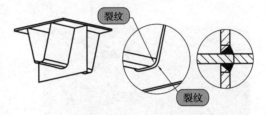

（e）U肋与横向加劲板处的疲劳裂纹　　　　　（f）U肋与横向加劲板处(无开孔)的裂纹

图 3.17　钢箱梁疲劳裂纹示意图

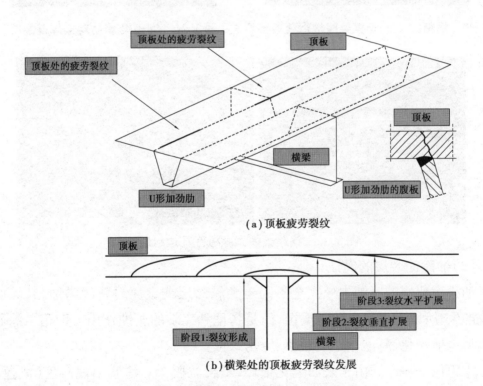

（a）顶板疲劳裂纹

（b）横梁处的顶板疲劳裂纹发展

图 3.18　钢箱梁顶板疲劳裂纹示意图

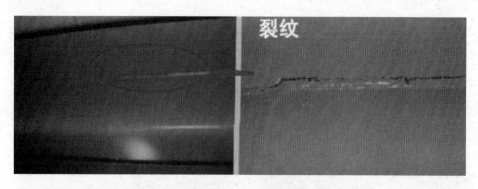

图3.19　钢箱梁 U 肋焊缝纵向裂纹

图3.20　钢箱梁 U 肋与横梁腹板焊缝疲劳裂纹　图3.21　钢箱梁 U 肋对接焊缝裂纹

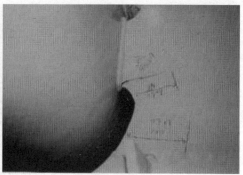

图3.22　钢箱梁横梁腹板开孔边缘裂纹

（2）油漆涂装层的腐蚀

油漆涂装层的腐蚀失效完全不同于金属涂层或金属材料的腐蚀,其无腐蚀电流产生,所以它不是电化学腐蚀,而是物理和化学的腐蚀作用。钢箱梁涂膜劣化类型包括粉化、起泡、裂纹、脱落、生锈5种:

①粉化——涂膜由于表面老化损坏,呈粉状脱落。涂膜出现白色(浅色漆)或深色(深色漆)粉状物。

②起泡——涂膜表面分布直径不等的膨胀隆起,出现点泡或豆泡。

③裂纹——涂膜中出现裂痕、能见到下层或底层的网状或条状裂纹。

④脱落——涂膜的表面和底层之间、新旧涂层之间丧失了附着力,涂层表面形成小片或鳞片状脱落。

⑤生锈——涂膜出现针孔锈斑、点状锈、泡状锈或片状锈的现象。

在钢箱梁风嘴加劲肋角处存在点状锈蚀,且数量较多,几乎整幅都有。在底板特别是焊缝处存在点状剥落锈蚀;有些地方出现刮伤,但数量不是很多;在桥检车滑轨焊缝处局部出现锈蚀(图 3.23 至图 3.25)。

图 3.23　钢箱梁外部涂层点状锈蚀、刮伤

图 3.24　钢箱梁底部局部点状锈蚀　　图 3.25　钢箱梁底部焊缝局部锈蚀剥落

第4章 大跨度悬索桥的常规检测

4.1 一般规定

悬索桥必须按照规定进行检测评估,及时掌握桥梁技术状况,并采取相应的养护对策。

悬索桥检测评估根据其内容、周期、评估要求分为经常性检查、定期检测、特殊检测。定期检测应进行桥梁技术状况的评估、分级,特殊检测应进行桥梁结构整体性、功能状况等技术状况鉴定、评价。

经常性检查就是日常的巡检,随时发现问题,进行维修。

定期检测分为常规定期检测和结构定期检测。常规定期检测主要针对桥梁结构中常见的缺陷及日常养护的实施效果,每年进行一次简易快速的结构技术状况的动态数据采集,并以书面报告及必要的影像资料,对设施的运行状态做出评定,是制订年度养护维修计划的主要依据。结构定期检测的目的是按固定周期对桥梁结构安全进行检测。结构定期检测是评定桥梁结构的状况、结构的性能与承载能力,对桥梁结构状态的所有方面进行详细调查,确认和量化结构的退化程度,认定缺陷原因和推荐适当的消除措施,包括养护、维修、加固措施或建议特殊检测。

特殊检测是在特殊情况下对桥梁采取的检测,其目的是查明桥梁病害原因、破损程度和承载能力,确定桥梁或主要构件的技术状态,以便采取相应的技术措施。

城市桥梁技术状况评估、分级应根据检测结果按要求对桥梁划分完好状态及结构状况等级。城市桥梁安全性评估应根据检测评估结果对桥梁划分安全性评估等级。

在进行城市桥梁技术状况检测评估时,对桥梁因主要构件损坏,影响桥梁结构安全的,Ⅰ类养护的城市桥梁应判定为三类,应立即安排修复;Ⅱ类至Ⅴ类养护的城市桥梁应判定为 D 级,并应对桥梁进行结构检测或特殊检测。

按照《城市桥梁安全性评估规程》(DB50/T 273—2021)的要求,在规定期限内,还应在桥梁检测评估的基础上进行桥梁安全性评估。

按照《城市桥梁安全性评估规程》(DB50/T 273—2021)的要求,拟在城市桥梁影响区域内从事以下作业,应先进行桥梁影响性评估:

①基坑开挖、桩基础施工、爆破、钻探、打井、敷设管线等地下施工作业;

②桥梁拓宽、新旧桥梁搭接、桥梁附属设施维修更换等改扩建作业;

③采石、取土、河道疏浚、河道开挖等挖掘作业;

④堆放物品、临时停靠或其他增加荷载量的活动;

⑤爆破、打桩、拔桩、填埋、挖砂等水上作业;

⑥其他可能影响或危害桥梁设施的作业。

4.2　经常性检查

经常性检查应对结构变异、桥梁及桥梁安全保护区域施工作业情况和桥面系、限载标志、限高标志、交通标志及其他附属设施等状况进行日常巡检。

经常性检查应由经过培训的专职桥梁管理人员或有一定经验的工程技术人员负责。

经常性检查宜以目测检查为主,并按《城市桥梁养护技术标准》(CJJ 99—2017)附录 A 现场填写"城市桥梁日常巡检报表",登记所检查桥梁病害的损坏类型、损坏程度、损坏位置等,提出相应的养护措施。管养单位宜根据各种桥型针对性修改完善"城市桥梁日常巡检报表"中的内容设置,以免检查内容疏漏,同时便于记录。

经常性检查应按城市桥梁的养护类别、养护等级、技术状况分别制订巡检周期。对于重要桥梁,或遇恶劣天气、汛期、雨季、冰冻等特殊情况,周期宜缩短。特殊情况可设专人看护。巡检周期宜为 1 天。

经常性检查记录应每周整理档案,并提出评价意见。当巡检过程中发现设施明显损坏,影响车辆和行人安全时,应立即设置警示标志,及时向主管部门报告,并应采取维护措施。

经常性检查应包括桥面系及附属设施、桥梁上部结构、桥梁下部结构、桥梁运营环境等内容。

4.2.1 桥面系及附属设施

①桥面铺装经常性检查的主要内容如表4.1所示。桥面铺装常见病害如图4.1所示。

表4.1　桥面铺装经常性检查

病害类型	检查要点	备注
垃圾	是否有飞石、泥土以及其他垃圾散落在桥面上	①桥面铺装开裂时，要同时检查对应位置桥面板的完好情况； ②如出现这些病害，需从首次发现之日起，在以后每周第一次检查中记录病害特征（如走向、长度、宽度、深度等数据），做好起止点标记，描述病害的发展情况； ③对同一位置反复发生同样病害的应特别关注； ④需绘制病害展示图，连续集中反映病害的发展情况，便于判明病害原因
裂缝	是否存在横向、纵向等开裂，如有，需检查裂缝处有无翻浆	
坑槽	是否有坑槽（一般指桥面铺装层破坏），如有，需检查坑槽处有无翻浆，并判明是外物打击还是行车造成的损坏	
沉陷	是否有沉陷（一般指铺装层以下的结构层变形、破坏，如垫层、桥面板、湿接缝等），如有，需查明破坏情况；沉陷病害严重时，会有坑槽出现	
推挤、拥包	是否有推挤、拥包，如有，需检查病害处有无翻浆，同时需判明是由于行车引起还是结构变形引起	
车辙	是否出现车辙（车轮碾压造成铺装压缩沉陷），如有，需同时检查周边是否有推挤、拥包（一般有车辙的地方都会伴随推挤、拥包）	
碎边	在桥面铺装的边缘（包括与路缘石、伸缩缝相接的边缘以及变形缝两边等）是否出现破碎，一般是由于荷载冲击、膨胀挤压等所致	
桥台跳车	在桥台和路堤的连接部位是否有跳车现象，如有，需查明跳车原因（包括路堤沉陷、路面破坏等）	
排水设施病害	是否出现水箅子、落水管破损、缺失	
积水	桥面是否出现积水，如有，需查明积水原因（包括泄水孔堵塞、铺装层破坏、桥面局部沉陷等）	

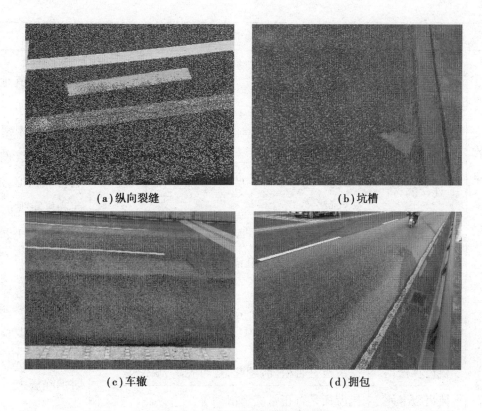

(a)纵向裂缝　　　　　　　　　　　(b)坑槽

(c)车辙　　　　　　　　　　　(d)拥包

图 4.1　桥面铺装常见病害

②伸缩装置经常性检查的主要内容如表 4.2 所示。伸缩装置常见病害如图 4.2 所示。

表 4.2　伸缩装置经常性检查

病害类型		检查要点	备注
缝内堵塞		缝内是否有泥沙、垃圾堵塞	①伸缩缝不能正常伸缩变形、伸缩缝异常张开以及伸缩缝两侧因存在高差而出现跳车等病害,可能是
止水带破损		止水带是否破损,无明显破损时是否漏水	
跳车现象		伸缩缝以及两侧附近区域是否存在跳车现象	
锚固区混凝土	开裂	是否开裂以及有开裂时裂缝的宽度、长度、走向	
	破损	是否出现破损以及破损区域的宽度、长度、深度,钢筋是否外露	

续表

病害类型		检查要点	备注
模数式伸缩缝	伸缩异常	多缝伸缩缝的每道缝宽度是否一致,是否都能正常伸缩	由于桥梁其他病害引起(如支座病害、梁体滑移病害、桥墩偏移病害等),必须引起高度重视; ②当判明不是因为伸缩缝自身病害所致时,需立即上报并管制交通,进一步检查并判明原因,及时消除病害
	型钢变形	型钢是否顺直	
	型钢断裂	型钢是否断裂	
	连接病害	多缝伸缩缝型钢之间的变形连接件是否松动、脱落	
	弹性元件病害	多缝伸缩缝弹性元件是否破损、缺失	
	位移箱病害	多缝伸缩缝位移箱锚固、支撑、滑动是否正常,是否锈蚀	
梳齿板伸缩缝	锚栓松动	梳齿板锚固螺栓是否松动、上浮,是否脱落、缺失等	
	梳齿板松动	梳齿板是否松动、翘起,是否脱落、缺失等	
	梳齿板卡死	梳齿板是否正常变形滑动等	

(a)缝内堵塞 (b)橡胶条破损

(c)锚固区破损 (d)跳车现象

图4.2 伸缩装置常见病害

③排水设施经常性检查的主要内容如表 4.3 所示。排水设施常见病害如图 4.3 所示。

表 4.3　排水设施经常性检查

病害类型	检查要点	备注
泄水孔堵塞	逐个查看泄水孔是否淤积垃圾，是否堵塞	对于因设计排水能力不够引起的排水不畅，必须及时上报
水箅子病害	逐个查看泄水孔上覆盖的水箅子是否缺失、破损	
落水管病害	逐个查看泄水孔内的落水管是否破损、缺失	
排水管病害	查看排水管是否漏水、破损，排水管锚固是脱落，排水管是否缺失。有条件时，尽量近距离查看	

(a)泄水孔堵塞

(b)水箅子缺失

图 4.3　排水设施常见病害

④中央隔离带及防撞护栏经常性检查的主要内容如表 4.4 所示。排水设施分隔带及防撞护栏常见病害如图 4.4 所示。

表 4.4　中央隔离带及防撞护栏经常性检查

病害类型	检查要点	备注
脏污	表面是否脏污，反光标志是否脏污、脱落等	
涂装病害	涂装层是否开裂、起皮、脱落	
混凝土外观病害	混凝土是否存在裂缝、破损、露筋、锈蚀	
锚固病害	锚固是否松动、锈蚀、断裂、脱落等	

续表

病害类型		检查要点	备注
临时性中央隔离带	破损、缺失	隔离设施是否破损、缺失	对伸缩变形不正常的病害应引起高度重视,一旦发现,必须立即上报,并管制交通,做进一步检查,及时采取有效措施消除病害
	位置不正确	隔离设施摆放位置是否正确	
	线形不顺直	隔离设施是否保持顺直、有无错位等	
永久性中央隔离带	构件破损、缺失	混凝土构件外观缺陷,钢构件是否锈蚀、断裂、缺失,盖板、井盖等是否破损、缺失等	
	其他病害	附着设施等构件是否存在病害	
防撞护栏	线形不顺直	查看变形缝位置端头是否错位,尤其是伸缩缝位置	
	伸缩病害	伸缩变形装置是否有效,伸缩变形是否正常	
	钢构件病害	钢构件是否锈蚀、断裂、缺失等	

(a)涂层脱落

(b)混凝土裂缝

(c)露筋锈蚀

(d)临时性隔离带位置不正确

图4.4　中央隔离带及防撞护栏常见病害

⑤人行道及栏杆经常性检查的主要内容如表4.5所示。人行道及栏杆常见病害如图4.5所示。

表4.5　人行道及栏杆经常性检查

病害类型		检查要点	备注
人行道	开裂	铺装、地砖等是否出现开裂	对伸缩变形不正常的病害应引起高度重视，一旦发现，必须立即上报，并做进一步检查，及时采取有效措施消除病害
	松动、破损、缺失	铺装、地砖等是否出现松动、破损、缺失	
	伸缩缝病害	伸缩缝是否出现起拱、错台、碎边、破损，伸缩功能是否正常	
	井盖病害	是否出现破损、缺失	
	垃圾、脏污	铺装、地砖等是否有垃圾、脏污等	
栏杆	脏污	表面是否脏污	
	涂装病害	涂装层是否开裂、起皮、脱落等	
	伸缩病害	伸缩变形装置是否有效，伸缩变形是否正常	
	锚固病害	锚固是否松动、锈蚀、断裂、脱落等	
	混凝土外观病害	立柱、横梁、栏栅片等的混凝土是否存在裂缝、破损、露筋、锈蚀、缺失等	
	钢构件病害	钢构件是否锈蚀、断裂、缺失等	

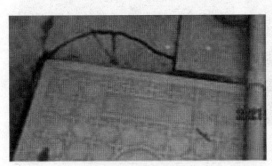 

(a)人行道地砖破损　　　　　　　　(b)栏杆锈蚀

图4.5　人行道及栏杆常见病害

⑥其他附属设施经常性检查的主要内容如表4.6所示。其他附属设施常见病害如图4.6所示。

表4.6 其他附属设施经常性检查

病害类型		检查要点
照明设施	功能性病害	灯具是否完好,能否亮灯
	灯杆病害	是否存在松动、变形、缺失,表面是否脏污
	锚固病害	锚栓或焊接缝是否有松动、开裂、脱落等
防护网	锚固病害	锚栓或焊接缝是否有松动、开裂、脱落等
	立柱及网片	是否有锈蚀、松动、变形、破损、缺失等
	涂装病害	涂装层是否开裂、起皮、脱落等
声屏障	锚固病害	锚栓或焊接缝是否有松动、开裂、脱落等
	立柱及挡板	是否有锈蚀、松动、变形、破损、缺失等
	涂装病害	涂装层是否开裂、起皮、脱落等
标志标牌	脏污、破损	是否脏污、破损
	松动	锚固件、连接件是否松动、脱落
	缺失	是否缺失
	功能性病害	使用功能是否正常

(a)灯杆倾斜

(b)防护网锈蚀

图4.6 其他附属设施常见病害

⑦全桥检修通道经常性检查主要内容包括:出入口是否整洁、清洁、通畅;金属构件是否锈蚀、断裂、脱落、缺失等;锚固是否松动、断裂、脱落等;防护涂层是否开裂、起皮、破损、脱落等;混凝土构件是否存在开裂、破损、露筋锈蚀等。

4.2.2　桥梁上部结构

①梁结构经常性检查的主要内容如表 4.7 所示。梁结构常见病害如图 4.7 所示。

表 4.7　梁结构经常性检查

结构类型	病害类型	检查要点	备注
钢箱梁	涂层缺陷	是否存在涂层或防腐油漆（如有）开裂、起皮、脱落、脏污等	①检查范围一般为可见范围，宜配备望远镜，最好能设置到达措施；②异常变形不易发现，有条件的应尽量借助监控资料
	开裂	是否存在焊缝及钢板开裂等	
	异常变形	是否存在异常变形	
钢桁梁	涂层缺陷	是否存在涂层或防腐油漆（如有）开裂、起皮、脱落、脏污等	
	杆件病害	各种杆件是否存在变形、开裂等	
	锚固病害	是否存在锚栓松动、断裂、脱落、缺失等	

(a)钢箱梁焊缝锈蚀

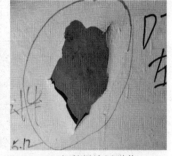
(b)钢箱梁涂层脱落

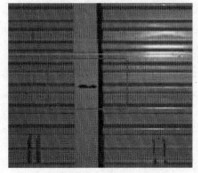
(c)钢桁梁横梁涂层脱落

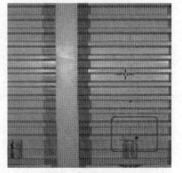
(d)钢桁梁桥面板涂层脱落

图 4.7　梁结构常见病害

②缆索结构经常性检查的主要内容如表4.8所示。缆索结构常见病害如图4.8所示。

表4.8 缆索结构经常性检查

结构类型	病害类型	检查要点	备注
主缆	涂层缺陷	是否存在防腐涂层（如有）开裂、起皮、脱落、脏污等	检查范围一般为可见范围，宜配备望远镜
	防护层病害	缠包带、PE防护层等是否存在开裂、破损、脱落等	
	锚室病害	是否存在锚室及锚固区混凝土开裂、破损、钢筋外露锈蚀，洞内渗水、积水，湿度超过规定值等	
	锚碇	锚碇区域山体保护面有无开裂、破碎脱落、分化现象，锚碇结构有无混凝土病害，锚碇有无受力引起的结构性开裂、破碎	
	锚固病害	索股及鞍座锚固是否出现异常	
	密封	用放大镜检查索箍与主缆连接处（两个端头、两个齿口面）的合缝密封情况和防护状况、钢护筒及定位索箍的密封情况	
	主缆防护	钢索是否存在锈蚀，钢索密封处是否有漏水、积水，钢护筒及索夹与主缆是否出现相对滑移，主缆锚固连接是否有效以及锚头、辅杆的防护情况	
	渗水	在主跨跨中最低段及边跨尾部最低处有无渗水现象	

续表

结构类型	病害类型	检查要点	备注
吊杆	涂层缺陷	是否存在防腐涂层(如有)开裂、起皮、脱落、脏污等	检查范围一般为可见范围,宜配备望远镜
	护筒病害	护筒及减震器等配套构件是否存在锈蚀、破损、缺失,密封、减震设施是否完好,连接螺栓是否松动、崩断,护筒与吊杆结合部位是否有损伤和断丝	
	锚头病害	是否存在锚头渗油、渗水,锚头松动、钢丝浮出现象;锚板是否断裂,锚杯、螺纹锚头、螺母是否存在锈蚀、变形	
	索夹	是否出现索夹开裂、异常	

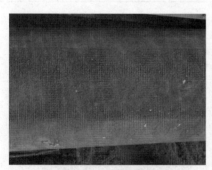
(a)主缆涂层脱落

(b)锚头锈蚀

(c)吊杆钢护筒锈蚀开裂

(d)索夹涂层脱落

图 4.8　索缆结构常见病害

③塔柱经常性检查的主要内容如表4.9所示。塔柱常见病害如图4.9所示。

表4.9　塔柱经常性检查

病害类型	检查要点	备注
混凝土外观缺陷	是否存在混凝土裂缝、破损及钢筋外露锈蚀等，尤其是重点部位	①检查范围一般为可见范围，宜配备望远镜，最好能设置到达措施；②异常变形不易发现，有条件的要尽量借助监控资料
涂层缺陷	是否存在涂层或防腐油漆（如有）开裂、起皮、脱落、脏污等	
渗水、积水	是否存在渗水、析盐和积水	
排水设施	是否存在堵塞、损坏	
异常变形	是否存在异常变化	
防撞设施	是否存在异常	
航标设施	是否存在异常	
其他病害	塔柱上其他设施是否存在病害	

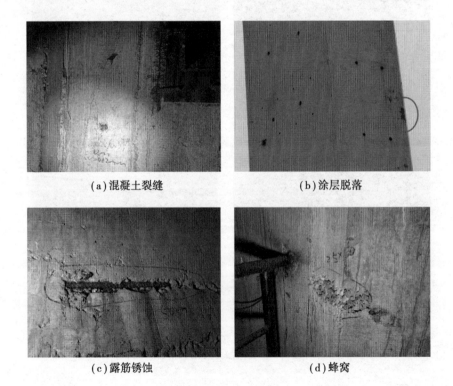

(a)混凝土裂缝　　　　　　　　　(b)涂层脱落

(c)露筋锈蚀　　　　　　　　　(d)蜂窝

图4.9　塔柱常见病害

4.2.3　桥梁下部结构

桥梁下部结构经常性检查的主要内容如表 4.10 所示。桥梁下部结构常见病害如图 4.10 所示。

表 4.10　桥梁下部结构经常性检查

结构部位	病害类型	检查要点	备注
整体	外观缺陷	是否存在外露部分表面裂缝、破损,钢筋外露锈蚀,涂层破损、起皮、脱落、脏污,生长苔藓、杂草等植物,集中流水痕迹等	①检查范围一般为可见范围,宜配备望远镜,最好能设置到达措施;②基础出现沉降时,往往会出现桥台异常变形;③对连续梁交接墩应特别关注墩梁相对位移(可事先设置观察标记);④支座出现异常滑移时,应及时上报并尽快查明原因,适时处治
墩台基础	冲刷、掏蚀	基础是否存在可见冲刷、掏蚀现象	
墩台基础	异常沉降、变形	是否存在周围土体表面开裂,基础明显变形、沉降等	
桥台	异常变形	台身、翼墙、耳墙等是否存在明显的变形、开裂、破损	
桥墩	异常变形	是否存在明显的倾斜、偏移	
桥墩	偏载受压	是否存在桥墩四周土体堆高差异导致的偏载受压现象	
阻尼器	连接、密封	是否存在异常	
支座	异常滑移	可见支座是否存在异常滑移	
支座	脱空	可见支座是否存在脱空(包括局部脱空、完全脱空)	

（a）桥墩水迹   （b）桥台垃圾堆积

（c）支座钢构件锈蚀   （d）阻尼器检查

图4.10 桥梁下部结构常见病害

4.2.4 桥梁运营环境

①桥梁运营环境经常性检查的主要内容如表4.11所示。

表4.11 桥梁运营环境经常性检查

部位	检查要点	备注
桥下空间	是否违规堆载建筑垃圾、生活垃圾、易燃物资等，是否存在违规搭建等	一旦发现，必须及时制止，并采取相应措施
安全保护区域	是否存在违规作业行为，包括施工作业、采挖作业、停靠作业等	

②在城市桥梁安全保护区域内的施工作业，对于符合《城市桥梁养护技术标准》（CJJ 99—2017）第2.1.6条规定的，应进行桥梁影响性评估。

按照城市桥梁相关规范要求，城市跨江河桥梁的安全保护区内（桥梁安全保护区应定在以桥轴线为中线，上下游一般不小于50 m和不大于500 m范围内；城市道路上的跨线桥、高架桥、立交桥及人行桥的桥梁安全保护区应定在以桥轴线为中线两侧各 30 m 范围内)不得进行挖沙、采石、取土、爆破、堆放物资、倾倒废弃物和从事建筑活动,不得随意停靠船筏,不得修建影响桥梁安全的水工建筑物。如在城市桥梁安全保护区内从事符合《城市桥梁养护技术标准》(CJJ 99—2017)第 2.1.6 条规定的活动,应进行桥梁影响性评估,并应制订保护桥梁设施的安全防护方案,征得桥梁管理养护单位同意,按规程报批后方能进行。

经常性检查是发现桥梁病害的重要途径。对于桥梁结构变形引起的位移、沉降、裂缝等病害,由于检查人员水平和检查手段的限制,难以及时发现病害苗头,往往出现发现病害时就已经非常严重,甚至出现突发事故。所以,要求管理养护单位应根据各桥梁特点,详细明确变形观察部位,对各部位检查信息进行连续记录,必要时绘制病害发展图,以期尽早发现结构变形引起的病害。

对于有健康监测系统的桥梁,经常性检查要查看相关内容的监测结果,并用于提出评价意见。

4.3　定期检测

4.3.1　常规定期检测

常规定期检测应每年进行 1 次,可根据城市桥梁实际运行状况和结构类型周边环境等适当增加检测次数。

常规定期检测宜由专业机构承担,并应对每座桥梁制订相应的定期检测计划与实施方案。管理养护单位应安排专职桥梁养护工程技术人员或实践经验丰富的桥梁工程技术人员负责配合、监督。

常规定期检测以目测为主,并应配备照相机、裂缝观测仪、探查工具及辅助器材等必要的量测仪器和设备。重点检查部位必须抵近检查。

常规定期检测应包括下列内容:

①对照城市桥梁资料卡和设备量年报表,现场校核城市桥梁的基本数据,并应符合《城市桥梁养护技术标准》(CJJ 99—2017)附录 B 和附录 C 的要求。

②记录病害状况,实地判断损坏原因,估计维修范围和提出方案。

③对于难以判断其损坏程度和原因的构件,提出做特殊检测的建议。

④对于损坏严重、危及安全的城市桥梁,提出限载甚至暂时限制交通的

建议。

⑤根据检测结果对城市桥梁进行技术状况评估和安全性评估,同时确定下一次检测的时间。

常规定期检测范围应包括桥面系及附属设施、桥梁上部结构、桥梁下部结构。

1)桥面系及附属设施

桥面系及附属设施常规定期检测范围如表4.12所示。

表4.12　桥面系及附属设施常规定期检测范围

部位	检查要点
桥面铺装	是否存在裂缝、坑槽、沉陷、车辙、推挤、拥包、碎边、桥台跳车、积水等
防水层	是否存在破损并引起渗水
垫层或找平层	是否存在开裂、破损并引起渗水
湿接缝	混凝土外观缺陷(包括裂缝、破损、空洞、蜂窝麻面、露筋锈蚀等)
桥头搭板	是否沉陷、破损
伸缩装置	是否存在伸缩缝堵塞,止水带开裂、破损、渗水,锚固区混凝土开裂、破损、露筋锈蚀,弹性元件损坏、脱落、缺失,位移箱锚固失效、锈蚀、功能失效,连接件锈蚀、功能失效,型钢变形、断裂,梳齿板松动、翘起,锚固螺栓松动、上浮、脱落、缺失,伸缩缝位置梁端被垃圾填塞等
排水系统	是否存在泄水孔堵塞,水箅子破损、缺失,落水管破损、缺失,排水管破损、脱落、缺失,排水管支架破损、松动、缺失
防撞护栏、栏杆	是否存在混凝土外观病害,涂装病害,脏污,变形,伸缩失效,钢构件锈蚀、断裂、缺失,锚固螺栓或焊缝松动、锈蚀、断裂、脱落等
中央隔离带	是否存在混凝土外观缺陷,构件破损、缺失等
人行道	是否存在铺装层开裂、松动、破损、缺失,伸缩缝堵塞、破损、翘曲,垃圾和脏污等
照明设施	功能性病害、灯杆病害、锚固病害等

部位	检查要点
声屏障	锚固病害、立柱及挡板病害、防腐涂装病害等
防护网	锚固病害、立柱及网片病害、防腐涂装病害等
标志标牌	是否存在脏污、破损、脱落、缺失,锚固病害,功能性病害等

2）桥梁上部结构

桥梁上部结构常规定期检测范围如表 4.13 所示。

表 4.13　桥梁上部结构常规定期检测范围

结构类型	检查要点
主缆	防腐涂层是否存在开裂、起皮、脱落、脏污等,缠包带、PE 防护层开裂、破损、脱落等,钢索是否存在锈蚀,钢护筒及索夹与主缆是否出现相对滑移,主缆锚固连接是否有效以及锚头、辅杆的防护情况;用放大镜检查索箍与主缆连接处(两个端头、两个齿口面)的合缝密封情况和防护状况,钢护筒及定位索箍的密封情况,钢索密封处是否有漏水、积水,索股锚固是否出现异常
吊杆	PE 防护层是否存在开裂、破损、变形等,吊杆是否异常晃动,护筒构件是否存在破损、缺失,密封设施是否完好,吊杆钢丝锈蚀情况
索鞍	锚固是否出现锈蚀、开裂、松动、断裂;索鞍工作是否正常,是否存在异响,索股与鞍座处有无脱皮、划痕等;鞍座锚固是否出现异常
索夹、叉耳	是否出现开裂或锚栓异常,紧固螺栓是否松弛、锈蚀
锚头	是否存在锚头渗油、渗水,锚头松动、钢丝浮出现象;防腐油脂是否老化,锚杯、螺纹锚头、螺母是否存在锈蚀、变形
锚碇	锚碇区域山体保护面有无开裂、破碎脱落、分化现象,锚碇结构有无混凝土病害,锚碇有无受力引起的结构性开裂、破碎
锚室	锚室及锚固区混凝土开裂、破损情况,钢筋外露锈蚀情况;洞内渗水、积水以及湿度情况等;锚室内排水设施是否正常,除湿系统是否正常;锚室内其他钢结构设施是否正常

续表

结构类型	检查要点
塔柱、横梁	塔柱及横梁混凝土(尤其是重点部位)是否有裂缝、破损、钢筋外露锈蚀等现象,防腐涂层或防腐油漆是否有开裂、起皮、脱落、脏污等现象,是否存在渗水、淅盐和积水,是否存在异常变形
主梁	在主跨跨中最低段及边跨尾部最低处有无渗水现象
梁体吊杆锚固区域	锚固区混凝土是否开裂、破损,钢板或焊缝是否变形、开裂等
主缆走道	走道支架稳定状况,金属结构有无锈蚀或损坏,防护油漆是否完好
塔顶其他设施	是否存在功能性、耐久性病害

3)桥梁下部结构

①桥梁墩台常规定期检测范围如表4.14所示。

表4.14　桥梁墩台常规定期检测范围

结构部位	检查要点	备注
地面以上全部钢筋混凝土结构	混凝土病害(包括碳化、裂缝、破损、蜂窝麻面、空洞等),钢筋外露锈蚀,重点部位结构性受力裂缝、破损,裂缝的走向、分布、长度、宽度、深度等,破损位置、范围等,涂层开裂、破损、起皮、脱落、脏污情况	①基础出现沉降时,桥台往往会出现异常变形;②对于连续梁交接墩,应特别关注墩梁相对位移(可事先设置观察标记);③支座出现异常滑移时,应及时上报,并尽快查明原因,适时处治
盖梁、台帽	是否有建筑垃圾、杂物、积水等,是否存在受力裂缝,垫石是否完好	
墩台基础	基础周围土体表面开裂情况,基础变形、沉降情况,河床冲刷、掏蚀情况	
桥台	是否存在明显倾斜,是否存在受力裂缝、破损	
桥墩	桥墩四周土体堆高差异偏载受压情况,桥墩垂直度及偏移情况,墩梁相对位移情况,地面以上3m范围以及盖梁以下1m范围开裂、破损情况	

②桥梁支座常规定期检测范围如表4.15所示。

表4.15　桥梁支座常规定期检测范围

支座种类		检查要点
全部类型支座		支座垫石是否完整、密实,支承面是否平整;支座垫板是否平整、密贴、锚固牢固和有无锈蚀;支座各部分是否完整、完好、清洁、有效;梁底预埋钢板是否锈蚀,水平度是否满足规范要求;支座与梁底预埋钢板之间的支承面的水平度是否满足规范要求;支座周边是否干燥、洁净,无积水、油污、建筑垃圾
板式橡胶支座	普通滑板	是否存在剪切变形,变形量是否在规范允许范围;是否脱空以及脱空量;橡胶体压缩鼓凸、开裂以及老化变硬情况,支座内钢板是否挤出
	四氟滑板	四氟滑板是否完好,不锈钢板是否完好;四氟滑板与不锈钢板之间是否有硅脂油,硅脂油是否被污染,滑动是否正常;其余检查要点与普通滑板一致
盆式橡胶支座	全部	支座顶板与梁底预埋钢板以及支座底板与支承垫石(或垫石上的预埋钢板)之间的锚固是否正常;支座铁件是否锈蚀;防尘罩是否完好
	固定	钢盆是否变形,固定是否有效
	单向滑动	限位钢板是否变形,滑条是否有效,四氟滑板、不锈钢板是否完好,四氟滑板与不锈钢板之间是否有硅脂油,硅脂油是否被污染;滑动是否正常,滑移量是否在设计允许范围;是否脱空以及脱空量
	双向滑动	四氟滑板、不锈钢板是否完好,四氟滑板与不锈钢板之间是否有硅脂油,硅脂油是否被污染;滑动是否正常,滑移量是否在设计允许范围;是否脱空以及脱空量
球形支座		支座顶板与梁底预埋钢板以及支座底板与支承垫石(或垫石上的预埋钢板)之间的锚固是否正常;支座铁件是否锈蚀;防尘罩是否完好;球型支座是否灵活,各向转动是否正常;四氟滑板、不锈钢板是否完好;四氟滑板与不锈钢板之间是否有硅脂油,硅脂油是否被污染;滑动是否正常,滑移量是否在设计允许范围;是否脱空以及脱空量

续表

支座种类	检查要点
滚动支座	支座顶板与梁底预埋钢板以及支座底板与支承垫石(或垫石上的预埋钢板)之间的锚固是否正常;支座铁件是否锈蚀;防尘罩是否完好;辊轴及上下钢板的变形、磨损情况;滚动是否正常,位移量是否在设计允许范围
摆动支座	支座上下锚固是否正常,铁件是否锈蚀,摆柱是否破损等
拉压支座	支座顶板与梁底预埋钢板以及支座底板与支承垫石(或垫石上的预埋钢板)之间的锚固是否正常;支座铁件是否锈蚀;防尘罩是否完好;限位钢板是否变形,滑条是否有效,四氟滑板、不锈钢板是否完好;四氟滑板与不锈钢板之间是否有硅脂油,硅脂油是否被污染;滑动是否正常,滑移量是否在设计允许范围
限位橡胶块	橡胶体是否老化变硬,是否开裂、破损等

4)全桥检修通道

全桥检修通道常规定期检测主要包括以下内容:
①出入口是否整洁、清洁、通畅;
②金属构件是否存在锈蚀、断裂、脱落、缺失等;
③锚固是否存在松动、断裂、脱落等;
④防护涂层是否存在开裂、起皮、破损、脱落等;
⑤混凝土构件是否存在开裂、破损、露筋锈蚀等。

4.3.2 每月目测检查

对悬索桥应每月目测检查(可借助简单工具)主缆和吊杆钢索防护的渗水、损坏情况,钢索应处于正常工作状态。主缆检查应以散索鞍为起点,沿主缆全长检查涂膜有无粉化、开裂、起泡、脱落和锈蚀,有无机械碰损,并进行检查结果分类评定。

应根据常规定期检测记录绘制缺陷、病害展示图,统计各种病害工程数量。对于重要构件,应将各次检查的病害全部绘制在同一展示图上,标明病害情况及发展趋势。

常规定期检测的情况记录、评分及养护维修管理措施的建议,均应及时整理、归档。已建立信息管理系统的,应及时纳入城市桥梁管理系统数据库。

应根据常规定期检测的结果,进行桥梁技术状况的评估、分级和安全性评估。Ⅰ类养护的城市桥梁宜采用考虑桥梁各部件权重的综合评定方法,也可以从影响结构安全角度采用重要部件最差的缺损状况进行评估;Ⅱ类至 Ⅴ 类养护的城市桥梁应按《城市桥梁养护技术标准》(CJJ 99—2017)附录 D 对桥面系、上部结构、下部结构评分等级、扣分表进行评估。

4.3.3　定期检测要求

1)结构定期检测内容

结构定期检测应包括下列内容:

①查阅历次检测报告和常规定期检测中提出的建议。

②根据常规定期检测中桥梁状况评定结果,进行梁体线形、墩柱沉降及结构构件的检测。

③通过材料取样试验确认材料特性、退化程度和退化性质。

④对桥梁进行结构检算,包括承载力检算、稳定性检算和刚度验算。

⑤分析确定退化的原因,以及对结构性能和耐久性的影响。

⑥对于可能影响结构正常工作的构件,评价其在下一次检测前的可能退化情况;如构件在下一次检测前可能失效,需立即报告桥梁管理养护部门。

⑦检测河道的淤积、冲刷等现象,记录水位。

⑧必要时,对桥梁进行荷载试验和分析评估。城市桥梁的荷载试验评估按有关现行标准进行。

⑨通过综合检测评定,确定具有潜在退化可能或已处于退化状况的桥梁构件,提出相应的养护措施。

2)结构定期检测现场记录

结构定期检测应有现场记录,应按《城市桥梁养护技术标准》(CJJ 99—2017)附录 E 填写"结构定期检测现场记录表",并应符合下列规定:

①技术状况评定应符合常规定期检测中的评分标准，Ⅰ类养护的城市桥梁技术状况评估宜采用考虑桥梁各部件权重的综合评定方法，也可以从影响结构安全角度采用重要部件最差的缺损状况进行评估；Ⅱ类至Ⅴ类养护的城市桥梁，按《城市桥梁养护技术标准》（CJJ 99—2017）附录 E 表中的损坏状况和附录 D 的评分等级、扣分表进行评估并应符合有关规定。同时，填写下列相关内容：

a. 所有桥梁构件的侵蚀环境情况；

b. 构件的实测损坏类型和程度。

②对于Ⅰ类养护的城市桥梁评为三类及以上或退化速度过快的构件，Ⅱ类至Ⅴ类养护的城市桥梁技术状况评定为 D 级、E 级的，应在结构状态记录表中记录下列相关内容：

a. 构件编号；

b. 构件描述；

c. 构件在结构中的位置；

d. 损坏状况描述，包括损坏位置、程度、产生的原因和可能的退化、照片编号、所有材料试验的细节和材料在结构中的部位。

③特殊构件信息表应记录结构状态记录表中没有涵盖的信息，包括下列内容：

a. 没有在评分标准中定义的构件；

b. 无法检测的构件，并说明不能检测的原因；

c. 河道的淤积、冲刷、水位记录；

d. 记录材料测试和取样的位置并编号，以便试验结果的交叉参考。

④照片记录表中的照片应针对构件损坏拍摄，并应按顺序编号。

3）桥梁构件侵蚀环境分类

结构定期检测应对桥梁构件进行侵蚀环境分类，并应符合下列规定：

①桥梁构件侵蚀环境宜按表 4.16 分类。

表 4.16　桥梁构件侵蚀环境分类

侵蚀环境分类	状态描述
A 类	无侵蚀性静水浸没环境,与无侵蚀性土壤直接接触的环境
B 类	严寒和寒冷地区露天环境,构件表面经常处于结露或湿润状态的环境,水位频繁变动的环境
C 类	距海岸线 1 km 范围内,直接承受盐雾影响的环境
D 类	盐渍土环境,受除冰盐作用的环境,严寒和寒冷地区冬季水位变动区的环境

②对于易受盐侵蚀地区、沼泽、腐殖质土壤(填土)或工业废弃区,受人为或自然的侵蚀性物质影响的环境,应检测土壤侵蚀性、水质侵蚀性。

加宽桥梁应将原桥与加宽部分分开评估。系杆拱桥、悬索桥、斜拉桥应定期进行动力特性及重要部位的内力静载试验检测,时间间隔不得超过 7 年。检测报告应结合历年的各项检测结果综合分析。应通过结构监测,掌握桥梁在使用过程中结构构件的变化和力学性能及空间位移情况。

对于 Ⅰ 类养护的城市桥梁因结构损坏被评定为三类及以上的桥梁,应立即限制交通,组织修复。对于 Ⅱ 类至 Ⅴ 类养护的城市桥梁被评估为 D 级桥梁的,应提出处理措施,需紧急抢修的桥梁应提出时间要求;被评估为 E 级桥梁的,应立即限制交通,及时处理。

所有现场记录资料以及结构定期检测报告应以电子文档和书面形式在现场调查完成后及时提供给管理部门。

结构定期检测报告应包括下列内容:
①城市桥梁进行结构定期检测的原因;
②结构定期检测的方法和评价结论;
③采用相关技术标准或数据分析,确定桥梁承载能力、抗倾覆能力及耐久性能;
④结构使用限制,其中包括荷载、速度、机动车通行或车道数限制;
⑤养护维修加固措施;
⑥进一步检测、试验、结构分析评估及建议。

当常规定期检测和结构定期检测合并进行时,除完成结构定期检测内容外,还要完成常规定期检测内容。部分检测仪器设备如图4.11所示。

(a)远距离裂缝观测仪   (b)无人机

图4.11　检测仪器设备

4.4　特殊检测

特殊检测应由专业人员采用专门技术手段,并辅以现场和试验室测试等特殊手段进行详细检测和综合分析,检测结果应提交书面报告。

1)特殊检测范围

悬索桥在下列情况下应进行特殊检测:

①遭受洪水冲刷、流冰、漂流物、船舶或车辆撞击、滑坡、地震、风灾、火灾、化学剂腐蚀、车辆荷载超过桥梁限载的车辆通过等特殊灾害造成结构损伤的桥梁;

②定期检测中难以判明安全的桥梁;

③为提高或达到设计承载等级而需进行修复加固、改建、扩建的城市桥梁;

④超过设计使用年限、需延长使用的城市桥梁;

⑤常规定期检测中桥梁技术状况评定时,Ⅰ类养护的城市桥梁被评定为三类以上的桥梁,Ⅱ类至Ⅴ类养护的城市桥梁被评定为D级或E级的桥梁;

⑥常规定期检测中,发现加速退化的桥梁构件需补充检测的城市桥梁。

2)特殊检测前资料收集

实施特殊检测前,检测单位应收集下列资料:

①竣工资料;

②识别和鉴定桥梁结构的主要材料以及它们的强度;

③特殊检测的原因、影响桥梁承载能力的因素；

④历次桥梁定期检测和特殊检测报告；

⑤历次维修资料；

⑥交通量统计资料。

3）城市桥梁特殊检测内容

城市桥梁特殊检测应包含下列内容：

①结构材料缺损状况诊断；

②结构整体性能、功能状况评估。

结构材料缺损状况的诊断，宜根据缺损的类型、位置和检测的要求，选择表面测量、无损检测技术和局部取试样等方法。试样宜在有代表性构件的次要部位获取。检测与评估应按相应的试验标准进行。

结构整体性能、功能状况评估应根据诊断的构件材料质量状况及其在结构中的实际功能，用计算分析评估结构承载能力。当计算分析评估不满足或难以确定时，应用静力荷载方法鉴定结构承载能力，采用动力荷载方法测定结构力学性能参数和振动参数。结构计算、荷载试验和评估应符合国家现行有关标准的规定。

4）特殊检测报告内容

特殊检测报告应包括下列主要内容：

①概述桥梁基本情况、检测组织、时间背景和工作过程；

②描述目前桥梁技术状况、试验与检测项目及方法、检测数据与分析结果、桥梁技术状况评价；

③阐述检测部位的损坏原因及程度，评定桥梁继续使用的安全性；

④提出结构及局部构件的维修、加固或改造的建议方案，提出维护管理措施。

对于特殊检测结果不满足要求的城市桥梁，在维修加固之前，应采取限载、限速或封闭交通的措施，并应继续监测结构变化。

4.5 桥梁监测

桥梁监测系统和检测技术的建立与完善，对掌握桥梁关键部位的变化情况，预警桥梁病害,科学决策病害处治方案,提升桥梁管理养护科技水平,具有重要的意义。有条件的管理养护单位,可以逐步实施桥梁监测工作。

对下列城市桥梁应进行监控测试,并可采用自动化监测系统:

①经现场重复荷载试验,其结果属于 D 级或 E 级的桥梁;

②施工质量不佳或存在疑问的桥梁;

③对结构随时间因素变化需进行研究的桥梁。

监控测试的结构部位应根据需要,确定长期观测的结构部位,并制订详细的监控测试方案。宜按照现场荷载试验的要求布置测点。

监控测试应包括下列内容:

①桥梁控制截面或有缺陷截面的变位(垂直和水平)和应变;

②墩台、基础、支座和接头连接部分的位移和转角;

③支座反力和缆索拉力;

④预应力钢丝(钢筋)的松弛及其预应力损失;

⑤记录运营条件下(运行车辆荷载、线冰和地震等作用下)结构的振动;

⑥记录温度(气温和结构温度)、湿度、风载参数(风速、风向、风压等)、冰层厚度和水文数据等。

监控测试应对桥梁结构在下列时间段的相关信息进行分析:

①昼夜温差最大和最小的时间段;

②大气湿度最大和最小的时间段;

③风载、流冰、洪水和预报地震时间段;

④行车密度最大的时间段;

⑤其他对结构不利的时间段。

监控测试的实施宜符合下列规定:

①每个观测日宜连续测量一昼夜,每隔 1~2 h 记录一次;

②每年做周期观测的日期和时间宜相同;

③负责长期观测的工作人员宜固定。

监控测试的资料整理应符合下列规定:

①编制所有测点各项量测值随时间变化过程图;

②编制各测点在每年重复的同一时间的量测值随重复周期次数的变化图;

③根据同一时间测量的总变位或总应力(或应变)和记录的各种影响因素

的资料,计算分析各种因素的分量测值;

④根据结构观测的真实物理力学模型(边界条件、材料性能和外荷载等)进行结构的理论分析与计算;

⑤比较量测值与理论计算值或标准值的偏差;

⑥比较同一测量因素在不同时间段的变化;

⑦比较结构动力特性的变化,检查结构的完好状况;

⑧长期观测的记录资料及其中间分析成果,应按技术档案形式保存。

第5章 吊杆的检测维修

5.1 吊杆系统

吊杆系统由吊杆(图5.1)、索夹、减震器等构件组成。

图5.1 悬索桥的吊杆

5.1.1 吊杆的组成

长度大于10 m的长吊杆可以采用带PE护套的平行钢丝索股。长度小于10 m的短吊杆可以采用钢丝绳加PE防护套。

吊杆上、下锚头均为叉形热铸锚,由锚杯与叉形耳板组成。锚杯内浇铸锌铜合金,叉形耳板与锚杯用螺纹连接。长吊杆锚口处设置连接筒,连接筒内灌注聚氨酯密封料,筒口设置橡胶套防水,然后在现场对下锚杯连接筒口加热挤压制成锥形PE套将筒口盖住,以防止橡胶老化失效而失去阻水功能。短吊杆锚口处设置采用氯丁橡胶浇制的缓冲器,以改善锚口的弯折疲劳影响。

长度超过20 m的吊杆,往往设置减振架,将一个吊点的两根吊杆相互联系,以减少吊杆的风振。

5.1.2　索夹的一般构造

除中跨安装吊杆的索夹外,索夹还有夹紧边跨主缆的索夹和安装缆套的索夹。由于索夹与吊杆采用销接,故索夹采用上、下分开的形式。上、下两半索夹用螺杆连接夹紧,接缝处填嵌密封剂防水。中跨索夹由于主缆倾角不同,所需夹紧力不同,索夹长度和螺杆数量均不相同。

5.2　吊杆护套养护

5.2.1　吊杆护套损伤

吊杆护套的损伤形式主要受制作材料以及使用环境的影响。吊杆护套多采用 HDPE,其病害为开裂,具体表现形式包括龟裂、划痕、刮痕、裂缝等,如图 5.2 至图 5.4 所示。

图 5.2　吊杆护套纵向裂缝　　　　图 5.3　吊杆护套横向裂缝

图 5.4　吊杆 PE 护套破损严重

5.2.2 吊杆 PE 护套破损

引起吊杆系统损坏的最主要原因是疲劳与锈蚀。吊杆护套、表面涂装或缝隙填料损坏导致雨水或潮气入侵,使金属发生锈蚀,因此,吊杆系统养护主要是检查吊杆护套、表面涂装以及缝隙填料是否损坏。如有损坏,须及时加以修复。

1)吊杆 PE 护套损伤成因

护套在加工、储运和使用过程中,由于受到光、热、氧、生物等内外因素的作用,造成聚合物的降解或交联,使其性能变坏,外观变黄,以致最后丧失使用价值的现象称为"老化"。

当吊杆护套发生拉伸应力的部位(承受载荷的部位)长期暴露或附着、接触药品后,随着时间的推移,在温度、紫外线与荷载等的综合作用下,很容易产生老化和龟裂现象。可能的原因是:荷载使分子之间产生间隙,紫外线作用或有害溶剂渗透到间隙中导致分子间的凝聚力降低,引起分子移动而造成老化和龟裂。所以,要解决 PE 护套的老化龟裂问题,需同时关注缆索使用条件、应力状况的影响。

通过对既有吊杆的病害调查,发现 PE 护套均出现横向或纵向开裂,最短的不到 1 年,最长的不到 10 年。其具体表现形式包括龟裂、划痕、刮痕、纵向裂缝和横向裂缝等。HDPE 氧化老化过程分为 3 个阶段,如图 5.5 所示。

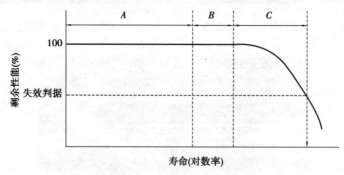

图 5.5 吊杆 HDPE 的老化过程曲线

A 阶段代表 HDPE 中抗氧化剂的消耗过程。在这个过程中,HDPE 的性能稳定不变。

在 *B* 阶段,抗氧化剂耗尽,过氧化氢开始聚集,并达到一定浓度。

在 *C* 阶段,氢过氧化物开始降解,生成大量的自由烷基,导致老化过程加速。

在这个阶段的早期,由于氧的缺乏,发生交联作用,使分子量变大。随着氧化的深入,分子链断裂,分子量减小。在 C 阶段,材料断裂延伸率和断裂强度下降,导致材料变脆。

应力开裂是指塑料在一个低于屈服强度的恒载作用下出现脆性开裂的现象。在特殊的环境下,应力开裂的失效时间还会缩短,PE 护套对应力开裂较为敏感。

常见的各类护套病害有孔洞、横向开裂、纵向开裂等,其中纵向开裂所占比例最大。护套病害的数量有随吊杆长度同步变化的趋势。在吊杆中,长索更容易发生护套破损,进而锈蚀失效。

2)吊杆 PE 护套破损的主要原因

①护套受力不合理。HDPE 护套随钢丝的伸长而始终处于较高应力状态下。这种应力状态使 HDPE 分子间的结合力逐步下降,导致 HDPE 的耐环境应力开裂性能下降,造成护套提前开裂。

②护套制造、运输、施工、运营过程的影响。吊杆护套在制造过程中受初始损伤开裂;在卷盘运输过程中,位于内圈的吊杆护套由于卷绕的直径较小,始终保持较高应变,导致应力开裂。在施工过程中,施工单位由于操作失误或重视程度不足,在成品吊杆搬运及安装过程中未采取必要的保护措施,导致护套损伤。在运营过程中,遭遇意外事故导致护套开裂。

③护套使用环境的影响。光、氧、热、生物等导致的护套老化使护套延伸率降低,最终开裂;雨水冲淋以及有害气体的腐蚀,导致护套提前开裂。

④护套检修过程的影响。在对吊杆进行病害检查时,沿吊杆移动的检测小车难免会与护套发生接触,在摩擦挤压过程中导致护套损伤;修补破损护套时,必须加热破口附近的护套。补好后,HDPE 冷却收缩,在护套上产生附加拉应力,导致不久后护套再次破损。

⑤HDPE 材料的影响。不同的 PE 材料,其耐环境应力开裂的性能差异较大。受诸多因素的影响,目前国内所用 HDPE 材料的使用性能达不到要求,造成 HDPE 护套在更短时间内开裂。

5.2.3　吊杆 PE 护套的养护和维修

针对吊杆 PE 护套的损伤程度和类型,采用不同的养护和维修措施。

①如果 PE 护套受到机械性损伤,或局部老化开裂,但是并未丧失防护功能,即雨水还没有进入吊杆钢丝,可用原来的 PE 护套材质,对开裂的部分进行热成型修补或局部电热成型修补。

②如果 PE 护套已老化开裂,并丧失防护功能,有雨水进入吊杆钢丝,且有部分钢丝锈蚀和断丝,但断丝不超过 5% 或锈蚀削弱截面积不超过 5%,应更换 PE 护套。具体做法是:在比较晴好的天气,剥去吊杆外面的 PE 护套,用高压热风对钢丝进行干燥处理,清除钢丝上的油污及锈迹,并涂上防护油,然后缠包橡胶防腐带,将原来热挤 PE 护套使用的塑性颗粒,在 24 h 内加热成型。加热时的温度应根据材质的要求确定。

③如果因 PE 护套老化开裂,雨水进入吊杆内,吊杆的钢丝断丝超过 5% 或锈蚀削弱截面积超过 5%,一般来说,应该换索,但对一些情况也可以考虑先更换 PE 护套,暂不考虑换索。因为吊杆在设计时考虑了 2.5 的安全系数,以及在吊杆制作技术条件中,钢丝束的断面规定为正六边形,钢丝束的股数是特定的根数,吊杆有一定承载力储备,断丝 5% 并不影响它的承载能力。该吊杆可暂不急于更换,但要找出断丝的原因,进行维护,以后着重观察。

5.2.4 吊杆 PE 护套的现场修补流程

对于吊杆 PE 护套小面积的划伤,深度在 3 mm 以下时,可以用专用焊枪将相同的 HDPE 原料覆盖并焊接在损坏处,再用电磨机进行表面处理,恢复表面平整。

对于比较深、范围较大的损坏,修复面积大于 10 cm² 、深度在 3 mm 以上时,宜采用加热套管进行恢复。施工时,先将相同的 HDPE 原料填充在受损部位,然后用加热套管使 HDPE 热熔补充在损坏的吊杆护套缺口上。热熔完成后,仍用电磨机进行表面处理,恢复表面平整。

在吊杆修补过程中,应特别注意采用与原吊杆相同色彩、质量合格的 HDPE 料进行修补。操作时,要注意加热温度,既不能因温度不足而产生夹生现象,更不容许因温度过高而使材料发生碳化,修复表面不允许出现气泡。

吊杆 PE 护套的修复(通常称为补索,即书面用语中的塑料焊接),就是材料随着软化、熔融而熔合为一体。修补方法有化学方法和物理方法,一般采用物理方法,而物理方法又分为外加热法和内加热法两种。

外加热法就是利用物理方法在塑料外加热使塑料软化、熔融而熔合为一体，如热风焊接、热模具焊接、热板焊接、内面热辐射焊接等。

内加热法就是利用物理方法使塑料内部产生变形和在结合面的塑料分子产生冲撞现象，并发热、升温而软化、熔融，以使塑料互相结合。由于现场特点而不可能用内加热法进行修补，可根据实际情况采用外加热式的热风焊接法对其进行修复。

对于吊杆的焊接，一般的修复工艺为：选材→表面预处理→表面清洗→进一步预处理→堆焊→抛光→修复完毕。

具体的操作流程如下：

①由于现场处于高空，必须专门搭设施工平台，铺设现场用电设备及搭设高空防风设备。

②准备所用焊接材料及清洗用的清洗剂、焊接机具。

③用机械方法将焊接局部表层剥离，进行预处理。

④对修复部位用有机溶剂（丙酮或者甲乙酮）进行清洗。

⑤质量监督员进行现场检查，判定是否合格。

⑥对所焊接部位进行进一步的预处理，如打磨坡口等。

⑦合格后，用相同材料的焊条进行加压堆焊。堆焊完毕后，再用专用磨光机进行打磨，直至达到相关标准规定。

⑧质量监督员进行现场最终检查。

5.3　吊杆锚头与索夹养护

5.3.1　吊杆锚头病害与养护

吊杆锚头病害主要包括锈蚀、开裂和变形、渗（积）水。

1）锚头锈蚀

锚头锈蚀是吊杆锚头病害的主要表现形式，通常出现在锚杯外螺纹等易于积水积尘的部位（图5.6）。如吊杆锚杯未设置保护罩或保护罩密封不严，则可能导致保护罩、锚头外螺纹、锚杯、锚板甚至钢丝镦头锈蚀。

2)锚头变形和开裂

锚头变形主要发生在吊杆出厂前的超张拉检验过程中,典型现象是锚板回缩。在实桥检测过程中,并未报道过锚头变形。锚头开裂较少报道,在国外对Maracaibo桥进行检测后出现了锚头的开裂损伤,如图5.7所示。

 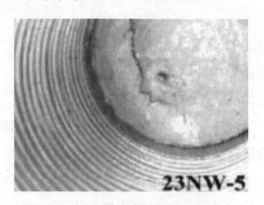

图5.6　吊杆锚头轻微锈蚀　　　　图5.7　Maracaibo桥锚头开裂

3)下锚头渗(积)水

下锚头渗水也是吊杆常见病害,在国内多座大桥的吊杆均出现此类病害。渗水源于桥面或索面雨水、预埋管内冷凝水以及护套内灌浆积水等。渗水原因如下:

①吊杆外护套断裂或开裂导致锚头渗水;

②梁体导管与索体间存在间隙或密封防护失效导致锚头积水或渗水;

③索体与下锚头连接处开裂导致锚头渗水。

4)锚头养护

①吊杆两端的锚具及护筒应经常保持清洁和干燥。塔端锚头若漏水、渗水,应及时用防水材料封堵;梁端锚头若漏水、积水,应及时将水排出并封堵水源。

②定期更换吊杆两端锚具锚杯内的防护油。

③定期更换钢护筒与套管连接处的防水垫圈及阻尼垫圈,做好搭接处的防水处理。

④定期对索端钢护筒做涂漆防锈处理。

5.3.2　吊杆索夹养护

1) 索夹更换

①当发生索夹严重腐蚀、夹壁或耳板开裂时,应更换索夹。

②索夹更换应在限载限速下逐只进行。

③新索夹的材料性能应满足设计要求,安装螺杆夹紧力以及安装精度应符合设计和技术规范规定。

2) 索夹高强度螺杆的更换

①当发现索夹螺杆腐蚀、断裂,螺牙、螺帽或垫圈损坏时,应更换螺杆或螺帽、垫圈。

②螺杆或螺帽、垫圈更换,应逐只进行。对于少于6只(含6只)螺杆索夹的螺杆,以及处于索夹端头的螺杆,更换时为避免索夹壁出现不利的应力状况,应在索夹靠近被换螺杆一端的端部加装临时索夹,并将附近螺杆适当卸载后方可拆除被换螺杆。

③被更换的螺杆卸载时,是否应将附近螺杆轮流适当卸载,应通过计算确定,以确保索夹和附近螺杆受力安全。

5.4　吊杆检查内容

5.4.1　吊杆索体检查

吊杆索体检查分为经常性检查和定期检查。经常性检查以目测为主。定期检查除目测外,还需要配置专门的仪器设备,如水平仪、望远镜、放大镜、数码相机等检查工具和设备。检查的主要内容如下:

①观察吊杆PE护套的外观,是否有开裂和破损,索上、下端的减振圈有无松脱;索下端的防护筒内有无进水,若有进水,应及早排出。

②检查上、下端锚头的螺纹、螺母是否锈蚀和缺少防护油。

③观测吊杆的风振或雨振状况。及时记录当时的风向、风速及每一根索的表现,记录下发生振动的索号、振幅大小、振动频率值。如果一些索的振幅较大,

要及时上报,由上级主管部门研究,是否需要采取进一步的减振措施。

④进行吊杆索力的全面检测。将检测结果与以前的索力进行比较,找出索力变化大于 10% 的吊杆。应定期测试吊杆内力变化情况。

吊杆内力测定方法有两种:一种是利用结构监控系统中所布置的吊杆锚头压力销,对某些吊杆进行定期检测;另一种是使用环境随机震动测量方法,由自震频率计算吊杆内力。

⑤对桥面标高变化较大的索的锚固位置附近(两边各 3~4 个索距位置)做一次标高测量,并与竣工时的高程进行比较。如果发现该吊杆处的高程下降比较大,应检查该吊杆是否有断丝现象。

⑥对于索力变化较大的吊杆,怀疑 PE 护套内进水的索或怀疑有断丝的索,用钢丝断丝锈蚀检查仪器进行断丝锈蚀检查。

⑦对短吊杆重点检测其疲劳断裂破坏;对长吊杆检测其腐蚀破坏。短吊杆由于刚度较大,适应结构变形能力较差,且往往受力较为不利,易发生疲劳断裂破坏;长吊杆出现腐蚀病害的概率较大,锈蚀等级也较高,这是由于长吊杆的振动频率比短索低,更容易发生各种类型的振动。振动过程中,破损位置将加速破坏,同时也使索内残留的积水流向更封闭的部位,使锈蚀更加严重。

5.4.2 吊杆的常规检测

1)一般规定

①定期对吊杆锚头、叉耳、销子等进行目视检查。如发现油漆有损坏的地方,应及时进行修补;有锈蚀的地方,应在除锈之后补漆。

②通过滴水孔定期(4 月、10 月)检查吊杆下锚头是否积水,螺栓是否松动。

③利用吊杆检修车检查吊杆 PE 护套的完好情况,如发现有破损、开裂等现象,应及时进行修补。

④目视检查叉耳与箱梁吊耳板、叉耳与索夹耳板之间填封料的完好情况,特别是叉耳与锚杯螺纹连接处的填封料是否完好。如发现破损、剥落、开裂等现象,应及时用合适的材料进行修补,以防止渗水引起锈蚀。

2）吊杆损伤检查

（1）外观检查

吊杆防护层的破坏是导致吊杆锈蚀损坏的先期条件,因此吊杆的外观检查十分必要。外观检查只能在每一根吊杆或仅在上部吊杆上滑行的检查缆车上实施。

（2）无损检测技术

目前,建立在理论基础上的损伤识别法无法进行局部损伤的准确识别。对局部损伤主要还是通过探伤检测等直接方法进行确认。目前,常用的无损检测技术及特点如表 5.1 所示。

表 5.1　各无损检测技术特点

方法名称	损伤类型	基本特点	适用结构
振动法	内外部裂纹或损伤	利用动态参数对故障的敏感性、结构的完整性进行检测	适用于各种工程结构（梁、钢架、板、容器、管道、水坝、桥墩等）
声发射法	活动性缺陷	对缺陷的萌生与扩展进行动态检测	适用于各种工程结构（梁、钢架、板、容器、管道、水坝、桥墩等）
超声波法	体积类缺陷、分散细小缺陷及表面缺陷	直观、灵敏度高	适用于各种工程结构,包括梁、钢架、板、容器、管道等,主要检验铸件及焊接件
射线法	体积类缺陷、表层细微缺陷	不需要耦合剂,能以非接触方式对物体进行检测,对被测构件要求低	适用于各种工程结构,尤其是高温环境中或难以接近的工程结构
光学法	体积类缺陷、表层细微缺陷	不需要偶合剂,能以非接触方式对物体进行检测,对被测构件要求低	适用于各种工程结构,尤其是高温环境中或难以接近的工程结构
涡流法	表面及内部缺陷	速度快、直观	适用于各种金属结构
磁粉法	表面细微缺陷	灵敏度、精确度和可靠性均与荧光磁悬液有关	适用于各种导磁性工程结构件

续表

方法名称	损伤类型	基本特点	适用结构
泄漏法	容器、管道裂缝	方法简单,但是灵敏度受到限制	主要用于容器、管道的泄漏位置诊断
红外法	表面与内部缺陷及无缺陷区表面温度的变化	非接触,可以远距离操作;检测仪器结构简单,使用安全	适用于各种工程结构,尤其是高温环境中或难以接近的工程结构

吊杆的大幅振动会引起锚固端的疲劳,或者损坏吊杆端部的腐蚀保护系统,降低吊杆的使用寿命。加上吊杆端部容易积水,形成湿度较大的小环境,因此吊杆在端部锚固处更易遭受破坏,端部应作为吊杆日常检查的重点部位。

(3)吊杆索力检测

吊杆索力检测方法主要包括压力表测定法、压力传感器法、振动波法、三点弯曲法、振动频率法、磁致弹性(EM)应力传感器法、光纤光栅传感器等。这7种方法较常见,在此不再赘述。

(4)吊杆锈蚀检测

目前,吊杆锈蚀检测的方法包括声发射检测、超声波检测、时域反射法检测、漏磁检测、射线检测、腐蚀电位检测、电阻检测、光纤检测、目检等。

5.4.3 索夹检查与维护

除中跨安装吊杆的索夹外,索夹还有夹紧边跨主缆的索夹和安装缆套的索夹。由于索夹与吊杆采用销接,故索夹采用上、下分开的形式。上、下两半索夹用螺杆连接夹紧,接缝处填嵌 HM106 密封剂防水。

索夹依靠螺栓夹紧于主缆。如果螺栓的紧固力降低,在吊杆沿主缆方向的分力作用下,可能出现滑移。索夹的检查内容如下:

①检查索夹和索夹螺杆的外涂装,如发现有油漆开裂、剥落等现象,应清除干净后重新涂装。如有锈蚀发生,应在除锈后再进行油漆修补。

②目视检查上、下半索夹之间缝隙的密封胶及索夹端部的填封料是否完好,如发现开裂、剥落等现象,应将受损的填封料清除干净,并重新填封。

③定期(一般为5年)检查索夹螺杆的张拉力,如张拉力降低至预紧拉力的70%,则应及时施拧加以补拉。

④定期检查索夹滑移。索夹滑移会造成吊杆和加劲梁内力重分布,使滑移索夹的吊杆拉力减少,相邻吊杆拉力增大,加劲梁弯矩增加,严重时还会造成全桥线形变化引起受力改变。索夹滑移还会损坏主缆防护构造,刮伤主缆钢丝,并导致缠丝鼓包甚至断裂,使原索夹范围内没有缠丝的主缆部分暴露在大气中,从而引起主缆钢丝锈蚀。

索夹螺杆张力测量通过螺栓拉伸器张拉测定,也可以通过测量螺杆的延伸量获得。

⑤定期检查索夹高强度螺杆延伸量与内力。索夹螺杆的拉力应保证索夹在螺杆拉力作用下,在主缆表面所产生的摩阻力对抵抗吊杆索力沿主缆方向的分力所产生的滑移有一定的安全系数。

索夹原则上是不允许滑移的,只要严格控制和保持索夹螺杆拉力,使其不过分松弛,索夹滑移的可能性不大。索夹滑移的限值控制在10 mm内。

5.4.4　吊杆减振架检查

长度超过20 m的长吊杆设有减振架。由于横向风力引起的振动,吊杆减振架应用于防止螺栓松动和损坏吊杆护套,需定期检查。

如检查减振架有锈蚀,应去除锈蚀后重新涂装。如发现减振架出现疲劳断裂,应及时更换。

振动可用肉眼观测,或使用加速度仪测定振幅和振率。振动检查还应检查振动产生的不良效果,以确定是否采取制振措施。

5.4.5　吊杆病害深入检测

吊杆钢丝对锈蚀非常敏感,锈蚀是吊杆寿命降低的主要原因。在吊杆表观检查后确定吊杆护套缺损状况的基础上,挑选护套破损处,作为吊杆钢丝锈蚀可疑位置进行深入检测。吊杆病害深入检测步骤如下:

①到达预定的剖索位置;

②剖开破损处的吊杆护套,剖开的角度、宽度和长度以能够暴露出破损范围内锈蚀程度最危险的截面为准;

③对剖开位置的锈蚀钢丝进行拍照;

④用小锤轻轻敲击钢丝锈迹,然后用钢丝刷清除钢丝表面碎屑,最后用棉纱清除锤击后暴露出来的锈蚀钢丝表面粉尘;

⑤根据敲击前后锈蚀钢丝的表面状态,再对照锈蚀评级标准在预先绘制的吊杆截面图上标记吊杆外圈钢丝锈蚀程度分布。

5.5 吊杆检查周期

5.5.1 日常性检查周期

对吊杆的经常性检查,主要根据桥梁的实际情况确定。一般情况下,桥管人员应每月巡视1次。平常可委托桥上的清扫人员,发现吊杆有异常时,报告桥管人员进行检查。对于风振和雨振,只有根据天气预报,在有风雨的天气进行观察。如发生地震、暴风、车辆撞击等重大事故,应及时进行检查。

对于定期检查,索力检测除建成后的第1年要进行1次全面的索力复测外,以后应根据车辆的流量及超载情况,每隔2~3年要进行1次全面检测。对于吊杆PE护套的外观、锚头锈蚀情况、索力、吊杆的锚固位置桥面标高等,应每年检查1次。根据PE护套裂纹情况、钢护筒上密封情况以及经常性检查情况,决定是否进行高程、断丝和锈蚀检查。

在一些大风天气,吊杆容易发生振幅很大的风振。过大的风振和雨振,不仅容易造成吊杆疲劳破坏,而且容易使主梁和桥塔产生较大的振动,使它们经受过大的弯曲应力,这是必须要避免的。

5.5.2 建立严格的定期检查制度

若吊杆PE护套施工或生产时造成的隐患没有出现,则每隔5~6年对吊杆做一次详细检查(德国斜拉桥养护维修规范的规定),10年左右检测其是否发生环状应力开裂。如果没有发生环状应力开裂,则PE护套的日常检测可转入PE的自然抗老化状态。检查时,应针对吊杆索体、防护系统和锚固端等进行。

检测吊杆的线形。若吊杆呈波浪形,表示钢丝可能断裂或在架设过程中出现塑性变形。无论出现哪种情况,吊杆的强度都可能降低。

定期检查吊杆套管有无裂缝,缠包带是否破损及聚乙烯管、钢套管的破损情况。若套管破裂,吊杆因雨水浸入而可能腐蚀。若缠包带磨损或聚乙烯管的裂缝是局部的,且程度轻微,则破裂的套管可用玻璃纤维带包缠加以修补。若聚乙烯管出现大面积破损,应在其外面再套一层聚乙烯管,但这种更换将存在纵向接缝。

定期检查吊杆锚固区导管端部橡胶套管的水密性。如果存在排水孔,应经常检查导管和过渡管之间的排水情况;检查锚固系统的防腐性能,固定、暴露的金属表面的油漆应完好无损;可动部分(锚杯、锚头等)的螺纹通常涂抹油脂或其他润滑剂加以保护,且保证其持续润滑。

对于吊杆索体的定期维护,在详细检查的基础上应每隔 5~8 年对索体进行防潮防锈的维护。定期对吊杆锚固端容易破损处进行应力检测,以防止由于振动等原因对锚固端钢丝造成损害。

应高度重视套管的防护,缠包带应每隔 5 年全部更换一次。因为黑色聚乙烯管的热膨胀系数约为水泥和钢材的 6 倍,缠包带可以控制温度的变化,减少应力的差值,防止套管损坏。

应注意套管内环境的不断改善。尽管热挤 PE 防护套防护不像其他套管灌浆防护一样,套管内空间较小,但套管内的温度、湿度变化仍然会影响钢丝的腐蚀。因此,应掌握套内温度、湿度变化规律,分析和判断腐蚀状况。条件允许时,可定期采取除湿降温措施,如可以每隔 3~5 年进行一次。

5.6　吊杆索力调整

吊杆经过一段时间的运营后,大桥各个构件之间在恒载和活载的作用下相互磨合,相互适应,达到一个新的平衡状态,各个吊杆的索力有一些变化是很正常的,但是也可能出现一些不正常的情况,使一些吊杆的索力产生较大的变化。例如,桥上车辆撞击吊杆,桥下船只撞击桥墩使主梁变形或损坏,桥上超重荷载使主梁底板出现较大的拉弯裂缝,出现地震灾害、大的风灾等。也可能是设计或施工中存在一定缺陷,在大桥运营一段时间后暴露出来,对大桥造成伤害。

无论是哪种情况发生,都需要进行局部或全部的索力测量,检查索力的变化情况。如果索力的变化超过 10%,或主梁的高程变化太大,超过规定要求,应将测量结果迅速上报,经设计部门或具有相应资质的专业单位计算、验证,视索力是否超过设计的要求、该索的锚固点附近与周围桥面的高差是否过大等综合情况,确定是否需要进行吊杆索力调整。

5.7 吊杆更换

5.7.1 更换的重要性

吊杆是一个可更换的构件。如果索内钢丝的断丝率超过 5%，或钢丝锈蚀削弱截面积超过 5%，或较多的钢丝发生锈蚀，或吊杆达到规定的使用寿命，经计算承载力也不能满足要求，为防止突然断丝引起大桥的激烈振动，对大桥产生不利的影响，可考虑更换吊杆。吊杆更换应在限载限速下逐根进行。

更换吊杆之前，要做好吊杆更换的一切准备工作。首先，对要换上去的吊杆做好检查：索长、索股数、锚头是否符合要求，PE 护套是否有损伤（若有损伤，应及时修补好）。其次是张拉工具的准备，针对更换吊杆的技术条件，确定张拉千斤顶。同时，准备好电热修补的工具和相应的 PE 护套材质，在吊杆更换过程中，如发生主缆或其他吊杆碰伤时可以及时得到修补。

在换索过程中，是否封锁交通，需要慎重考虑。按有关规范，对某一根吊杆突然失效的情况，建议将设计的允许应力值提高 33%，维持正常运营，而不减少设计活载。在我国设计规范中，已考虑结构应具备减少任一根索所失去的承载能力储备，即该索所承担的恒载和活载量值由结构和其他索承担造成内力重分布的影响，且此时允许设计限值增加 25%，用于控制活载的量值。当内力或挠度超过该限值时，应限载运行。在吊杆更换之前，应计算出在什么样的荷载下大桥是安全的，在什么样的荷载下大桥有出现危险的可能，来确定在换索中是否要封锁交通或限载运行，以保证吊杆更换过程中大桥的安全。

当发生索夹严重腐蚀、夹壁或耳板开裂时，应更换索夹。索夹更换应在限载限速下逐只进行。新索夹的材料性能应满足设计要求，安装螺杆夹紧力以及安装精度应符合设计和技术规范规定。

当发现螺杆腐蚀、断裂，螺牙、螺帽或垫圈损坏时，应更换螺杆或螺帽、垫圈。螺杆或螺帽、垫圈更换应逐只进行。对于少于 6 只（含 6 只）螺杆索夹的螺杆，以及处于索夹端头的螺杆，更换时为避免索夹壁出现不利的应力状况，应在索夹靠近被换螺杆一端的端部加装临时索夹，并将附近螺杆适当卸载后，方可拆除被换螺杆。被更换的螺杆卸载时，是否应将附近螺杆轮流适当卸载，应通过计算确定，以确保索夹和附近螺杆受力安全。

5.7.2　施工工艺

1）吊杆上锚头安装吊篮

在主缆和吊杆连接部位,通过钢丝绳将型钢焊接的吊篮与主缆进行有效连接,作为吊杆上锚头处的操作平台。钢丝绳和主缆接触部位采用橡胶垫片进行保护。

2）施工前数据采集

①在封闭交通的情况下,用全站仪测量并用钢尺复核原吊杆,采集准确的吊杆长度,然后联系厂家制作新吊杆。在新吊杆制作前,需原设计单位提供需要更换吊杆的无应力索长和张拉力数据(以某大桥的 S14 吊杆为例),以备生产厂家计算使用。现场用全站仪实测的需要更换的吊杆数据如图 5.8 所示。

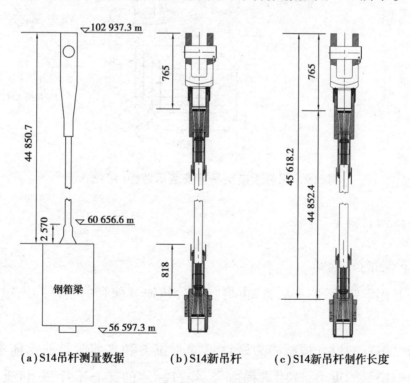

(a)S14吊杆测量数据　　(b)S14新吊杆　　(c)S14新吊杆制作长度

图 5.8　某大桥的 S14 吊杆(单位:mm)

②量测 S14 吊杆及其相邻两侧的吊杆(共计 6 根)的索力和吊杆附近的桥面高程,以便指导下一步施工。索力采用无线索力动测仪与频谱分析仪,按频率法

（振动法）进行测试。在桥梁外的固定位置设高程参照点，高程测点选择在对应吊杆中心线距路缘石 30 cm 的位置，用精密水准仪测定。

3）吊篮搭设

完成吊杆上锚头处吊篮的搭设，如图 5.9 所示。图 5.9 中，——代表角钢；～～～代表钢丝绳；斜撑采用 $\phi 10$ 钢筋，吊篮 4 个吊点处焊接 $\phi 10$ 钢筋吊环；1、2 号角钢为拼装式。安装吊篮时，S14 吊杆通过 1、2 号角钢位置卡入吊篮，在两端采用 $\phi 14$ 螺栓栓接；3 号钢丝绳将左侧吊点连接至 S15 吊杆的索夹处，4 号钢丝绳将右侧吊点连接至 S14 吊杆的索夹处，防止吊篮下滑；5 号为橡胶垫片，保护主缆不会受到钢丝绳的损坏。

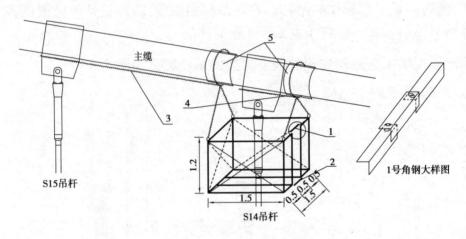

图 5.9　吊杆上锚头吊篮安装示意图（单位：m）

4）拆除旧吊杆

（1）下端张拉、松锚

先松下化学锚栓、取下后盖，再将与下冷铸锚具配套的套杆旋入锚杯下端的空心段。

根据原吊杆的设计恒载内力所计算的张拉力和之前测量的索体索力，在计算时考虑钢箱梁的重力，选用量程适合、经过标定的穿心千斤顶，将千斤顶套在套杆上，对吊杆进行张拉。

考虑到原吊杆因渗水可能导致的应力损失和避免吊杆附近的桥面系开裂，吊杆的张拉力不宜加至计算值，应以锚具螺母与锚板下平面是否分离进行控制。

当索体张拉伸长至锚具螺母与锚板下平面完全分离时,即停止继续张拉,此时松下锚具螺母。锚具螺母取出后,千斤顶张拉力归零,即完成吊杆的松锚。

（2）拆除叉耳型锚具

两台卷扬机安装就位。将其中一台卷扬机的钢丝绳与旧吊杆的上锚具进行有效连接,将旧吊杆捆绑、吊起。然后松螺栓,拆除上锚具与索夹之间的连接销轴,即完成上锚具的拆除。

（3）旧吊杆拆除

打开吊杆的锥形护罩,拆除吊杆的减振装置。将另外一台卷扬机的钢丝绳与旧吊杆人行道处的索体进行有效连接。用该卷扬机缓慢收紧钢丝绳,将旧吊杆吊离钢箱梁。该卷扬机收紧钢丝绳的同时连接上锚具处的卷扬机,然后放松钢丝绳,直至下锚头吊离人行道,即完成旧吊杆的拆除。

5）新吊杆安装及张拉（图 5.10）

①新吊杆运至安装位置,置于汇索盘上,再用卷扬机慢慢汇出吊杆并起吊,确保吊杆完好。

②采用两台卷扬机,与拆除旧吊杆的起吊方式相同,一台卷扬机起吊吊杆的端头位置,另一台卷扬机起吊吊杆的 1/3 位置,将吊杆吊起,穿过钢箱梁内的预埋钢管,先固定叉耳型锚具,紧固好上锚具与索夹的连接销轴。

③下端冷铸锚固定到位后,将与索体配套的套杆旋入锚杯下端的空心段,进行新吊杆的张拉。千斤顶仍选用量程适合、经过标定的穿心千斤顶,张拉过程应采取逐级进行,根据原设计恒载内力计算每级张拉力。该级张拉完成后,即旋紧锚具螺母。

④张拉过程中,对新吊杆的索力和桥面高程进行双向监控,随时测量吊杆索力和桥面高程（测试方法同"施工前数据采集"）。测量新换 S14 吊杆及其相邻 3 根吊杆（共计 7 根吊杆）的索力和桥面高程,将测量值与施工前的采集值进行比较,直至新吊杆索力与桥面高程与施工前的采集值基本相同,即停止新吊杆的张拉。

⑤张拉完成后,紧固下锚头的锚具螺母,盖好后盖,植入化学锚栓。

⑥安装吊杆减振装置,恢复锥形护罩。

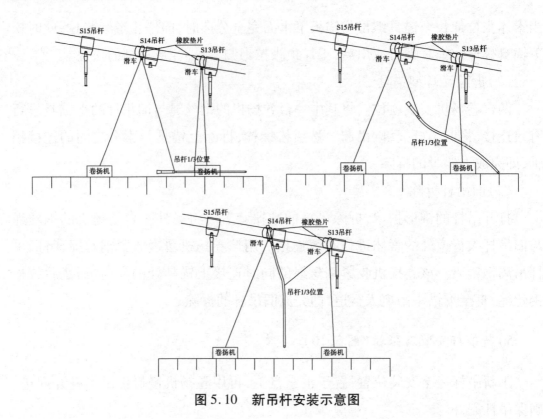

图 5.10　新吊杆安装示意图

6）新吊杆防腐

①下锚头穿管时，套好锥形护罩，锚头表面应涂抹 80 ℃环境不流淌的油脂。

②下锚头及预埋钢管内用聚氨酯填充密实，安装吊杆减振装置和锥形护罩，孔口密封可靠，起到隔离防腐的作用。

③下锚头的锚杯清理干净封闭后，注入 80 ℃环境不流淌的油脂。

7）施工监控和数据收集

为保证吊杆的索力、桥面标高、主缆线形与更换前一致，在新吊杆张拉过程中，必须以新吊杆的索力和桥面高程及主缆线形进行双向监控，并保证桥面线形、主缆线形在更换前后基本保持一致，误差控制在 ±（1～2）cm。吊杆更换前后的监控和测量应在温差不大的夜间进行，并在封闭交通时进行。

更换过程中的施工条件应尽量和原设计一致，并在更换过程中与设计方保持密切沟通，确保吊杆更换施工的安全性与可靠性。吊杆的索力采用频率法（振动法）进行测试；桥面高程则采用精密水准仪测量。吊杆更换前后，应重视全过程的资料收集，以备更换过程中和后期维护作有效参考。

第6章 主缆的检测维修

6.1 主缆常见病害

悬索桥的主缆防护层由腻子、直径 4~7 mm 缠绕钢丝和外涂层构成,如图 6.1、图 6.2 所示。

图 6.1 悬索桥主缆　　　　图 6.2 主缆构造及防护(单位:cm)

主缆常见的病害类型如下:

①主缆缠丝外表面的油漆漆膜损坏(如开裂、粉化、碎片、针孔或剥落)或钢丝锈蚀;涂层老化块状脱落,涂层出现针孔、气泡、洞眼、油漆老化以及缆套密封胶破裂等病害。

②主缆索股钢丝松弛、鼓丝和断丝。

③主缆锌填块滑移,钢丝表面锈蚀和积尘;鞍罩密封门不密封,密封门橡胶条老化。

④表面涂膜局部起泡、开裂、脱起、粉化或生锈。

⑤主缆出现渗漏水现象。

⑥主缆钢丝出现断丝。

6.2　主缆检查

6.2.1　外观检查

①目视检查缠丝外表面的油漆,若发现漆膜损坏(如开裂、粉化、碎片、针孔或剥落)或钢丝锈蚀,应清洗后重新进行油漆。

②检查跨中主缆油漆有无气泡、剥落,索夹滴水口、滴水槽有无渗水现象。

③外观检查时,若发现缠绕钢丝已严重破坏,如锈蚀或断丝严重的部位,应打开缠丝,将主缆暴露出来以进行更深入的检查,视主缆钢丝的腐蚀损伤程度进行处理。处理完毕后须用新的缠绕钢丝重新缠绕,并在其外表面再进行涂装,以确保主缆的防护层完好,避免水分进入。

④对锚室内的索股进行目视检查,看有无钢丝松弛、鼓丝和断丝现象。如发现有断丝现象,可将断口两边一定长度内的钢丝截去,接入一段新钢丝,原有钢丝张拉到一定拉力后,用套筒挤压接头与原有钢丝连接。接头的强度不得小于钢丝强度的90%。

定期对锚头、锚板、拉杆和连接器的涂装进行检查,及时修补损坏的保护涂层。定期检查除湿机的工作情况,读取和记录锚室内的湿度值,保证锚室内湿度在45%以内。

⑤对鞍罩内的主缆进行外观检查,通过对主缆环形油漆标志的检查,确定主缆索股有无滑移,检查锌填块的滑移情况,及时清理钢丝表面的锈蚀和灰尘。定期检查除湿机的工作情况,读取和记录鞍罩内的湿度值;检查鞍罩密封门的密封状况,必要时可更换密封门橡胶条,保证鞍罩内湿度在45%以内。

根据缆套端口及上、下半之间密封条(氯丁橡胶)的老化情况,定期对其进行更换。

6.2.2　主缆索股锚固

1)主缆索股端部拉力

主缆索股靠锚头与锚板将拉力传给拉杆再传到锚体。测定索股端部内力一般采用以下3种办法：

①用结构监控系统设在锚杆上的应力传感仪直接测定拉杆拉力（见结构监控系统）；

②用环境随机振动方法测定锚跨索股自振频率再换算索股拉力（委托专业检测单位测量）；

③用液压千斤顶测定拉杆拉力。

千斤顶需经准确标定，一边加载一边检查螺帽松动情况。当螺帽一开始松动时，读取油表读数即为螺杆拉力。

第①种方法作为定期常规检查；第②种作为定期检测，每5年1次。当发现锚固系统异常时，需进行特殊检测，对检测中发现拉力异常的索股，再用第③种方法校核。

无论采用3种办法中哪一种办法检测索股拉力，都必须在后半夜气温比较稳定时进行。检测得到的索股拉力必须经过温度修正后再与设计数值比较，判断是否正常。

2）索股锚固端检查

索股锚固端包括锚头、锚板、螺杆、螺帽以及连接器和预应力锚具。

索股锚固端检查包括外观检查和受力检查。外观检查包括表面油漆脱落、锈蚀，以及位置改变等；受力检查则需检查螺帽松动、螺杆及索股内力等。

3）索股端部内力和延伸量变化过大的处理

造成索股端部内力和延伸量异常的原因可能是：锚碇位移、索塔变位、鞍座滑动或索股断丝以及锚固系统损坏。前三者影响范围较大，后两者只会影响个别索股。一般可以根据出现的情况判断原因，再针对具体原因确定处理措施。必要时，可以通知设计单位，提交专家评审。

索股断丝的处理：先将断头附近的绑扎带拆除，将断丝两端各剪去约0.5 m，再用一根新钢丝先将一端用接丝器连接到断头的一端，再将另一端与断头的另一端收紧至规定的拉力（通过计算）后再装上接丝器，最后在接头的两外侧用索股夹将一股钢丝夹紧。

锚固系统损坏的处理，可在夜间行车较少时进行，将损坏的索股拉杆螺帽放松,并记录螺帽松离瞬间的索股拉力。更换损坏部件后,重新将索股拉至原来拉力,加以锚固。

索股锚固是悬索桥的"命脉"。如大面积出现问题,应立即封闭交通,报请主管部门会同有关方面研究处理办法。

6.2.3 主缆缠丝

缠绕钢丝更换可分为个别圈钢丝更换和大范围钢丝更换。

个别圈钢丝更换可利用主缆检修车或在主缆下方吊挂临时挂篮进行,先将需更换的缠绕钢丝前后各2～3圈钢丝用钢焊旁焊,再剪去待换的钢丝,除去腻子(注意:不可以损伤主缆钢丝),涂抹新腻子后再缠绕新的钢丝,两端与原有缠绕钢丝旁焊,再将新绕钢丝头尾各2～3圈相互旁焊。

大范围钢丝更换则需在主缆下方重新吊挂猫道,拆除主缆检修道扶手绳,除去原有缠绕钢丝及腻子,涂抹新腻子,再用绕丝机重新缠绕钢丝。

6.2.4 主缆系统检查和养护维修

主缆是悬索桥的主要承重构件,其线形应保持在设计时的正常位置。如发现有较大的不可恢复的线形变化时,应及时分析原因,采取适当的线形调整方案。主缆各索股应保持受力均匀,如检查时发现有索股受力出现明显偏差、松弛或过紧,应调整索力,使各索股受力基本一致。

主缆的检查分外观检查和内部检查。外观检查重点是防水、防腐蚀、防龟裂、防人为损伤等,如防护层出现开裂、剥落、破损、缠丝破损,应及时进行修补。内部检查流程为:打开缠丝→检查外观→切开检查→内部检查→截取样本,弄清主缆是否锈蚀或断丝。检查缠丝的油漆,若发现漆膜损坏(如开裂、碎片)或分层剥落,应清洗后重新油漆。若缠丝断裂并散开,则应首先察看主缆有无锈蚀,待清洗除锈完毕后,再重新缠绕,且须在重新缠绕的丝上再涂油漆。确保主缆防护层完好,避免水分渗入。

锚室内需保持一定的温度和湿度,养护人员应每天检查并做好记录。湿度应保持在50%或以下,温度应在22 ℃左右。其通风、恒温、恒湿设备和照明设施应始终正常运转和完好。应检查锚室内有无雨水渗漏或积水。如有,应及时处理和维修。

塔顶主鞍座应经常清扫,防止尘土杂物甚至飞鸟误入筑巢和蓄水致锈。如发现锈蚀则应除锈,并重新涂刷防锈漆。主鞍座上夹紧主缆的螺杆、螺帽如有松动,应及时拧紧,以防止主缆与主鞍座发生相对位移。紧固鞍座的螺栓、螺帽如有松动也应拧紧;如有锈蚀,则应除锈后重新涂刷防锈漆。应经常清洗散索鞍座,如发现锈蚀应及时除锈,涂刷防锈漆和防锈保护膏。主缆的检查通道也应经常检查和养护维修。

对悬索桥使用状况进行检查时,检查要点主要包括主缆线形;主缆、索股和锚头锚杆的防护是否完好;缠丝是否完好;主鞍座和散索鞍的位置是否正确,是否有锈蚀等。

6.3　主缆钢丝检测

在使用过程中,疲劳、腐蚀等原因会导致主缆索股产生严重腐蚀甚至断丝。有些断丝发生在外层,有些则发生在内部,肉眼无法看到,可以借助电磁方法对其进行无损检验。检验方法是让传感器沿着吊杆或索股行走,利用传感器发出的电磁信号检测有无断丝或钢丝面积有无削弱(这主要是针对锈蚀所产生的锈坑而言)。

主缆的检测方法为:打开主缆,用工具插入,暴露主缆的深层,然后记录下损伤的钢丝束数和各种腐蚀等级(Ⅰ~Ⅷ)(图 6.3)。将钢丝的腐蚀等级分为 8 个等级,钢丝锈蚀程度分级如表 6.1 所示。主缆的损伤模式通常是外层钢丝束损伤严重、损伤钢丝数多,越往里层损伤程度越轻。

图 6.3　主缆检测

表6.1　钢丝锈蚀程度分级

锈蚀等级	强度折减	表观形貌描述
I	0	钢丝完好,没有任何形式的锈蚀
II	0	钢丝表面出现由镀锌锈蚀产物构成的白粉,但没有钢丝基体的锈蚀产物
III	10%	钢丝表面出现黄色锈斑,但较稀疏
IV	20%	钢丝表面出现黄色锈斑,数量变多,但颜色较浅
V	30%	钢丝表面黄色锈斑数量较多,颜色较深;清除钢丝表面锈蚀产物后可见,钢丝表面出现稀疏蚀坑,最大深度小于0.5 mm
VI	50%	钢丝表面出现密集连续黄色锈斑,清除钢丝表面锈蚀产物后,蚀坑占钢丝表面积80%以上,最大深度小于1.0 mm
VII	75%	镀锌耗尽,清除钢丝表面锈蚀产物后可见,钢丝存在明显截面损伤,或蚀坑深度大于1.0 mm
VIII	100%	断丝

通过实际观察确定钢丝束实际的损坏数目和腐蚀等级(I～VIII),并绘制腐蚀分布云图,如图6.4所示。在所检测主缆的节段内,将观察结果推广到整个主缆截面很有必要。在给定主缆的固定位置所定义的损坏数目,将用于计算主缆的残余强度。腐蚀和损坏的钢丝束是主缆破坏的前兆。为表示主缆的破坏程度,采用下式定义主缆的损伤指数(WDI):

$$WDI = N_8^t(\%) + 0.75N_7^t(\%) + 0.5N_6^t(\%) + 0.3N_5^t(\%) + 0.2N_4^t(\%) + 0.1N_3^t(\%)$$

其中,$N_8^t(\%)$为腐蚀程度为等级VIII的钢丝占总数的百分比;$N_7^t(\%)$为腐蚀程度为等级VII的钢丝占总数的百分比;$N_6^t(\%)$为腐蚀程度为等级VI的钢丝占总数的百分比;$N_5^t(\%)$为腐蚀程度为等级V的钢丝占总数的百分比;$N_4^t(\%)$为腐蚀程度为等级IV的钢丝占总数的百分比;$N_3^t(\%)$为腐蚀程度为等级III的钢丝占总数的百分比。

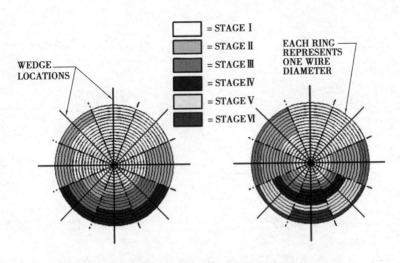

图6.4　主缆内部检测的钢丝锈蚀程度分布图

6.4　主缆的附属结构检测

6.4.1　主缆检修道扶手绳

主缆检修道设在主缆顶面供检修人员和主缆检修车通行。在主缆两侧设由钢丝绳制成的扶手绳,钢丝绳上端锚固于塔顶支架,支架通过鞍槽拉杆固定于主索鞍槽壁上。

检修道扶手绳内力可用直接张拉的方法或环境随机振动法测定自振频率计算的方法确定。如发现扶手绳过紧或松动,可用千斤顶或链条葫芦张拉后再将螺帽紧固。

旧扶手绳拆除时,先分隔、分批解除扶手立柱上的连接,再解除下端锚头。将其下放至桥面检修道上,再解除上端锚头并用钢丝绳吊住,将其放至桥面检修道上。

6.4.2　主缆与鞍座的相对滑移

①检查部位:主鞍两端、散索鞍入端(图6.5、图6.6)。

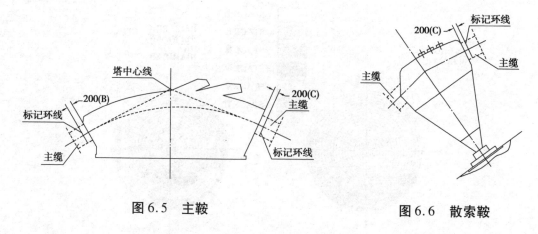

图6.5　主鞍　　　　　　　　图6.6　散索鞍

②相对滑移的检查方法:标记环线应垂直于该处主缆的中心线,标记线宽50 mm,并沿主缆外层钢丝做成整环。全桥各处的标记环线应在同一天的凌晨2:00—5:00内一次做出。

每季度检查一次各处标记环线上的钢丝有无相对位移,并记录已发生位移的钢丝位置及相对位移量。

③保持通风、恒温、恒湿设备和照明设施正常运转。应检查锚室内有无雨水渗漏或积水,及时处理锚室内的雨水或积水,防止主缆锈蚀。

④塔顶主鞍座应经常清扫,防止尘土杂物甚至飞鸟误入筑巢和蓄水致锈。如发现锈蚀则应除锈,并重新涂刷防锈漆。主鞍座上夹紧主缆的螺杆、螺帽如有松动,应及时拧紧,以防止主缆与主鞍座发生相对位移。紧固鞍座的螺栓、螺帽如有松动也应拧紧。如有锈蚀,则应除锈后重新涂刷防锈漆。应经常清洗散索鞍座。如发现锈蚀应及时除锈,涂刷防锈漆和防锈保护膏。

6.4.3　鞍室内密封状况检查

①检查部位:主鞍罩内、锚碇锚室内。

②检查方法:

a.测定相对湿度,鞍罩内的相对湿度应不大于40%。

b.若测得的相对湿度不小于40%,则应查明原因或调整除湿系统的设定值。

c.每月定时检查一次,并做好记录。

d.应保持锚室内规定的温度(22 ℃左右)和湿度(40%以下)。

6.4.4　鞍座螺杆、锚栓紧固状况检查

1）检查部位

①主鞍检查部位包括鞍槽口拉杆、背索锚梁固定螺栓、挡块固定螺栓、限位长拉杆螺栓以及中、边跨鞍体对合螺栓。

②散索鞍检查部位包括鞍槽口拉杆、压梁固定螺栓、地脚螺栓。

2）检查方法

①用扭矩扳手或张拉千斤顶检查。

②以上各处检查部位每 5 年检查一次并做记录。

6.4.5　缆索系统涂装检查

在正常使用情况下,主缆的涂装表面涂膜 5 年内不需维修,8～10 年内局部维修,12～15 年内大面积维修。

缆索系统位置的特殊性决定对其检查的难度,因此对其的检查和维修应保证一定的适用性。缆索系统表面涂膜状况每年检查 2 次,具体时间为每年的 4～5 月和 9～10 月,并做好记录。对于局部起泡、开裂、脱起、粉化或生锈,应及时进行修补。例如,劣化面积大于 20%[《铁路钢梁涂膜劣化评定》(TB/T 2486—1994)],则应进行大面积维修。

发现缠丝表面涂膜起泡、开裂、脱起、粉化或生锈,主缆涂装维护应按下列步骤进行维修:

①除去所有损坏的涂膜、锌粉浆,刮至完好涂膜边缘。

②保证需维修表面清洁、干燥,并清洗干净维修区域周围漆膜表面。

③在缠丝间空隙部位,使用锌粉浆填平,正常使用最大干膜厚度不大于 3 000 μm,施工方法如前所述。

④在 0 ℃以上气温时,待锌粉浆干燥 24～48 h,在锌粉浆表面可涂覆一道环氧化铁涂料,干膜厚度为 100 μm。

⑤待干燥 24 h 后,按缠丝表面涂装体系涂覆相关涂层。

6.5 主缆日常检查周期

根据主缆的一般性检查、定期检查和特殊检查结果,做出合适的主缆养护安排。

根据一般性检查结果,可以得出吊杆和主缆有无锈蚀的结论。如有锈蚀则应及时进行除锈防锈。定期检查结果可以表明主缆系统有无严重锈蚀、吊杆拉力是否松弛、高强度拉杆有无放松等影响悬索桥运营安全的问题。根据定期检查结果,报请大桥有关专家决定是否需要更换主缆缠丝、吊杆,是否对整个悬吊系统进行全面的防锈处理。更换吊杆和重新缠丝都应事先制订相应工艺,经过专家评审后在严格的监督下执行。更换完毕后,应对整个系统再进行一次全面检查。

在严重自然灾害袭击后,应当根据灾害(如强暴风和地震等)记录,对结构进行评估和检算,确定其承载能力能否保证原设计要求,是否加固补强。根据评估结果作出加固、补强的决定。

主缆的日常检修内容、间隔与方法、方式如表 6.2 所示。

表 6.2 主缆的日常检修内容、间隔与方法、方式

检测与维修内容	检测间隔	检测方法	检测方式
主缆表面清洁	每年 1 次	乘专用检测车清洁	常规方法
主缆护筒表面检测	每年 1 次	专用检测车检测	目测
检查主缆缠丝油漆	每年 1 次	在桥面直接检测或专用检测车检测	目测
主缆护筒破损	每年 1 次	高空检测或桥面望远镜检测	目测
主缆钢丝锈蚀	每 3 年 1 次	高空检测或漏磁探伤检测	目测和 NDE(电磁方法)
主缆钢丝开裂	每 3 年 1 次	高空检测,仅能通过断口判断是否曾开裂	目测和 NDE(电磁方法)
锚室内的温度和湿度检测	每月 1 次	锚室内检测	温度计和湿度计

续表

检测与维修内容	检测间隔	检测方法	检测方式
索夹在主缆上滑移	每年 1 次	乘专用检测车检测	目测
高强度拉杆轴力变化的测量	每年 1 次	乘专用检测车检测	长效传感器法、声弹性方法
主缆渗水	每 2 年 1 次	乘专用检测车检测	目测
塔顶主鞍座清扫	每年 1 次	防止尘土杂物甚至飞鸟误入筑巢和蓄水致锈	清扫
主缆与主鞍座相对位移	每年 1 次	在主鞍座处检测	目测或用游标卡尺测量
主缆线形的变化	每年 1 次	在桥面直接检测	全站仪
索股的断丝检验	每 3 年 1 次	乘专用检测车检测	NDE（电磁方法）
特殊检查	根据具体情况确定	暴风、地震、超重车辆通过、船只等大型漂浮物撞击后的检查	根据具体情况确定

第7章　钢箱梁的检测维修

7.1　钢箱梁焊缝

钢箱梁的闭口纵肋正交异性钢桥面板构造复杂,加工、焊接不当难免会出现局部应力集中,大量的焊接工作中不可避免存在焊接缺陷,同时单车荷重和交通量的显著提高,特别是重车比例的日益增大和严重的超载现象都加剧了钢桥面板的疲劳损伤。这些都导致正交异性钢桥面板在车轮荷载作用下容易产生疲劳开裂。

悬索桥钢箱梁实景如图7.1所示。

图7.1　悬索桥钢箱梁

钢箱梁的钢桥面板有以下7种构造需要考虑疲劳强度:

①纵肋对接焊缝;

②纵肋与顶板的角焊缝连接;

③纵肋与横梁腹板的连接;

④横梁腹板与顶板的连接;

⑤纵隔板与顶板的连接;

⑥横梁腹板开孔；

⑦顶板的对接焊缝(纵、横向)。

钢桥面板容易开裂的部位主要是各部件连接处的焊缝和因应力集中导致易开裂的部位。图 7.2 所示为钢箱梁钢桥面板容易产生疲劳裂纹的关键部位。

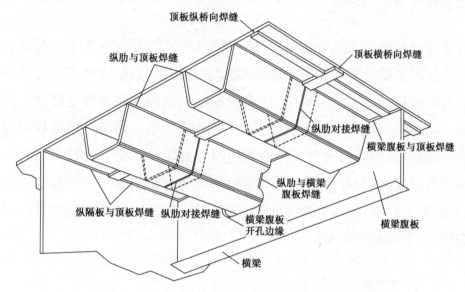

顶板纵桥向焊缝
纵肋与顶板焊缝
顶板横桥向焊缝
纵肋对接焊缝
横梁腹板与顶板焊缝
纵肋与横梁腹板焊缝
纵隔板与顶板焊缝　纵肋对接焊缝
横梁腹板开孔边缘
横梁腹板
横梁

图 7.2　典型正交异性钢桥面板疲劳细节示意图

影响钢箱梁疲劳寿命的因素有应力集中、尺寸效应、平均应力、残余应力。

7.1.1　应力集中

焊接钢结构的几何形状一般总是比较复杂,在焊接钢结构几何变化处所产生的应力往往能引起比名义应力大得多的局部应力。这时,疲劳裂纹总是从这些结构的局部应力集中处开始。因此,研究这些部位的应力集中对了解焊接钢结构的疲劳破坏性质,预测其疲劳寿命是非常有意义的。在焊接钢结构中,结构的几何变化包括两个方面:一是结构的整体几何变化,具体体现在接头的形式上;二是焊缝局部的几何变化。

1)接头形式

焊接接头形式不同,它们的应力集中程度也不同,因此接头的疲劳强度存在差异。一般来说,应力集中程度越高,其疲劳强度越低。由于对接接头的应力集中系数较小,因此,其疲劳强度也就高于其他类型的疲劳强度;角接头和搭接接头由于应力集中程度较高,因此,其疲劳强度较其他接头要低。大量试验表明,对接接头的疲劳强度在很大范围内是变化的。这主要是由于有一系列因素影响对接接头疲劳性能的缘故。

2) 焊缝局部几何形状

焊缝局部几何形状的变化,对焊接钢结构的疲劳强度将产生十分明显的影响。焊接缺陷主要是指焊缝中的裂纹、未焊透、咬边、气孔、夹渣等。这些缺陷的存在使得焊缝局部产生应力集中,从而使焊接钢结构的疲劳强度降低。大量试验结果证明,焊接缺陷对结构疲劳性能有显著的影响。若通过检测得知焊缝的缺陷,则可通过理论计算求出焊接钢结构的应力场及缺陷处的最大应力值或裂纹尖端应力强度因子,可进一步预测结构的疲劳寿命。对于一些复杂的焊接缺陷,可参照有关标准,将其等效变换为几何形状规则的缺陷或裂纹以后,再研究其疲劳强度,预测疲劳寿命。

7.1.2 尺寸效应

大量的试验研究表明,不同尺寸构件的疲劳强度是不相同的。一般来说,随着构件尺寸的增加,其疲劳强度呈下降趋势。也就是说构件的疲劳强度存在尺寸效应。

一般来说,大型构件的加工质量比小型试件的质量差,因此,所包含的缺陷比小型试件多,其疲劳强度也就较低。所以,存在由加工引起的尺寸效应。当构件上的应力分布不均匀时,存在应力梯度。由于构件的尺寸不同,小试件的应力梯度大,大试件的应力梯度小,这使得大试件在某一相同深度内的名义应力比小试件的名义应力要大。根据试件疲劳破坏时其深度相等的观点,大试件比小试件的疲劳强度要低。也就是尺寸效应的比例因素。

在焊接钢结构中,这种尺寸效应也同样存在。通常,在试验室所完成的焊接钢结构疲劳实验的试件大多是小尺寸试件,要将这些试验结果应用到大型焊接钢结构中,还要考虑尺寸效应加以修正。

7.1.3 平均应力

应力幅对焊接钢结构的疲劳寿命有决定性作用,而平均应力也是重要的影响因素之一。一般来说,对于某一给定的应力水平,平均应力越大,应力比 R 越大,则疲劳寿命呈下降趋势。平均拉应力使疲劳强度降低,平均压应力使疲劳强度提高。

7.1.4　残余应力

焊接残余应力是由加热不均匀所引起的。在焊接过程中,由于焊缝处温度较高,而金属的基体约束焊缝,这使其不能自由膨胀,因此出现内部压应力,局部达到塑性变形。温度降低后,由于周围的约束不能自由收缩,出现内部拉应力,局部达到拉伸屈服极限。在远离焊缝的地方则存在残余压应力,其形成过程恰好相反。残余拉应力使焊接钢结构的疲劳强度降低。这是由于残余拉应力相当于存在一个平均拉应力,从而使疲劳强度降低的缘故。在本书建立的疲劳强度预测理论中发现,焊接残余应力对焊接钢结构疲劳强度的影响是显著的,不能忽略。

焊接钢结构在焊接后应进行适当的处理,如采用研磨、TIG 熔修、等离子弧熔修、锤击,可以将焊接残余应力减小到较低的水平,从而可以提高结构的疲劳强度。

7.2　钢构件日常养护与维修

①清除钢结构的表面污垢,保持构件清洁,特别应注意节点、转角、钢板搭接处等易积聚污垢的部位。清除的污垢不要扫入泄水孔或排水槽中,以免堵塞。

②在焊接连接的构件焊缝处若发现裂纹、未熔合、夹渣、未填满、弧坑等缺陷时,应进行返修焊,焊后的焊缝应随即铲磨匀顺。

③钢构件受到冲击造成局部弯曲时,可用撬棍、弓形螺旋顶或油压千斤顶进行冷矫,禁止用锻钢烧材的方法来矫正。

④钢构件如有不同方向的弯曲,应对导致弯曲的原因做调查分析以确定矫正方法。矫正时,按不同的弯曲方向分别进行。如构件同时有扭转和弯曲,应先矫正弯曲,再矫正扭转。

⑤若由于构件强度、刚度不足或稳定性差等原因引起弯曲的,矫正后应进行加固处理。如需拆卸构件进行修理时,可安装临时构件替代被拆卸构件,以保证行车安全。

7.3 钢箱梁监测

7.3.1 钢箱梁监测内容

钢箱梁监测内容可分为三大类:交通状况监测、环境条件监测和结构监测。

交通状况监测主要是监测交通量的变化、车型、车辆载重、车速、各车型的车道分配、车型比例等。

环境条件监测主要是监测环境气温值、环境风况(包括平均风速、风向)、环境中的 CO_2、氯离子、硫酸盐等各种侵蚀性环境参数。

一般所说的监测是指结构监测,主要包括以下内容:

①主梁内力监测:各测点内力的均值、均方值、最大值、最小值。

②主梁线形监测:各测点位移的均值、均方值、最大值、最小值。根据实际需要选择适当数量的监测截面、位移测点和检测设备等。

③主梁振动监测:振动响应幅值的均值、均方值和最大(绝对)值,振动响应频谱的峰点频率值和相应的功率谱值。根据实际需要,选择适当数量的监测截面和相应的振动加速度传感器。

主梁位移监测可采用全站仪检测和 GPS 检测两种方式。

对大桥的环境状态参数监测,了解桥梁所处环境的风力、风向变化情况,可采用三向超声波风速仪进行连续监测,采样频率为 10 Hz。采用具有 RS232 输出的数字式三向超声波风速仪。对于大气气压和温、湿度,采用气压计和温湿度变送器进行测量和采集。

可根据在桥梁主要截面上布设适当数量的应变点和温度点,采用光纤光栅应变传感器、光纤光栅温度传感器等进行监测。

7.3.2 钢箱梁疲劳检测内容

钢箱梁疲劳检测内容包括对既有的疲劳裂纹进行判定、疲劳损伤程度诊断、对所发现疲劳裂纹的评价和判断。

1)对既有的疲劳裂纹进行判定

通过目视检查发现疲劳裂纹;查明发生疲劳损伤的原因(是属于钢材的承载

能力,还是由于应力的变化、变位引起);评估疲劳损伤的扩展情况。

2)疲劳损伤程度诊断

判断裂纹是否属于疲劳问题;判断疲劳裂纹产生的时间并预测其产生范围;对具有裂纹状缺陷的疲劳裂纹进行寿命预测。

3)对所发现疲劳裂纹的评价和判断

(1)通过目视检查的判断

用目视检查发现疲劳裂纹时,必须采取紧急措施。

(2)为查明原因而进行的测量调查

分析造成疲劳损伤的作用应力较大的部位,同时关注由形状引起的应力集中和由外曲面引起的应力集中等部位。桥面板与横隔板的双侧角焊缝、桥面板与 U 肋角焊缝、底板与侧板折角处横隔板搭接焊缝、面板与底板的纵向对接焊缝是检查时重点关注的部位。

(3)对被发现的疲劳裂纹安全性的诊断

检查主要部件发现疲劳裂纹时,在实际桥梁上要对裂纹的长度和裂纹附近的应力进行测定,并对裂纹的扩展行为进行分析,并判断出检验的周期。该情况的处理方法如图 7.3 所示。

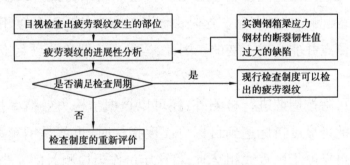

图 7.3　疲劳裂纹处理方法

7.4　钢箱梁检查周期

钢箱梁检测分为常规检测和附加检测,其中常规检测为定期检测的项目和测点,一般由检测方案确定。附加检测为不定期检测的项目和测点,可根据实际需要来选择。在每个检测周期中,整个结构应完全被检测到,包括检测方案规定的全部检测项目和测点。

在一个检测周期内,如何对检测项目和测点进行具体分配,还需要按一定的程序进行。首先,将检测项目进行分类,分类时需考虑检测项目的代表性,还需考虑检测手段的配合,使一类检测项目能够反映结构某个方面的性能。然后,对测点(沿着主梁纵向)进行分组,保证每组测点具有一定的代表性,且能反映全体,每年只要检测其中一组,就可以推测其他同类测点的情况。将各组测点在一个周期内排序,这是比较关键的一步,需要考虑的因素比较多。一般来说,放在前面的组对后面的组具有参考价值,前面的组一旦发现缺陷,可以促使采取措施加以补救;同时,前面组的测点被检测完后,还可以被选为附加测点。因此,重要的、较易发生缺陷的测点应该放在前面做。

根据结构当前的实际状态进行结构分析,选择附加测点。另外,根据检测结果对检测周期内后续检测进行修正,主要表现在以下 3 个方面:

①可以排除不必要的测点。通过对已检测结果的分析,如果发现属于某一类的测点,经过历次检测,并无缺陷产生,则本次检测可以不再安排作为附加测点。

②可以推测已发生破坏的部位。当以往检测结果显示出某类测点中的若干个点已经出现严重的损伤时,该类测点中的其他部分也可能已经出现损伤。

③可以发现遗漏的检测部位。分析以往检测结果,可能发现某类测点反复被检测,而另一类测点却被忽略。这是由于各类测点的重要程度不同,但是重要测点和非重要测点并非一成不变的。因此,当发现疏漏检测项目或测点时,应将其选为测点。

对钢箱梁可除按周期进行检测外,还可以根据结构失效概率控制检测的频率。当钢箱梁的可靠度指标达到目标可靠度指标时,也就是钢箱梁的可靠度指标曲线与目标可靠度指标直线相交时,将该年份作为检测时间。当然,可靠度指标曲线应根据检测结果不断进行修正。当新的可靠度指标衰减曲线与目标可靠度指标相交时,需对钢箱梁结构再次进行检测。这种检测更新可靠度的方法不断进行下去,直到整个服役期,最后可以完全确定服役期中的检测时间间隔。此方法可以保证钢箱梁结构的可靠度指标总是在目标可靠度指标之上,而周期性检测方法则不然。另外,基于可靠度方法的检测次数要少于周期性检测,从经济上来说也较为合理。

7.5　钢箱梁裂纹的处理方法

钢桥面板开裂引起的后果严重。首先,钢桥面板疲劳裂纹若不能及时得到修补,不但会导致钢桥面铺装迅速破坏,而且会威胁行车安全,给桥梁的安全运营带来隐患。其次,钢桥面板疲劳开裂后,维修难度大,费用高且耗时长,修补后的细节疲劳抗力并不能有实质性的提高反而会降低,修补效果差。

按国家现行相关标准进行裂缝探伤。为保证探伤结果的准确,应委托专业单位有资质的人员承担裂缝探伤工作。

发现裂纹后,应由专业技术焊工及时用手电钻在裂纹端部钻一个 $\phi 2 \sim \phi 3$ mm 的圆孔,控制裂纹扩展,然后用碳弧气刨清除裂纹部位。在确认裂纹已清除后,用砂轮打磨干净、预热后采用手工焊修复。修复完毕后,应进行无损检测确定焊缝缺陷不复存在,否则应重新修补。焊缝修补次数应不超过两次。

当承受拉应力部位的裂纹不能闭合时,应设法将裂纹拉拢,然后进行预热及焊接。修复工作进行前,应制订相应的修补方案及焊接修复工艺,焊接工艺应进行必要的测试和评定。对于重要部位处焊缝的修复,为慎重起见,应征得有关专家的认可后方可实施。

钢箱梁裂纹的处理方法有以下 3 种。

(1)母材上的裂纹

①表面及近表面的裂纹:用圆弧过渡的打磨方法消除,然后用磁粉探伤检验和复验。

②内部裂纹:先用超声波探伤找出裂纹位置,再用射线探伤找出裂纹的实体图形,然后采用截断法或挖补法来处理该裂纹。

截断法适用于单一线状裂纹的处理。其处理过程如下:对裂纹部位进行表面清理和打磨,直至露出裂纹,再用磁粉(或着色或射线探伤或放大镜)判断裂纹的走向,并换出裂纹的两个尖端,在沿裂纹延伸直向距尖端 40 ~ 50 mm 处,各钻一个"截止孔"。当钢板厚不大于 16 mm 时,孔径为 6 ~ 8 mm;当钢板厚大于 16 mm 时,先钻 6 ~ 8 mm 的孔,然后再扩大、补焊。

挖补法常用于星状裂纹和分枝状裂纹的处理。其处理过程如下:先找到裂纹所在区域,再用气割挖出裂纹,所割面积比原裂纹面积每边大 40 ~ 50 mm,然后补以新板,或将有裂纹的那块板整体换掉。

（2）热影响区裂纹

对于热影响区裂纹,一般用打磨法消除,并用磁粉或着色探伤确认已无裂纹为止。

（3）焊缝区裂纹

对于焊缝区裂纹,用射线或超声波探伤找出裂纹的尖端,然后用截止法在裂纹两端钻出截止孔,孔深稍大于裂纹深度,再除去整条裂纹,修磨成合适的坡口,用射线探伤验证裂纹已完全挖净后,补焊。

7.6 钢箱梁涂装层检测维修

为保证大桥能够持续正常运营,不致由于过早锈蚀而造成停运维修,甚至影响结构强度而带来安全隐患;同时,充分发挥大桥涂层的装饰效果,不断保持清洁、美观的外表,都必须在运营过程中对钢箱梁防腐涂层进行经常性的检查和维护。

7.6.1 涂装层失效

钢箱梁涂膜劣化类型有粉化、起泡、裂纹、脱落、生锈5种。

①粉化:涂膜由于表面老化损坏,呈粉状脱落。涂膜出现白色（浅色漆）或深色（深色漆）粉状物。

②起泡:涂膜表面分布直径不等的膨胀隆起,出现点泡或豆泡。

③裂纹:涂膜中出现裂痕,能见到下层或底层的网状或条状裂纹。

④脱落:涂膜的表面和底层之间、新旧涂层之间丧失附着力,涂层表面形成小片或鳞片状脱落。

⑤生锈:涂膜出现针孔锈斑、点状锈、泡状锈或片状锈的现象。

1）油漆涂层失效

通常,油漆涂层失效有化学侵蚀、老化、溶胀3种类型。

（1）化学侵蚀

涂层材料与腐蚀介质相互作用,生成可溶性化合物或无胶结性产物,称为化学侵蚀。在腐蚀过程中,化学介质与材料中的一些矿物成分或组分产生化学作用,使材料产生溶解或分解,如化工厂内化学介质强酸、碱、盐对涂装层的直接腐蚀。

（2）老化

老化是油漆涂装层最普遍的失效形式。高分子材料暴露于腐蚀环境下，受到紫外线、热、水、化学介质等的作用，性能随时间的延续而破坏的现象，称为老化。油漆涂装层老化主要表现在以下 4 个方面：

①外观的变化，出现污渍、斑点、裂纹、起霜、粉化、光泽和颜色下降；

②物理性能变化，出现溶解溶胀性能、流变性能、耐寒、耐热、透水、透气性能的下降；

③力学性能的变化，如抗张强度、弯曲强度、抗冲击强度等变差；

④电性能变化，如绝缘电阻、电击穿强度等参数下降。

（3）溶胀

一方面，腐蚀介质向材料表面渗透和扩散，随后使材料膨胀、起泡、分层和破坏。另一方面，新生产物体积膨胀对材料产生较大的辐射压力而导致材料结构破坏，称为膨胀腐蚀。引起体积膨胀的原因是介质与材料反应生成新生产物的体积比参与反应物质的体积更大，或盐类的溶液渗入多孔材料内部，所生成的固相物或结晶水化物的体积增大。

2）油漆涂层老化

油漆涂层老化可分为化学老化和物理老化两类。化学老化是指化学介质或化学介质与其他因素（如光、热、力等）共同作用下所发生的涂层材料破坏的现象，主要发生主价键的断裂，有时次价键的破坏也属化学老化，发生大分子的降解和交联作用。涂料涂层老化后的强度、塑性、附着力和耐腐蚀性都会下降，出现粉化、失光变色、龟裂、变脆等失效现象。

（1）油漆老化机理

油漆涂层在使用过程中总是与空气相接触，因此，氧对涂层的作用很重要。一般在室温下，有机物的氧化作用十分缓慢，但是在光、热、水等共同作用下，这种有机物氧化速度大大加快，使有机物被降解或交联，因此，有机物的老化在一定程度上也可以称为氧化降解。有机物的氧化反应有自动催化行为，属于自由基链式反应机理，主要有分子链的引发、增长、支化和终止等阶段。

（2）油漆老化形式

①热氧老化。单纯热可使有机物降解，但热氧老化是有机物最主要的一种老化形式。油漆中虽然均加入稳定剂，但通过与自由基作用，使自由基被捕获或失去反应活性。

②臭氧老化。微量臭氧可使某些有机物结构（如聚酰胺、橡胶等）发生降解，在应力作用下，有机涂层表面会产生垂直于应力的裂纹。

③光氧老化。油漆有机涂层在户外使用时，经常受到日光照射和氧的双重作用，发生光氧老化，出现漆膜泛黄、变脆、龟裂、表面失光、附着力下降，最终失去防腐保护作用。

3）油漆涂层化学侵蚀

对于化学介质与大分子因发生化学反应而引起的腐蚀，除前述氧化反应外，水解反应也很普遍。此外，还有侧基的取代、卤化等，大气污染物对大分子的腐蚀也应重视。

4）有机涂层微生物腐蚀

微生物对有机涂层的降解作用是通过生物合成所产生的称为酶的蛋白质来完成的。微生物腐蚀具有以下特点：

（1）微生物腐蚀的专一性

每一种高分子材料或其被侵蚀位置，均由其专一的酶来实现侵蚀降解。对起防腐作用的有机涂层来说，这是相当严重的破坏。相反，世界环保研究中，正是利用生物酶来降解有机物的污染。

（2）微生物腐蚀的端蚀性

油漆涂料类合成高分子材料的大多数合成大分子端部优先敏感，酶通常选择其分子链端开始腐蚀，造成涂层材料的降解。

（3）涂料添加剂对微生物腐蚀的影响

大多数涂料添加剂（如增塑剂、稳定剂和润滑剂等低分子材料），容易受到微生物的降解，特别是组成中含有高分子天然物的增塑剂尤为敏感。微生物与增塑剂、稳定剂等相互作用，使它们降解，失去原有性能，同时破坏涂料涂膜的整体性能，造成涂层失效。

（4）易侵蚀水解基团

许多微生物能产生水解酶,在主链上含有可水解基团的有机物,容易产生微生物腐蚀。

5）有机涂层溶胀与溶解

有机物溶胀的结果在宏观上表现为体积显著膨胀,虽仍保持固态性能,但强度、伸长率、耐蚀性急剧下降,甚至丧失使用性能。可见,溶胀和溶解对材料的机械性能有很强的破坏作用。所以,在防腐使用中,应尽量防止和减少溶胀和溶解的发生。

6）金属涂层失效

用于桥梁及钢结构件防腐涂装的金属涂层主要有热喷锌、铝涂层、热浸镀锌、铝涂层和富锌涂料涂层。它们在腐蚀过程中均起阴极保护作用,即牺牲涂层而使暴露的结构件得到保护。金属涂层均匀地覆盖于钢结构表面,当它遭受腐蚀时,根据腐蚀环境发生相应的腐蚀过程。通常,在大气环境下的化学均匀腐蚀使金属涂层以均匀、比较低的腐蚀速率进行减薄;当涂层孔隙使金属涂层与被保护的金属基体相联时,金属涂层发生电化学腐蚀,涂层以低于钢铁的腐蚀速率被腐蚀消耗,而钢铁由于被保护而不发生腐蚀。

金属涂层的腐蚀失效形式为均匀的化学或电化学腐蚀。因此,它的耐腐蚀寿命可以很方便地根据试验获得涂层的腐蚀速率,在已知金属涂层厚度的情况下,计算出金属涂层的耐蚀寿命。

7.6.2　涂装层检测评定

防腐蚀涂层不可能永远保持其耐腐蚀的持久性,随着使用年限的增长,防腐蚀涂层受腐蚀介质日光、风雪等大气影响逐渐老化和腐蚀,失去防腐蚀效果。另一方面,为保护户外钢结构的长久有效作用,应加强保持防腐蚀涂层的防护效果,有必要在一定时间内对原有防腐蚀涂层进行更新维护。

那么,如何判定原有防腐蚀涂装层局部或全部失效？何时对原防腐蚀涂装层进行更新维护？用何种工艺方法对原涂装层进行更新维护最合理和最经济？如果提前对原防腐蚀涂层进行更新维护,则原有涂层还没有完全发挥作用时就清除,很不经济;若超过更新涂装时间再维护,不仅原涂装层完全失去保护作用,钢铁底材又遭到一定程度锈蚀,增加更新涂装前处理的难度和费用。

1)涂层维修期确定

无论是有机涂层,还是金属涂层加有机复合涂层体系,防腐蚀涂层的最外层均为有机涂层,最先腐蚀失效的均为有机涂层。因此,防腐蚀涂层失效的维修在一定程度上取决于面层有机涂层的老化情况。对有机涂层老化及腐蚀程度评价的主要标准有起泡、剥落、腐蚀斑点、粉化等。

(1)起泡

有机涂层起泡是由于腐蚀介质渗透引起金属涂层或钢铁底材局部锈蚀,腐蚀产物膨胀引起的;也可以是腐蚀介质对有机涂层直接侵蚀,引起局部涂层劣化而导致的。有机涂层起泡说明涂层已经开始老化。表7.1所示为有机涂层起泡的评分等级。

表7.1　有机涂层起泡的评分等级

面积(%)	起泡大小(mm)				
	<0.1	0.2~0.5	0.6~1.0	2.0~3.0	>4.0
<0.5	8-VS	8-S	8-M	8-L	8-VL
0.6~5.0	6-VS	6-S	6-M	6-L	6-VL
6.0~10.0	4-VS	4-S	4-M	4-L	4-VL
11.0~30.0	2-VS	2-S	2-M	2-L	2-VL
>31.0	0	0	0	0	—

(2)剥落

腐蚀介质渗透到底材金属,引起有机涂层附着力下降而产生剥落;或者由于涂装体系搭配不当、涂装间隔不当引起的有机涂层层间剥离,涂层剥落使底层金属涂层或钢铁底材直接暴露于腐蚀介质而被腐蚀。因此,对于发生剥落现象的防腐涂层失效,应及时进行重新涂装维护。表7.2所示为有机涂层剥落的评分等级。

表7.2　有机涂层剥落的评分等级

分数	9	8	6	4	2	0
剥落面积(%)	<0.5	0.6~2.0	3.0~3.0	4.0~7.0	11.0~30.0	>31.0

（3）腐蚀斑点

对于纯有机防腐涂层来说,出现腐蚀斑点说明涂层局部已完全失去作用。对于金属涂层加有机复合涂层体系,这种现象也时有发生,主要是金属涂层厚度不足以覆盖钢铁基体,仍有贯穿孔隙存在的场合,有机涂层不能完全对这些部位形成保护所致。对于金属涂层足够厚的复合涂层,这种现象一般不会发生,只有封闭涂层完全失效后,金属涂层在腐蚀过程中才会发生类似情况。

腐蚀斑点的出现是评价有机涂层腐蚀程度的一项主要内容,特别在轻微腐蚀斑点出现时,就应该及时进行涂层更新、涂装维护。腐蚀斑点发生不仅表明有机涂层自身耐蚀性能下降,而且锈蚀斑点处腐蚀产物集聚,加速周边有机涂层的起泡、剥落、老化等失效。表7.3所示为有机涂层腐蚀斑点的评分。

表7.3　有机涂层腐蚀斑点的评分

分数	10	9	8	7	6	5	4	3	2	1	0
腐蚀斑点面积(%)	0	0.03	0.1	0.3	1	3	10	16	33	50	100

（4）粉化

有机涂层粉化是指漆膜表面已经老化到用手指一抹能够粘上粉的现象。如果再让其继续发展下去,则涂膜便会从表面逐渐消失,能直接观察到中间层或底层。程度不严重的粉化只影响美观,暂时不影响防腐。

（5）开裂

有机涂层出现开裂失效通常有两种情况:一是腐蚀介质渗透到金属表面或涂层内部,引起金属腐蚀或氧化,腐蚀产物体积膨胀使漆膜鼓起造成的;二是腐蚀环境温差变化和风霜作用下,有机涂层自身收缩应力作用引起开裂现象。面层裂纹暂时对防腐涂装体系不造成大的影响,贯穿裂纹发生时,直接使金属涂层或钢铁底材暴露于腐蚀介质中,腐蚀将由此产生,引起有机涂层一系列的失效现象。

（6）老化

有机涂层的起泡、剥落、粉化、开裂等现象均可以视为老化失效的某一种表现形式,通常采用标准照片对比的评分方法进行评定。表7.4所示为有机涂层老化评分。

表7.4　有机涂层老化评分

老化面积(%)	失效形式	0.5 ~ 2	3 ~ 5	6 ~ 10	11 ~ 30	31 ~ 50	>50
涂层样本标记	剥落	H1	H2	H3	H4	H5	H6
	裂纹	F1	F2	F3	F4	F5	F6
	起泡	B1	B2	B3	B4	B5	B6
	腐蚀斑点	R1	R2	R3	R4	R5	R6
涂层评分	剥落	3	4	6	8	10	20
	裂纹	3	6	9	12	15	30
	起泡	3	l0	15	20	25	50
	腐蚀斑点	10	20	30	40	50	100
	粉化	正在粉化时,评定为3分;可以看到底层严重粉化时,评定为7分					

注:由于收集资料有限,H、F、B、R等级照片请参见日本涂料协会的《涂膜评定标准》。

为确定有机涂料更新涂装时间,日本钢铁协会采用综合评定方法,将剥落、开裂、起泡、腐蚀斑点和粉化腐蚀程度评分累加,按表7.4评价总分达到25分以上时,认为需要重新涂装维护。

2）有机涂层老化评价

前述对有机涂层老化的评价按日本涂膜料协会的《涂膜评定标准》进行。我国针对有机涂层老化评价,制订了相应的国家标准《涂膜无印痕试验》(GB 9273—88)。下面分别进行叙述,并与ASTM标准进行比较。

（1）起泡

色漆涂层起泡密度评级如表7.5所示,色漆涂层起泡大小评级如表7.6所示。

表 7.5　色漆涂层起泡密度评级

等级	密度	ASTM 密度
0	无泡	无泡
1	很少,刚有几个气泡	微少
2	少,有少量气泡	少
3	中等,有中等数量气泡	中等
4	较多,有较多数量气泡	介于中等~密集之间
5	密集,有密集型气泡	密集

表 7.6　色漆涂层起泡大小评级

等级	起泡大小	ASTM 起泡大小
S0	10 倍放大镜下无可见的起泡	—
S1	10 倍放大镜下有可见的起泡	<8
S2	正常校正视力下可见的起泡	8
S3	<0.5 mm 直径的起泡	6
S4	0.5~5 mm 范围的起泡	4
S5	>5 mm 直径的起泡	2

(2)生锈

色漆涂层生锈面积评级如表 7.7 所示,色漆涂层锈点大小评级如表 7.8 所示。

表 7.7　色漆涂层生锈面积评级

等级	生锈面积(%)	ASTM 生锈面积等级
0	0	10
1	0.05	9
2	0.5	7
3	1	6
4	8	4
5	40~50	1~2

表7.8 色漆涂层锈点大小评级

等级	锈点大小
S0	10 倍放大镜下无可见锈点
S1	10 倍放大镜下才可见锈点
S2	正常校正视力刚可见锈点
S3	<0.5 mm 锈点
S4	0.5~5 mm 范围的锈点
S5	>5 mm 锈点

（3）开裂

色漆涂层开裂数量及开裂大小评级如表7.9 所示。

表7.9 色漆涂层开裂数量及开裂大小评级

开裂等级	开裂数量	开裂等级	开裂大小
0	无,即无可见的开裂	S0	10 倍放大镜下无可见开裂
1	很少,即刚有一些值得注意的裂纹	S1	10 倍放大镜下才可见开裂
2	少,即有少量值得注意的开裂	S2	正常校正视力刚可见开裂
3	中等,即有中等数量开裂	S3	正常校正视力清晰可见开裂
4	较多,即有显著数量开裂	S4	通常达 1 mm 宽的大裂纹
5	密集,即有密集型的开裂	S5	通常比 1 mm 宽的很大裂纹

（4）剥落

在工程应用中,有机涂层老化失效综合等级达到 3（S3）或 4（S4）等级范围内,应尽早安排对工程涂层进行更新维修涂装。色漆涂层剥落面积与剥落大小评级如表 7.10 所示。

表 7.10 色漆涂层剥落面积与剥落大小评级

剥落面积等级	剥落面积(%)	剥落大小等级	剥落大小(最大尺寸)
0	0	S0	10 倍放大镜下无可见剥落
1	0.1	S1	达 1 mm 以上
2	0.3	S2	达 3 mm 以上
3	1	S3	达 10 mm 以上
4	3	S4	达 30 mm 以上
5	15	S5	大于 30 mm 以上

3) 电弧喷涂长效防腐蚀涂层的维修确定

电弧喷涂锌、铝加有机封闭的复合涂装体系具有较长久的耐腐蚀寿命,它与有机涂层的失效形式不一样。通常,有机涂层失效后,底层金属喷锌、喷铝涂层才开始腐蚀,并且底层金属喷涂层比外层有机封闭涂层具有更长久的耐腐蚀寿命。因此,可以在外层有机涂层彻底失效后再对封闭涂层进行维修更新。而电弧喷涂层仍然完好,不必进行更新维修;若原涂层体系的耐腐蚀寿命已足够,则不必对有机封闭涂层进行维护。

4) 有机涂层老化测量

采用检测仪器测定有机涂层老化程度是一种定量方法,具有能较客观进行评定的优点。但由于测定的部位都是局部小范围,所以在选择测试点时,应考虑所测试部位和其分布情况能代表整个涂层的老化程度,具有一定的代表性。通常,可以采用厚度测量仪和电阻漏电测量仪测定和鉴别有机涂层的老化程度。

7.6.3 涂装层维修施工

有机防腐蚀涂层的维修体系与最初涂装时的可以相同,也可以不相同,主要取决于旧漆膜的老化程度、业主的经济承受能力和施工现场工作条件等。

一般情况下,若旧漆膜大多部分都完好,仅少部分老化维修,则维修涂层体系最好与原涂装体系相同;若旧漆膜大部分均已老化失效,业主有一定经济条件,可以重新选择原涂装体系,或选择比原涂装体系更耐蚀的涂装方案。电弧喷涂封闭涂装层的更换采用与原封闭层相同体系或相同品牌涂料进行施工,以减少喷涂层与更新涂层、喷涂层孔隙旧封闭层与更新涂层的不相容性问题。更新有机涂层施工的差别主要是底材的前处理工艺不同。

(1)局部维修

对于有机涂层老化程度较轻,一种情况是涂层面上几乎不产生锈蚀点,但漆膜已显著粉化,伴有层间剥离现象。为保护底层涂层和外观颜色的美观,需对此普遍进行涂装维修,采用手工钢丝刷、动力钢丝轮等对表面进行打磨,除掉粉化物和表面粉尘、污垢等,对浅表裂纹、起泡、剥落进行彻底清除,可涂装 1~2 道中间漆涂料、1~2 道面漆涂料。

另一种情况是出现大锈蚀点零散存在或整个范围内呈稀疏零散状态,其余面积有机涂层老化程度非常轻微,不需对整个工程进行有机涂料涂装维护,仅需对局部失效部位进行维修。常采用盘式磨光机、刮刀、凿子等工具,将破损失效部位涂层打磨掉,特别是新、老涂层搭接处应做成斜面阶段状,露出各道涂层以便接合,对中间露底部位应打磨去除锈蚀产物,露出金属本色,同时用凿子凿出密布麻坑以增加粗糙度,然后涂装底漆、中间漆和面漆。

(2)整体更新

油漆防腐蚀涂层体系经过 5~10 年以上的使用,整体有机涂层的极限寿命基本到期,表现为整体涂层体系老化失效,需对整个涂装体系进行更新,重新涂装新的防腐蚀涂层。新涂层至少应达到原涂层相同的使用寿命,或高于原涂层耐蚀效果。

一般采用喷砂除锈除去原残存涂装层、锈蚀产物和污垢等,使工程构件表面露出新鲜的金属基体,达到油漆涂装要求的表面清洁度和粗糙度,然后涂装 1~2 道底漆(或电弧喷涂)、2~3 道中间漆和 1~2 道面漆的涂层体系。例如,上海南浦大桥、徐浦大桥等采用油漆涂装进行更新,广东佛陈大桥采用电弧喷涂加封闭涂装进行整体涂装更新。

(3)电弧喷涂封闭涂层更新

电弧喷锌、铝的有机封闭涂层完全失效后,钢铁基体并没有锈蚀,金属锌、铝涂层基本完好,喷涂层孔隙内有机封闭物仍残留有效。封闭涂层的更新在待原有机封闭涂层完全失效和大部分脱落,或电弧喷涂层已经被腐蚀掉一定厚度后进行。

有机封闭层更新前的处理,仅需采用电动钢丝轮对喷涂层表面进行清理,去除原有有机涂层和表面污物,然后重新涂装、1~2 道中间漆、1~2 道面漆。电弧喷涂复合涂层的维修与油漆涂层维修相比较,具有底层不脱落、无须喷砂除锈和更换防腐蚀底层、维修成本低廉、维修周期长的特点。

7.6.4 钢箱梁涂装检查维修

钢箱梁涂装检查一般分为日常巡检、定期检查、大修前检查及特殊检查 4 种。根据检查结果,进行涂膜劣化等级的评定,并制订相应的涂膜维修涂装计划。涂装的检查与维修计划应与整桥的线形检测、结构检查以及焊缝检查结合起来,协调分步进行。涂装维修应严格与焊缝分开进行,防止焊接火花引爆涂料中挥发出来的有机溶剂。

(1)日常巡检

巡检周期:1 次/年。

检查内容:通过目测、手摸、借助放大镜等手段,对大桥油漆涂层表面质量状态、损坏情况进行检查。应特别注意焊缝部位、钢箱梁与引桥连接部位及检修车轨道等容易忽略的部位,认真观察,做好检查记录。

由于悬索桥的跨度较大,不可能在一次巡检中将全部桥梁梁段检查完毕。每次巡检可任选 2~3 个梁段,要求通过一年巡检,能将每个梁段漆膜均检查到。

(2)定期检查与维修涂装

大桥在运营一个阶段后(一般定为 3 年),需对大桥防腐涂层进行一次带仪器的定期检查。但不要求对每个梁段都做检查,一般每次定期检查可以选择涂层损坏最严重的 5~6 个梁段进行代表性检查,并根据检查结果,做出维修涂装作业安排。

检查周期:1 次/3 年。

检查手段:除通过目测、手摸外,还可进行一些无破坏性的仪器检测。虽然,目前有很多现代化高级仪器可作为涂层的检测手段,但是多适用于实验室研究和样板试验,现场便携式无损伤检测仪器目前较少,检查主要有以下 4 种:

①外观检查:通过目测、手摸并借助于放大镜,观察涂层表面的损坏情况。

②硬度检查:用巴柯尔硬度计测试涂膜硬度保持情况或用少量溶剂擦拭表

面,观察涂层是否变软。

③针孔测试:采用放电式针孔检测仪检查涂膜表面损坏处。

④厚度检测:采用电磁测厚仪检查涂膜厚度变化情况等。

对于日常检修来说,仪器检测并不是必需的;只有在目测、手摸判断的结果需要进一步明确时,才辅助以仪器检测。一般情况下,不主张对桥梁涂层做破坏性仪器测试。

(3)大修前检查与重新涂装

大型钢箱梁防腐涂层大修涂装是指大桥在经历了十几年的运营(接近防腐涂层设计寿命年限 15 年)之后,涂层表面已出现大面积的严重损坏,而且各项涂膜劣化等级(包括粉化、起泡、裂纹、脱落、生锈)全面出现 4 级损坏,而决定对大桥涂层进行分梁段逐一重新涂装。此时,油漆系统及涂装工艺已不宜按维修涂装而应基本按照大桥初始涂装时的油漆系统与工艺执行。

对整个大桥涂层做重新涂装,工艺复杂、管理难度较大,费工费时,因此必须慎之又慎。一般在大修前 1~2 年,应反复对涂层的损坏情况做全面彻底的检查。决定是否大修并安排重新涂装,不应以涂层是否已到达设计寿命年限,而应根据大修前对涂层所进行的检查结果确定。

(4)特殊检查与维修涂装

特殊检查是指由于意外的突发性事故造成大桥涂层的损坏而进行的检查,如重大交通事故撞击大桥而造成的涂层严重破损。

第8章　悬索桥钢桥面铺装管养策略

8.1　钢桥面铺装设计使用条件

8.1.1　钢桥面铺装使用温度确定

一般在低温时,铺装温度略高于气温;高温时,铺装面层温度比气温高 20 ~ 25 ℃(太阳直射状态下,约在 13:00—15:00),铺装底面及钢桥面板温度比气温高 15 ~20 ℃。重庆地区的温度为-3.8 ~43.8 ℃,考虑一定的富余,可估算钢桥面铺装极端使用温度在-5 ~70 ℃,铺装下层及钢桥面板温度在 0 ~60 ℃。

8.1.2　桥面沥青铺装设计要求

(1)沥青铺装层应具有良好的抗疲劳开裂性能

在交通荷载作用下,桥面铺装层要随着钢桥面板变形,钢桥面板 U 形加劲肋顶部对应的铺装表面将产生反复弯曲应力。桥面铺装所承受弯拉、剪切应力相对较大,使 U 形肋和纵梁部位的铺装层顶部因负弯矩过大而产生较多裂缝。因此,铺装设计要重点考虑沥青铺装层的抗疲劳开裂性能。

(2)沥青铺装层与钢桥面板之间应具有良好的层间结合能力

在交通荷载作用下,桥面铺装层与钢桥面板会产生变形;在气候环境条件作用下,沥青铺装结构层以及钢桥面板会产生不同的温度变形。荷载和气候的共同作用使得铺装层与钢桥面板之间产生较大的剪切应力,当应力超过层间抗剪强度时,就会导致层间滑动,引起铺装层破坏。因此,要求沥青铺装层与钢桥面板之间必须具有良好的层间结合力。

(3)沥青铺装层应具有良好的抗车辙性能

如果年极端气温相对都比较高,加之钢桥面的储热作用使得沥青铺装层的温度显著高于路表温度,这导致 SMA 在使用过程中出现比较严重的车辙情况。因此,在新设计中应保证桥面沥青铺装层在重交通荷载作用下具有较高的抗车辙性能,有效防止或延缓沥青铺装层车辙的出现。

(4)沥青铺装层对桥面板等钢结构应具有良好的保护作用

重庆地区年降雨量大于 1 000 mm,雨量充沛,气候潮湿,水分极易导致钢桥面板锈蚀,降低铺装结构层的耐久性,缩短桥梁钢结构的使用寿命。因此,在铺装设计中,还要重点考虑铺装结构体系对钢桥面板的保护和防腐作用。

(5)沥青铺装层应具有良好的抗滑性能

在夏季炎热、冬季潮湿地区,暴雨、阵雨现象较为常见。在这种气候条件下,桥面湿滑,面层抗滑性能降低,存在很大的交通隐患。桥面铺装设计时,应考虑保证具有良好的抗滑性能,以确保交通安全。

(6)材料施工工艺及质量应便于控制,受环境条件影响小

桥面铺装更换属于维修工程,在开放交通的同时进行施工,工期短,气候变化快。因此,要求铺装方案必须具有易于控制的施工过程和一定的气候适应能力,施工过程中不易受到其他条件的影响,可以在比较恶劣的天气下进行施工。

8.1.3　桥面沥青铺装破坏成因分析

(1)钢桥面板刚性不足

钢箱梁钢板较薄,只有 12 mm,桥面系刚度不足,在重交通荷载作用下,桥面板会产生较大的变形。桥面铺装层跟随钢桥面产生这种大幅度的反复弯曲变形,使得沥青混凝土性能衰退,变形逐渐超出沥青混凝土所能容许的变形范围,沿 U 形肋方向产生严重的纵向开裂。在 U 形肋和横隔板、纵腹板顶部产生疲劳裂缝与荷载的大小、钢板的厚度、U 形肋间距及开口大小直接相关。

(2)环境温度恶劣

桥面环境温度过高,夏季持续高温时间长,6 ~ 9 月内长时间处于 30 ℃以上,甚至超过 40 ℃,沥青混凝土与钢箱梁的吸热、储热效应导致桥面铺装温度较高,这时车辆荷载对沥青混凝土铺装结构的损伤非常大。如果沥青铺装层没有很好的高温稳定性,在超载车辆的作用下,桥面铺装将很快被破坏。

（3）早期铺装材料性能有限

对 SMA 认识不足,对桥面铺装的温度、荷载使用条件掌握不充分,造成早期桥面铺装材料性能有限。桥梁通车后,遇到使用温度较高、车辆荷载不断增加,特别是重车超载增多时,桥面铺装容易发生疲劳病害。

（4）交通量大,重载车辆多

悬索桥的日交通量较大,且存在重载车和超重车,远远超出桥面原设计交通量。这种超负荷的交通量进一步加快了桥面铺装随着钢桥面板的变形幅度和次数,加速铺装层产生开裂破坏。

8.2　常用行车道铺装结构

8.2.1　铺装方案 1:浇筑式沥青混凝土 GA+高弹改性沥青 SMA 结构

钢桥面行车道铺装层厚度考虑功能要求的不同,分多层设计,铺装结构如图 8.1 所示。桥面铺装设计总厚度为 75 mm,结构组成为:38 mm 高弹改性沥青 SMA10+35 mm 浇筑式沥青混凝土(GA10)+2 mm 防水黏结层。

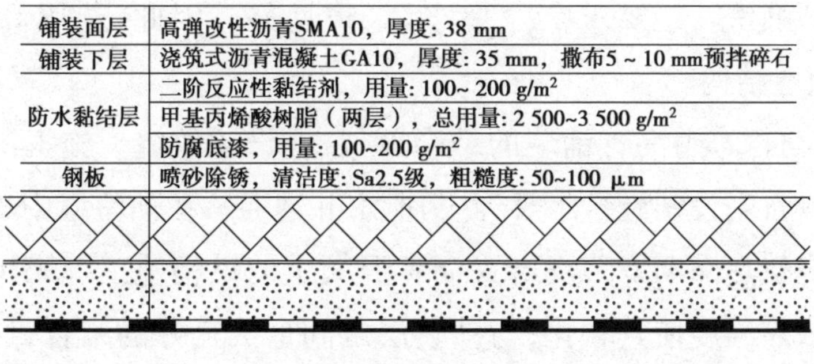

铺装面层	高弹改性沥青SMA10,厚度: 38 mm
铺装下层	浇筑式沥青混凝土GA10,厚度: 35 mm,撒布5~10 mm预拌碎石
防水黏结层	二阶反应性黏结剂,用量:100~200 g/m²
	甲基丙烯酸树脂(两层),总用量:2 500~3 500 g/m²
	防腐底漆,用量:100~200 g/m²
钢板	喷砂除锈,清洁度:Sa2.5级,粗糙度:50~100 μm

图 8.1　钢桥面铺装结构示意图(GA+SMA)

由于钢桥面板在施工过程中一般会发生锈蚀,为保护桥梁结构的耐久性,在去除旧铺装层后,对桥面进行清洁、干燥处理,然后进行喷砂除锈。根据《涂覆涂料前钢材表面处理　表面清洁的目视评定》(GB/T 8923.1—2011)要求,钢桥面喷砂除锈清洁度达到 Sa2.5 级,即"非常彻底的喷砂除锈,钢材表面无可见的油脂、污垢、氧化皮、铁锈和油漆涂层等附着物,任何的痕迹应仅是点状或条纹状的轻微色斑"。同时,为保证防腐层与钢桥面的附着力,要求钢桥面板喷砂除锈后粗糙度达到 50~100 μm。

防水黏结层采用甲基丙烯酸树脂防水体系,它是一种专门针对钢桥面防水而开发的材料,是桥面铺装结构中的重要组成部分,对桥面防水、防腐起保护作用,并承接铺装层,起黏结作用。该体系由防腐底漆、甲基丙烯酸树脂涂料、二阶反应性黏结剂组成,主要功能是防护钢材结构,并承接桥面的沥青混凝土结构面层。该材料最大的特点是既具有较好的防腐性、密水性和黏结效果,还具有优良的柔韧性,在正交异性钢桥面板上,能很好地适应其结构特性,在荷载反复作用下性能不衰变。经过大量实验验证和工程验证,该体系具有优异的防水性和耐久性。在国外,其使用寿命甚至已达30年而未重新铺设。

为确保桥面铺装结构有良好的防水效果,沥青混凝土铺装结构下层(保护层)采用孔隙率小于1%的浇筑式沥青混凝土(GA10)。该混合料结构型式为悬浮密集型,细集料多,沥青含量高,在高温下经特殊搅拌工艺拌制后,混合料呈现自流状态,经摊铺整平后,形成密实且不透水的铺装层,整体上具有很好的抗疲劳性能和耐久性。同时,为提高浇筑式沥青混凝土与上部铺装层之间的结合力和整体抗剪强度,在完成浇筑式沥青混凝土施工后,撒布预拌碎石。

铺装上层选用高弹改性沥青SMA10,主要考虑到面层功能性要求,对铺装面层的综合性能要求较高,既要具有良好的高温稳定性、抗滑性能、低温抗裂性、平整度、抗疲劳性能等,还要求空隙率小、水稳性好。因此,选用高弹改性沥青SMA10作为面层结构。

在路缘石与行车道沥青铺装的结合部位,应设预留缝。施工浇筑式沥青混凝土后,沿路缘石安设螺旋排水管,并与泄水井连通。在预留缝中填塞泡沫填充料,并在其上浇筑热灌沥青。浇筑式沥青混凝土的纵幅施工缝采用沥青类贴缝条进行密封,依靠温度使其软化,与铺装层之间形成良好的结合,达到防排水的目的。在面层铺装与其他结构物的结合部位,都采用热灌沥青进行密封,以防止路面水下渗。

铺装下层(GA10)、防水黏结层以及螺旋排水管、填缝料等组成桥面铺装结构的防排水系统。

8.2.2 铺装方案2:双层环氧沥青混凝土EA结构

双层环氧沥青混凝土总厚度为50 mm,结构组成为:环氧富锌漆+环氧黏结剂+25 mm环氧沥青混凝土(EA10)+环氧黏结剂+25 mm环氧沥青混凝土(EA10)(图8.2)。

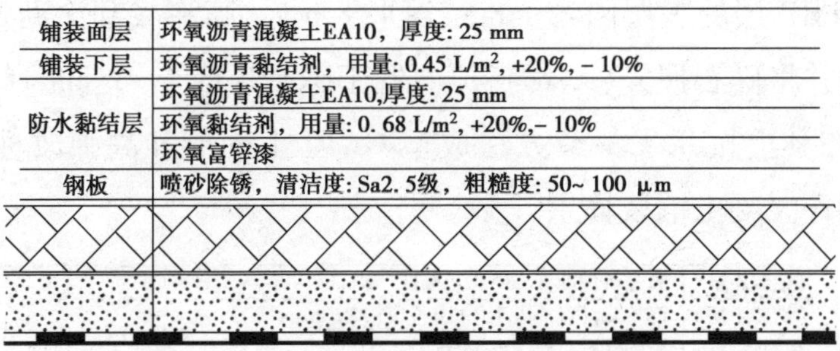

铺装面层	环氧沥青混凝土EA10，厚度：25 mm
铺装下层	环氧沥青黏结剂，用量：0.45 L/m²，+20%，－10%
	环氧沥青混凝土EA10，厚度：25 mm
防水黏结层	环氧黏结剂，用量：0.68 L/m²，+20%，－10%
	环氧富锌漆
钢板	喷砂除锈，清洁度：Sa2.5级，粗糙度：50~100 μm

图 8.2　钢桥面铺装结构示意图（双层 EA10）

钢桥面喷砂除锈清洁度达到 Sa2.5 级，即"非常彻底的喷砂除锈，钢材表面无可见的油脂、污垢、氧化皮、铁锈和油漆涂层等附着物，任何的痕迹应仅是点状或条纹状的轻微色斑"。同时，为保证防腐层与钢桥面的附着力，要求钢桥面板喷砂除锈后粗糙度达到 50~100 μm。

该方案采用环氧沥青防水黏结材料，环氧沥青防水黏结材料作为一种液态体系材料，在固化反应过程中收缩率小，其固化物的黏结性、耐热性、耐腐蚀性和憎水性等性能优良。

铺装结构上下层均采用孔隙率小于 3% 的环氧沥青混凝土（EA10），环氧沥青混凝土属于反应型树脂混凝土，对拌和温度要求严格（121~128 ℃），在施工拌和时必须严格控制温度。环氧沥青混凝土具有优良的力学性能、高温性能、低温抗裂性和抗疲劳性能等。

8.2.3　铺装方案 3：FRP +GA+高弹改性沥青 SMA 结构

FRP+砾石玛琋脂+沥青混凝土钢桥面铺装结构是指 FRP 铺装基层、砾石玛琋脂铺装中层和下层 GA10、上层高弹改性沥青 SMA10 铺装面层的组合铺装结构（图 8.3）。FRP 铺装基层与钢桥面板间为黏结连接，位于砾石玛琋脂与 FRP 铺装基层及 GA 下面层之间。FRP 铺装基层与钢桥面板间不再另设防水层和黏结层，钢桥面板表面也不再做防锈涂装层。

FRP+砾石玛琋脂+沥青混凝土钢桥面铺装施工时，先对钢桥面板喷砂除锈，清洁度达到 Sa2.5 级，粗糙度达到 50~100 μm，吹风清洁和擦拭醋酸乙酯清洁后，在钢板表面分 3 次涂刷桥梁结构胶，浸渍 2 层玻璃纤维短切毡和 1 层玻璃纤维无纺布成型 FRP 层合板式铺装基层；在 FRP 铺装基层的表面层玻璃纤维短切毡未凝胶前，在其表面撒布一层粒径 6~8 mm 的玄武岩砾石（砾石间距小于砾石粒径)压入 FRP 层的表层内约 1 mm,凝胶 8 h 后,喷涂或刮涂沥青玛瑞脂填充满砾石间空隙并将砾石握裹(玛瑞脂顶面低于砾石顶面 1~2 mm)组成砾石玛瑞脂铺装中层;在其上按 8.2.1 节方法成型 GA10 下面层和高弹改性沥青 SMA10 上面层组成沥青混凝土铺装面层。

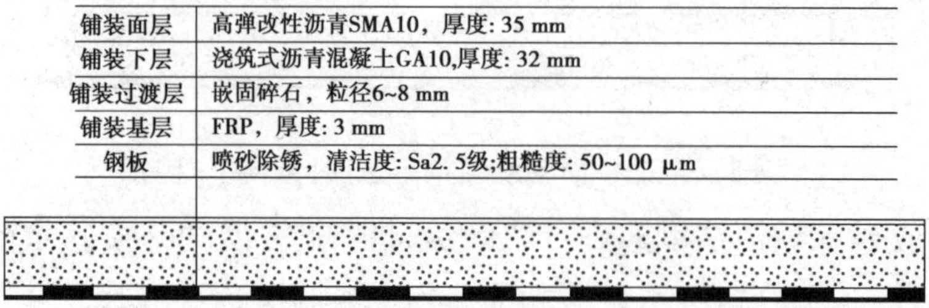

铺装面层	高弹改性沥青SMA10,厚度: 35 mm
铺装下层	浇筑式沥青混凝土GA10,厚度: 32 mm
铺装过渡层	嵌固碎石,粒径6~8 mm
铺装基层	FRP,厚度:3 mm
钢板	喷砂除锈,清洁度:Sa2.5级;粗糙度:50~100 μm

图 8.3　钢桥面铺装结构示意图(FRP+GA+SMA)

8.2.4　铺装方案 4:双层高弹沥青 SMA 结构

钢桥面行车道铺装层厚度考虑功能要求的不同,分两层设计,总厚度为 80 mm,黏结层与缓冲层总厚度为 5 mm;铺装下层采用 SMA10,厚度为 35 mm;铺装面层采用 SMA10,厚度为 35 mm,如图 8.4 所示。

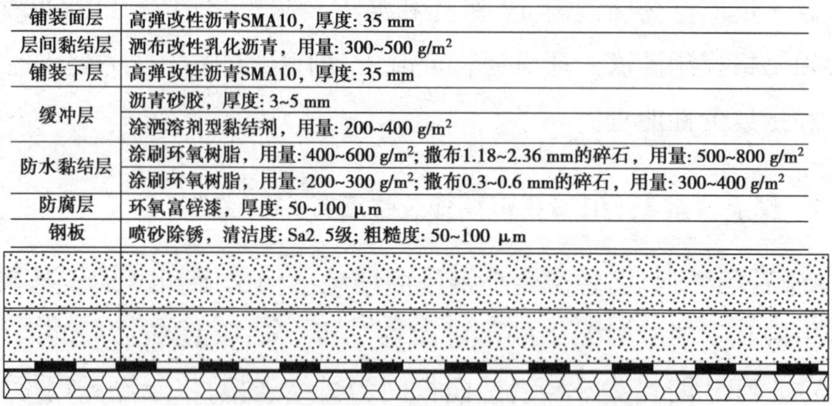

铺装面层	高弹改性沥青SMA10,厚度: 35 mm
层间黏结层	洒布改性乳化沥青,用量: 300~500 g/m²
铺装下层	高弹改性沥青SMA10,厚度: 35 mm
缓冲层	沥青砂胶,厚度: 3~5 mm
	涂洒溶剂型黏结剂,用量: 200~400 g/m²
防水黏结层	涂刷环氧树脂,用量: 400~600 g/m²;撒布1.18~2.36 mm的碎石,用量: 500~800 g/m²
	涂刷环氧树脂,用量: 200~300 g/m²;撒布0.3~0.6 mm的碎石,用量: 300~400 g/m²
防腐层	环氧富锌漆,厚度: 50~100 μm
钢板	喷砂除锈,清洁度:Sa2.5级;粗糙度: 50~100 μm

图 8.4　钢桥面铺装结构示意图(双层 SMA)

钢桥面喷砂除锈清洁度达到 Sa2.5 级,即"非常彻底的喷砂除锈,钢材表面无可见的油脂、污垢、氧化皮、铁锈和油漆涂层等附着物,任何痕迹应仅是点状或条纹状的轻微色斑"。同时,为保证防腐层与钢桥面的附着力,要求钢桥面板喷砂除锈后粗糙度达到 50~100 μm。

环氧富锌漆对钢板有很好的防腐作用,要求在喷砂除锈后 4 h 以内,喷涂环氧富锌漆,厚度为 50~100 μm。在达到规定的结合力后,方可进行环氧树脂防水层施工。

环氧树脂作为一种液态体系材料,在固化反应过程中收缩率小,其固化物的黏结性、耐热性、耐腐蚀性和憎水性等性能优良,是一种理想的钢桥面板防腐材料。为提高防水层与上层结构之间的剪切强度,在环氧树脂上撒布碎石。环氧树脂防水黏结层固化后,方可进行缓冲层施工。

缓冲层由两层 $200 \sim 400 \mathrm{~g/m^2}$ 溶剂型黏结剂(作为底涂层)和 $3 \sim 6 \mathrm{~mm}$ 沥青砂胶组成。设置缓冲层的目的和作用如下:

①作为弹性中间层,显著降低桥面铺装层的弯拉应力;

②减小上层沥青混凝土温度对环氧防水层的影响;

③可以阻止水分下渗,有一定的防水作用;

④提高防水层与沥青混凝土铺装层的抗剪切能力,防止 SMA 铺装层发生推移。

为增强环氧防水层与缓冲层之间的黏结效果,在铺筑缓冲层之前,涂刷溶剂型黏结剂。

缓冲层固化后,在上部施工双层高弹改性沥青 SMA10,设计空隙率为 $3.0\% \sim 4.0\%$,具有良好密实性和整体性。高弹改性沥青相对于普通改性沥青而言,具有更好的抗开裂能力和耐疲劳能力,且其粘度较小,更容易压实以保证空隙率;上下层间撒布改性乳化沥青粘层(用量为 $300 \sim 500 \mathrm{~g/m^2}$),以保证上下层之间铺装的黏结能力和整体性。

在桥面外侧路缘石与行车道铺装结合部位,铺筑铺装层前沿路缘石安设螺旋排水管,并与泄水井连通。在外侧路缘石与行车道铺装结合部位、泄水井与行车道铺装结合部位预留缝,并填入热灌型沥青填缝料(高弹性沥青类填缝料)。

8.3　铺装方案设计比选

综合考虑技术性能、施工工艺、交通组织、使用寿命、工期等内外因素,对前述 4 种铺装方案进行论证,推荐一种技术可行和质量可靠的铺装方案。

8.3.1　技术性能对比

在已有研究成果的基础上,对 4 种铺装方案技术性能进行对比分析,如表 8.1 所示。

表8.1 4种铺装方案技术性能对比

铺装方案	铺装方案1（浇筑式沥青混凝土GA+高弹改性沥青SMA结构）	铺装方案2（双层环氧沥青混凝土EA结构）	铺装方案3（FRP+GA+高弹改性沥青SMA结构）	铺装方案4（双层高弹改性沥青SMA结构）
防腐性	优	优	良	良
黏结性能	优	优	优	良
抗剪性能	良	优	良	良
防水性能	优	良	优	良
随从变形能力	优	良	良	良
热稳性	良	优	良	良
疲劳性能	优	优	优	良
成功案例	多	多	无	中

从4种典型结构的室内各项技术性能来看,铺装方案1的防水、黏结、疲劳性能较优,热稳性略差;铺装方案2的热稳性、疲劳性能和黏结性能优异,防水及变形性能略差;铺装方案3的防水性能较好,但无实桥工程案例;铺装方案4的防水性能、黏结性能和路用性能居中。

8.3.2 施工交通组织管理与工艺要求对比

4种铺装方案施工交通组织管理与工艺要求分析比较如表8.2所示。

表8.2 4种铺装方案施工交通组织管理与工艺要求对比

铺装方案	铺装方案1（浇注式沥青混凝土GA+高弹改性沥青SMA结构）	铺装方案2（双层环氧沥青混凝土EA结构）	铺装方案3（FRP+GA+高弹改性沥青SMA结构）	铺装方案4（双层高弹改性沥青SMA结构）
桥面板界面要求	高	高	高	高
原材料技术要求	中	高	高	中
特殊设备要求	有	有	有	无

铺装方案		铺装方案 1（浇注式沥青混凝土 GA+高弹改性沥青 SMA 结构）	铺装方案 2（双层环氧沥青混凝土 EA 结构）	铺装方案 3（FRP+GA+高弹改性沥青 SMA 结构）	铺装方案 4（双层高弹改性沥青 SMA 结构）
施工环境要求		中	高	高	中
施工工艺要求		中偏高	高	高	中
工期（月）	全封闭	2.5	4	3	2.5
	半封闭	3	7	3.7	3.3

通过对 4 种铺装方案施工交通组织管理与工艺要求对比,铺装方案 2、3 都对原材料技术要求较高,特别是铺装方案 2 对施工环境和施工工艺要求更加苛刻;铺装方案 2、3 在全封闭交通情况下分别需要 4 个月、3 个月的工期,施工工期较长。

8.3.3　使用寿命及经济成本对比

根据桥区原材料供货情况,结合实体工程使用寿命及运营养护情况,对 4 种铺装方案使用寿命及经济成本进行分析,如表 8.3 所示。

表 8.3　4 种铺装方案使用寿命及经济成本对比

铺装方案	铺装方案 1（浇注式沥青混凝土 GA+高弹改性沥青 SMA 结构）	铺装方案 2（双层环氧沥青混凝土 EA 结构）	铺装方案 3（FRP+GA+高弹改性沥青 SMA 结构）	铺装方案 4（双层高弹改性沥青 SMA 结构）
翻修建设费用（未含交通组织管理费）（元/m^2）	1 200	1 700	1 400	1 050
预计寿命（年）	15	15	—	—
养护费用	中	高	—	中偏高

注:铺装方案 3 在国内缺乏实桥工程实例,难以预估其寿命。

对 4 种铺装方案使用寿命及经济成本分析可知:铺装方案 1 早期建设费用最低,后期养护成本最低,使用寿命长;铺装方案 2 早期建设费用和后期养护费用都非常高;铺装方案 3 早期建设费用相对较高,由于无借鉴工程案例,因此,使用寿命与养护费用无法预估;铺装方案 4 施工简捷、无特殊设备要求。

8.3.4　综合分析

对 4 种铺装方案的优缺点进行简要分析。

1)铺装方案 1(浇筑式沥青混凝土 GA+高弹改性沥青 SMA 结构)

主要优点:铺装体系完善,MMA、浇筑式、SMA 都具有优良的协调变形及抗裂能力,很好地适应了柔性支撑体系的结构特点;沥青层与防水层之间的胶黏剂发生两阶段反应,保证了两种结构层之间的黏结效果;铺装体系密水性强,使用寿命长,实桥成功案例多,工期有保障。

主要缺点:需特殊运输、摊铺专用设备,沥青混凝土高温强度要弱于环氧沥青混凝土。

2)铺装方案 2(双层环氧混凝土 EA 结构)

主要优点:整体强度高,抗重载能力优,特别是在重载交通比较大的高速公路上,与同类方案相比,具有明显优势;在现场质量保障的情况下,使用寿命长。

主要缺点:对施工环境条件要求极高(不允许汗水、油漆滴落在工作面中,混合料温度必须控制在 110 ~ 121 ℃,运输时间必须控制在 40 ~ 120 min),通车前养护周期太长(30 ~ 45 天),质量可靠度低(目前,较多桥梁早期病害发生频繁),整体工期长。

3)铺装方案 3(FRP+GA+高弹改性沥青 SMA 结构)

主要优点:防水层与钢板黏结强度较高,环氧树脂中增加玻纤及玻纤布,在一定程度上弥补了环氧树脂韧性不足;浇筑式沥青混凝土具有很好的密水性及协调变形能力,高弹改性沥青 SMA 抗疲劳开裂能力强。

主要缺点：FRP 碎石层与沥青层之间缺乏有效过渡层，FRP 铺装基层和砾石玛瑞脂层的施工技术难度较大，室内试验评价结果不完善，目前尚无实桥应用案例。

4）铺装方案 4（双层高弹改性沥青 SMA 结构）

主要优点：具有比铺装方案 1、3 更强的高温承载力，环氧树脂撒碎石防水材料与上层之间的剪切强度高，高弹改性沥青 SMA 的抗裂性能优异，配套施工机具及工艺简捷，质量便于控制，工期短。

主要缺点：沥青混合料密水性欠佳，要弱于浇筑式及环氧沥青混凝土，部分试验结果尚需补充，实桥案例相对少。

结合实际使用条件，根据技术性能、施工工艺、交通组织、使用寿命、工期等因素分析，进行综合排名，依次为：铺装方案 1、铺装方案 4、铺装方案 3、铺装方案 2。因此，铺装方案 1 为推荐方案。

8.4　钢桥面铺装材料、混合料组成及性能要求

浇筑式沥青混凝土采用聚合复合改性沥青，相对于早期的天然沥青复合改性沥青，所形成的浇筑式沥青混凝土在保证高温稳定性的基础上，具有更强的黏韧性及变形能力。

铺装面层采用高弹体改性沥青，根据悬索桥的交通荷载和结构特点以及早期病害，对高弹改性沥青的延性做进一步优化，提升铺装层抗疲劳开裂及极限应变能力，遏制疲劳裂缝早期发生。

针对柔性支撑体系刚性不足、混合料压实困难的问题，采用水平振动压路机，有效改善 SMA 混合料的压实效果，保障路面的高温稳定性及密水性。

强化施工过程质量控制，确保施工质量达到设计目标。首选方案相对具有更强的抗环境干扰能力，但对于翻修工程，施工过程的环境条件及干扰因素极为复杂，细化过程质量控制点，强化施工管理，对保障施工质量的意义重大。

8.4.1　防水黏结层

对铺装层铣刨清除干净后，进行喷砂除锈，在清洁度达到 Sa2.5 级、粗糙度达到 50~100 μm 要求后，喷涂防水材料（表 8.4、表 8.5）。

表 8.4　甲基丙烯酸树脂防水材料性能要求

试验项目		单位	技术要求	试验方法
防腐底涂层	施工温度	℃	−10 ~ 40	—
	干膜厚度	μm	50	—
甲基丙烯酸树脂膜	拉伸强度(23 ℃)	MPa	≥11.8	JC/T 975—2005
	断裂延伸率(23 ℃)	%	≥130	
	黏结强度(钢)(25 ℃)	MPa	≥5	《公路钢箱梁桥面铺装设计与施工技术指南》
	低温柔性(−20 ℃)	—	φ20 mm 弯曲90°无裂纹	
二阶反应型黏结剂	干固时间(23 ℃)	h	≤1.0	JC/T 975—2005
	活化温度	℃	≥85	—

表 8.5　FRP 铺装材料技术指标

试验项目		单位	技术要求	试验方法
无碱玻璃纤维短切毡	单位面积用量	g/m²	300±30(第一层) 600±60(第三层)	GB/T 9914.3—2013
	拉伸断裂强力(25 ℃)	N	≥60(第一层) ≥120(第三层)	GB/T 6006.2—2006
无碱玻璃纤维方格布	单位面积质量	g/m²	600±60	GB/T 9914.3—2013
	拉伸断裂强力(25 ℃)	N	≥2 000	GB/T 6006.2—2006
桥梁结构胶	拉伸强度(25 ℃)	MPa	≥40	GB 50367—2013
	拉伸弹性模量(25 ℃)	MPa	≥2 500	GB 50367—2013
	伸长率(25 ℃)	%	≥1.5	GB 50367—2013
	钢与钢拉伸剪切强度(25 ℃)	MPa	≥14 ≥14(浸水后)	GB 50367—2013

试验项目	单位	技术要求	试验方法
FRP基层复合体材料			
拉伸强度(25 ℃)	MPa	≥100	GB/T 1447—2005
拉伸弹性模量(25 ℃)	GPa	≥7.0	GB/T 1447—2005
断裂伸长率(25 ℃)	%	≥3.0	GB/T 1447—2005
与钢板黏结强度(25 ℃)	MPa	≥10	《公路钢箱梁桥面铺装设计与施工技术指南》

8.4.2　沥青结合料

①根据桥面使用条件,结合已有应用经验,GA10采用聚合物复合改性沥青,技术要求如表8.6所示。

表8.6　浇筑式沥青混凝土改性沥青技术要求

技术指标		单位	技术要求	试验方法
针入度(25 ℃,100 g,5 s)		0.1 mm	10~40	JTG E20—2011 T0604
软化点(环球法)		℃	≥85	JTG E20—2011 T0606
延度(5 cm/min,10 ℃)		cm	≥10	JTG E20—2011 T0605
弹性恢复(25 ℃)		%	≥75	JTG E20—2011 T0662
闪点		℃	≥240	JTG E20—2011 T0611
溶解度		%	≤99	JTG E20—2011 T0607
135 ℃粘度		Pa·s	≤3.0	JTG E20—2011 T0621
RTFOT 163 ℃	质量变化	%	-1.0~+1.0	JTG E20—2011 T0610
	针入度比(25 ℃)	%	≥70	
	延度(25 ℃)	cm	≥40	

②对于SMA用沥青结合料,根据桥面使用条件,结合已有应用经验,采用抗裂性和抗疲劳性能较好的高弹体改性沥青,技术要求如表8.7所示。

表 8.7　高弹改性沥青技术要求

试验项目		单位	技术要求	试验方法
针入度(25℃,100 g,5 s)		0.1 mm	≤100	JTG E20—2011 T0604
软化点(环球法)		℃	≥85	JTG E20—2011 T0606
延度(5 ℃,5 cm/min)		cm	≥75	JTG E20—2011 T0605
粘 度 (135 ℃)		Pa·s	≤3.0	JTG E20—2011 T0619
弹性恢复率(25℃,30 min)		%	≥90	JTG E20—2011 T0662
闪点		℃	≥230	JTG E20—2011 T0633
RTFOT 163 ℃	质量损失	%	≤1.0	JTJ 052—2000 T0610
	针入度比	%	≥65	
	延度(5 ℃,5 cm/min)	cm	≥30	

8.4.3　集料及矿粉

粗集料选用耐磨的破碎岩石,建议粗集料采用质量优良的玄武岩。粗集料、细集料及矿粉技术指标如表8.8至表8.10所示,集料分级规格如表8.11所示。其他指标应满足《公路沥青路面施工技术规范》(JTG F40—2004)中的相关要求。

表 8.8　粗集料技术性能指标

试验项目	技术要求	试验方法
压碎值	≤26%	JTG E42—2005 T0316
洛杉矶磨耗损失	≤28%	JTG E42—2005 T0317
吸水率	≤2.0%	JTG E42—2005 T0304
坚固性	≤12%	JTG E42—2005 T0314
黏附性	≥5 级	JTJ 052—2000 T0616

表8.9　细集料技术性能指标

试验项目	单位	技术要求	试验方法
表观相对密度	—	≥2.50	JTG E42—2005 T0328
坚固性(>0.3 mm 部分)	%	≤12	JTG E42—2005 T0340
砂当量	%	≥60	JTG E42—2005 T0334
亚甲蓝值	g/kg	≤25	JTG E42—2005 T0349

表8.10　矿粉技术性能指标

试验项目		单位	技术要求	试验方法
表观密度		g/cm^3	≥2.50	JTG E42—2005 T0352
含水率		%	≤1	JTG 051—1993 T0103
通过率	0.6 mm	%	100	JTG E42—2005 T0351
	0.15 mm	%	90~100	
	0.075 mm	%	80~100	
亲水系数		—	<1	JTG E42—2005 T0353
塑性指数		%	<4	JTG E42—2005 T0355

表8.11　集料规格技术要求

集料规格	通过率			试验方法
	9.5 mm	4.75 mm	2.36 mm	
5~10	≥90%	≤15%	—	JTG E42—2005 T0303
3~5	—	≥90%	≤15%	
0~3	—	—	≥80%	JTG E42—2005 T0327

施工中,应保持矿粉干燥无结团,结团的矿粉不得使用。

8.4.4　纤维

纤维是用于 SMA 混合料中的稳定剂,纤维生产厂家应提供纤维产品质检报告。SMA 混合料建议采用有机纤维,以增加其抗疲劳性能,性能指标如表 8.12 所示。

表 8.12　有机纤维性能技术要求

试验项目	单位	技术要求	试验方法
纤维直径	mm	0.010 ~ 0.025	GB/T 10685—2007
抗拉强度(断裂强度)	MPa	≥500	GB/T 3916—2013
断裂伸长率	%	≥15	GB/T 3916—2013
耐热性(210 ℃,2 h)	—	体积无变化	GB/T 3916—2013

8.4.5　混合料级配与性能要求

铺装下层(保护层)使用 GA10 混合料级配应满足表 8.13、表 8.14 的要求,沥青用量范围为 7.5% ~ 9.0%。铺装上层使用高弹改性沥青 SMA10 混合料级配应满足表 8.13、表 8.15 的要求,铺装上层沥青用量范围为 5.6% ~ 7.0%。

表 8.13　混合料级配范围要求

混合料类型	通过率(%)								
	13.2 mm	9.5 mm	4.75 mm	2.36 mm	1.18 mm	0.6 mm	0.3 mm	0.15 mm	0.075 mm
SMA10	100	90 ~ 100	28 ~ 60	20 ~ 32	14 ~ 26	12 ~ 22	10 ~ 18	9 ~ 16	8 ~ 13
GA10	100	80 ~ 100	63 ~ 80	48 ~ 63	38 ~ 52	32 ~ 46	27 ~ 40	24 ~ 36	20 ~ 30

表 8.14　GA10 混合料性能要求

试验项目	单位	技术要求	试验方法
流动性(240 ℃)	s	≤50	《公路钢箱梁桥面铺装设计与施工技术指南》
贯入度(60 ℃)	mm	1 ~ 4	
贯入度增量(60 ℃)	mm	≤0.4	
弯曲极限应变(-10 ℃)	—	$\geqslant 7 \times 10^{-3}$	JTG E20—2011 T0715

注:低温弯曲试验试件尺寸为 300 mm×100 mm×50 mm。

表 8.15　SMA10 混合料性能要求

试验项目	单位	性能要求	试验方法
VMA 矿料间隙率	%	≥16.5	JTG E20—2011 T0705
空隙率	%	3.0～4.0	JTG E20—2011 T0705
马歇尔试验稳定度	kN	>6.0	JTG E20—2011 T0709
冻融劈裂强度比	%	≥80	JTG E20—2011 T0729
飞散试验	%	≤15	JTG E20—2011 T0733
析漏量	%	≤0.1	JTG E20—2011 T0732
车辙动稳定度(70 ℃)	次/mm	≥2 200	JTG E20—2011 T0719
弯曲极限应变(−10 ℃)	—	>7×10^{-3}	JTG E20—2011 T0715

注:低温弯曲试验试件尺寸为 300 mm×100 mm×50 mm。

8.4.6　螺旋排水管

采用直径 $\phi 10 \sim \phi 12$ mm 的螺旋排水管,由不锈钢金属材料或其他不锈蚀材料制成,有伸缩性及弹性。

8.4.7　填缝料

填缝料采用高弹性沥青类填缝料,用于填筑铺装与边缘结合部位以及新旧铺装接缝处,达到封水防水的目的。热灌沥青类填缝料应满足表 8.16 的技术要求。

表 8.16　热灌沥青类填缝料技术要求

试验项目	单位	技术要求	试验方法
锥针入度(25 ℃)	0.1 mm	≤90	JT/T 589—2004
流动度 (60 ℃,5 h)	mm	≤2	JT/T 589—2004
弹性恢复率(25 ℃)	%	≥60	JT/T 589—2004
拉伸延伸率(25 ℃)	%	≥250	JT/T 589—2004

续表

试验项目		单位	技术要求	试验方法
拉伸试验裂口深度（伸长 5%，3 次，−10 ℃）		mm	≤6	ASTM D 5329
160 ℃×168 h 气候老化	25℃弹性保持率	%	≥80	

8.5 人行道铺装方案

8.5.1 人行道铺装结构设计

人行道所承受的竖向荷载与水平方向的作用力远远小于行车道，桥面结构本身的变形也小，因此，设计中主要考虑对钢结构的长期保护与行走舒适功能。结合悬索桥主梁的使用要求，提出钢桥面人行道铺装结构，如图 8.5 所示。桥面板喷砂除锈清洁度达到 Sa2.5 级后，滚涂防腐底涂层，喷涂甲基丙烯酸树脂防水层，滚涂防滑中黏层，并及时撒布防滑骨料，待其固化清扫干净后，滚涂面漆即可。

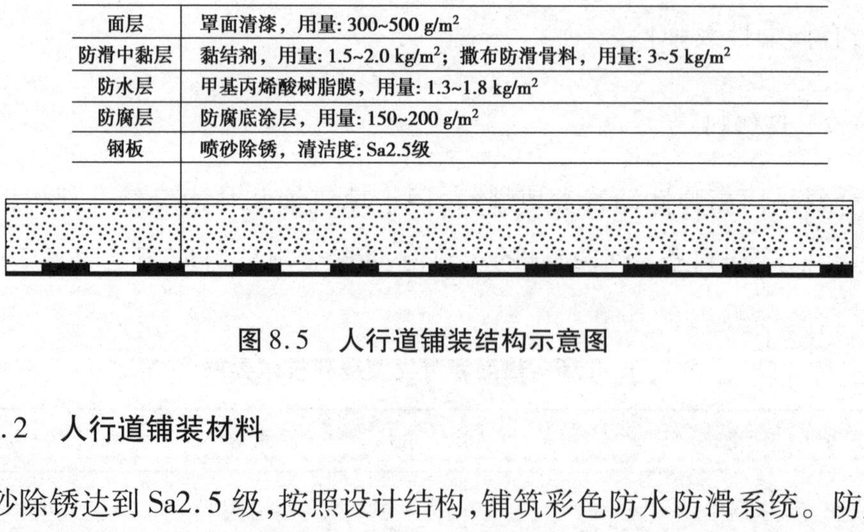

面层	罩面清漆，用量：300~500 g/m²
防滑中黏层	黏结剂，用量：1.5~2.0 kg/m²；撒布防滑骨料，用量：3~5 kg/m²
防水层	甲基丙烯酸树脂膜，用量：1.3~1.8 kg/m²
防腐层	防腐底涂层，用量：150~200 g/m²
钢板	喷砂除锈，清洁度：Sa2.5级

图 8.5 人行道铺装结构示意图

8.5.2 人行道铺装材料

喷砂除锈达到 Sa2.5 级，按照设计结构，铺筑彩色防水防滑系统。防腐底涂层技术要求如表 8.17 所示，其余材料技术要求如表 8.18、表 8.19 所示。

表 8.17 甲基丙烯酸树脂防水层主要性能指标

试验项目	单位	技术要求	试验方法
拉伸强度	MPa	≥10.0	GB/T 16777—2008
断裂伸长率	%	≥80	
不透水性(0.5 MPa, 24 h)	—	不透水	
耐热性(200 ℃, 2 h)	—	无流淌、鼓泡、滑动	
邵氏硬度	D	≥50	GB/T 2411—2008

表 8.18 防滑层黏结中涂层主要性能指标

试验项目	单位	技术要求	试验方法
固化时间(23 ℃)	min	≥10	GB/T 16777—2008
表干时间(23 ℃)	h	≤1	
耐水性(浸泡 168 h)	—	无异常	
耐热性(80 ℃,168 h)	—	无异常	

表 8.19 罩面清漆主要性能指标

试验项目	单位	技术要求	试验方法
固体含量	%	≥95	GB/T 1725—2007
表干时间	h	≤0.5	GB/T 16777—2008
实干时间	h	≤1	
耐磨性(750 g/500 r)	g	≤0.05	GB/T 1768—2006

8.5.3 人行道施工

1)喷砂及防腐施工

①喷砂除锈前,首先应对钢桥面板上黏附的原铺装残渣,采用人工方法细心铲除,清理干净;然后检查钢桥面板的外观,确保表面无焊瘤、飞溅物、针孔、飞边和毛刺等,否则必须通过打磨加以清除,锋利的边角必须处理到半径 2 mm 以上

的圆角。

②对钢桥面板进行喷砂除锈,喷砂除锈后的钢桥面板表面应达到《涂覆涂料前钢材表面处理 表面清洁的目视评定》(GB/T 8923.1—2011)中标准 Sa 2.5 的要求。

③在喷砂合格 3 h 内,滚涂防腐底涂层,具体工艺及要求与行车道防腐底涂层一致。

④人行道施工环境条件应该满足行车道喷砂、防水黏结层施工要求。

2)防水层施工

将甲基丙烯酸甲酯树脂防水涂料 A 组分、B 组分,用搅拌器分别将其搅拌均匀,然后称取防水涂料专用固化剂(用量参见包装),加入到 B 组分中进行搅拌,需要搅拌 5 min 使其充分溶解。

待基层处理剂完全固化后,方可进行防水涂料的喷涂作业。防水涂料需用高压无气喷涂设备将其喷出,配制好的 A、B 组分经独立的吸料设备吸入喷涂泵中,经混合仓混合后雾化喷出,用量为 1.3 ~ 1.8 kg/m²。

3)防滑中黏层施工

将甲基丙烯酸甲酯树脂防滑层黏结材料搅拌均匀后,按用量比例称量好固化剂(用量为液体组分的 1% 左右),加入到液体组分中,搅拌均匀直至 BPO 粉末完全溶解为止,然后刮涂或滚涂到已经固化好的基面上,摊铺需均匀,用量为 1.5 ~ 2.0 kg/m²。

在刚摊铺的黏结层上撒布彩色陶瓷颗粒或石英砂等防滑颗粒直至撒满,依靠骨料自身的质量挤压黏结层,撒布要均匀,用量为 3 ~ 5 kg/m²。

待黏结层完全固化后(约 1 h),用扫把或风力灭火器清除掉未完全固结的陶瓷或石英砂等防滑颗粒。

8.6 钢桥面铺装施工

8.6.1 钢桥面铺装施工基本规定

钢桥面铺装施工开始前,施工单位应提交原材料供货商质检报告单及项目检验报告。在进行试验路施工及检验完毕后,提交总结及开工申请报告,经监理工程师签字批准,下达开工令后才能开始施工。

①工程开工前,须深入理解设计文件,仔细复核工程量与材料用量,合理编制施工组织设计,制订相应的安全措施。

②确保在干燥、清洁、合适的温度条件下进行施工。应密切注意气候情况,与气象部门及时联系,确切掌握施工当天及近期的天气情况,以指导生产。

③桥面铺装施工应确保安全,施工人员应有良好的安全保护。沥青拌和厂应具备防火设施,配制液体石油沥青的车间严禁烟火。

④参加施工的人员必须接受岗前培训与安全教育,熟知和遵守本工种的安全操作规程,经考核合格后,方可上岗操作。

⑤施工单位均应按国家规定建立健全各级安全管理机构,设立专职或兼职安全检查人员,在施工现场应设置足够的消防设施。

⑥施工所用的各种机具、设备和安全保护用品,应定期进行检查和做必要的检验,确保其处于完好状态;不合格的严禁使用。

⑦施工过程中应注意环境保护,同时保持桥面整洁,不得在桥面上堆放与施工无关的材料、机械和杂物。

⑧桥面铺装施工应根据质量管理的要求,建立健全有效的质量保证体系,实行严格的目标管理、工序管理与岗位责任制度,对施工各阶段的质量进行检查、控制、评定,确保工程质量。

⑨所有进场材料均应按国家相关规范按批次抽检。

8.6.2　钢桥面铺装施工前准备

钢桥面铺装施工(包括试验路铺装施工)前应根据合同要求,准备好铺装施工所需要的机械设备、试验检测设备、原材料性能检验,完成现场配比设计、试验拌和与取样性能试验,并制订详细的施工组织设计,管理及技术人员应到场。所有机械设备应保持良好的工作状态,所有计量设备都需进行校核。

1)机械设备要求

①挖掘机:1~2 台,用于原铺装的开挖。

②自动打砂机:2~4 台,用于喷砂除锈。

③摊铺机:具有自动调平功能摊铺机 1 ~ 2 台。

④运输车:载重大于 10 t 的自卸车 6 ~ 8 台。

⑤沥青洒布车:能均匀洒布改性乳化沥青,并能控制洒布量为 300 ~ 500 g/m²。

⑥压路机:自重 10 t 以上的双钢轮压路机 3 ~ 5 台,其中水平振荡压路机 1 台。

⑦其他相关设备:装载机、灌缝机等。

⑧小型施工机具:滚筒、人工手持式夯锤等。

2)原材料性能检验

每种原材料需要材料供应商提供质量检测报告单。

集料、矿粉、二阶反应型黏结剂、沥青、改性沥青等材料需在现场试验室由监理工程师旁站检测或送样至工程质检中心完成质检,并出具检测报告。

施工前,应进行至少两次改性沥青试加工,并检验改性沥青性能。在确认该组成的改性沥青达到要求的前提下,方可进行正式加工。每一次施工时,需分批对所提供的改性沥青抽样进行软化点、针入度、延度等关键性能指标检测,及时掌握改性沥青的性能。

除上述材料外,监理工程师提出检验要求的其他材料也应进行现场检测或送检。

3)拌和楼计量检测及冷料仓上料速度测定

(1)拌和楼称量系统计量检查

拌和楼称量系统计量检查主要是对拌和楼热料仓、矿粉仓及沥青称量系统进行计量检查,确认拌和楼称量的准确性。

应采用适当且现场易于操作的方法检测拌和楼称量系统的准确性。检测方法和检测结果需得到监理工程师的认可。对拌和楼的矿粉计量仓及沥青计量罐的计量精度进行检测,要求误差小于 1.0%。对于半年内已经得到计量核查认可的拌和站,可不予再检查。

(2)冷料仓上料速度测定

应采用适宜且现场易于操作的方法确定在某一固定开口大小情况下,上料转速与实际上料速度的关系,以确保拌和过程中冷料仓上料平衡。

以下方法供现场参考,也可采用适宜的其他方法。

①根据工程需要,由对拌和楼有经验的操作人员初步确定拌和楼冷料仓放料口的开口大小,并固定该开口尺寸。

②分别采用拌和楼额定的最低转速到最高转速(其间最少分 5 点对某一冷料仓单独上料 5~10 min),采用拌和楼计量系统对所上石料进行计量,从而确定该料仓在该开口大小情况下转速与上料速度的关系曲线。对每一冷料仓均应绘制出转速与上料速度的关系曲线。

③当某种级配混合料需要的某种上料转速高于或低于拌和楼允许转速时,应重新调整冷料仓的开口大小,重新完成上述测定,使所有需要量的上料速度相应的转速均在机械设备允许的范围内。

④拌制混合料时,可根据估计的拌和楼拌和能力及混合料目标配比计算,并从前述转速与上料速度关系曲线中查得需要的相应转速,并按此速度上料,确保冷料仓上料速度的平衡。

⑤需要调整上料速度时,应从前述转速与上料速度关系曲线中查得相应的各冷料仓上料转速,保持冷料仓供料平衡。

⑥试验完成后,冷料仓开口大小必须完全固定。一旦改变开口大小,前述转速与上料速度关系曲线必须重新测定。

4)施工组织设计

施工前,应制订钢桥面铺装工程施工组织计划。

施工组织计划应包括现场配合比设计结果、拌和楼计量检测结果、施工实施过程各相关设备配置、人员安排、施工顺序、工序网络图及施工质量控制措施、材料及资金计划、工程进度计划、交通管制等内容。

钢桥面铺装施工组织计划应经监理工程师批准,其中施工分块及顺序应征求大桥设计单位意见。

需特别注意的是,如为翻修工程,且城市悬索桥交通量较大,为保证施工顺利进行和车辆顺利通行,对交通管制应特别重视,并在施工组织计划中详细说明。

8.6.3 旧桥面铺装去除

钢桥面板设计寿命为 100 年,远大于桥面铺装的使用年限。去除铺装层时,保护钢桥面板非常关键。因此,施工时应特别注意保护钢箱梁面板。施工前应做好充分的技术准备和施工措施。首先将桥面铺装上层切缝,再用铲车铲除的方法去除旧桥面铺装,余留的桥面铺装采用人工方式去除。考虑到部分桥面铺装产生了推移,厚度变薄,为避免损伤钢桥面板,切缝深度控制在 2~4 cm,不能伤及钢桥面板,不能对钢桥面板接缝部位造成损伤。由于城市悬索桥的桥面铺装需要按车道分几次施工,施工与交通同时进行,应特别注意安全问题。

8.6.4 喷砂除锈

1)喷砂除锈前的清理

①喷砂除锈前,首先应对钢桥面板上黏附的原铺装残渣,采用人工方法细心铲除,清理干净;然后检查钢桥面板的外观,确保表面无焊瘤、飞溅物、针孔、飞边和毛刺等,否则必须通过打磨加以清除。锋利的边角必须处理到半径 2 mm 以上的圆角。

②用清洁剂或溶剂清洗钢桥面板表面的油、油脂、盐分及其他脏物。

③用高压清水清洁,直至无油污、尘垢为止。

2)喷砂除锈

(1)环境要求

①遇下雨、下雪、结露等气候时,严禁进行除锈作业。

②喷砂除锈温度应高于露点 3 ℃,相对湿度不大于85%。

(2)磨料要求

①砂粒采用钢丸、钢质棱角砂,其比例通过试验确定。

②砂粒必须保持干燥、清洁,不含有害物质,如油脂、盐分。

(3)喷砂除锈质量要求及检测

①喷砂除锈后的钢桥面板表面应达到《涂覆涂料前钢材表面处理 表面清洁的目视评定》(GB/T 8923.1—2011)中标准 Sa 2.5 的要求。检测方法:目测,

对比《涂覆涂料前钢材表面处理　表面清洁的目视评定》(GB/T 8923.1—2011)中标准要求。

②粗糙度的要求必须达到 50~100 μm。检测方法：用塑胶贴纸法测量(每 200 m² 测量 3 点)。

8.6.5　防水黏结层

1)环境要求

①喷涂的基面必须干燥、洁净、无油污、无异物、无灰尘。

②遇下雨、下雪、结露等气候时，严禁进行涂布作业。

③基体温度高于露点，喷涂环境温度为-10~50 ℃。

2)涂布操作

(1)防腐金属底涂层施工

喷砂除锈检验合格后，在 3 h 内实施防腐底涂层。采用喷涂施工时，喷涂过程中宜人工用干燥滚筒补刷，用量为 100~200 g/m²，干膜厚度约为 50 μm。

防腐金属底涂层的干燥时间视现场环境而定，温度为 20 ℃的固化时间约为 30 min，其他温度固化时间参考产品说明书。

(2)甲基丙烯酸类树脂施工

待底涂层固化后，喷涂甲基丙烯酸类树脂，分两层施工，每层湿膜厚度不小于 1.2 mm，干膜总厚度不小于 2 mm，总用量为 2 500~3 500 g/m²，第一层涂完 1 h(23 ℃)就可以喷涂第二层。甲基丙烯酸类树脂含两种树脂组分(A 和 B)和一种催化剂，施工前先将催化剂加入 B 组分充分搅拌均匀后，再和 A 组分搅拌喷涂。具体掺配比例及喷涂时间控制参考材料供应商的产品说明书。

(3)二阶反应型黏结剂施工

甲基丙烯酸类树脂喷涂结束约 1 h(23 ℃)后，应立即喷涂二阶反应型黏结剂。可采用刷涂、滚涂或无气喷涂的方法施工胶黏剂 2 号。施工时，应用直尺或其他工具将胶黏剂 2 号与短期接头和搭接区分隔。二阶反应型黏结剂的喷涂用量为 100~200 g/m²，约 1 h(23 ℃)就可以完全固化，搁置或进行下一道工序施工。

已涂刷好的区域应进行保护,严禁油、油脂和脏物等的污染。将树脂耐磨罩面清漆搅拌均匀,加入固化剂,充分搅拌至固化剂完全溶解后,涂布于已经黏结住的防滑颗粒层上,涂布需均匀,达到设计用量为止,设计用量为 $300 \sim 500 \ \mathrm{g/m^2}$。

8.7 浇筑式沥青混合料施工

8.7.1 改性沥青加工与贮存

铺装用改性沥青均须经过试加工,并进行性能检测合格后,方可在钢桥面铺装施工过程中按标准的加工工艺加工改性沥青。

改性沥青加工工艺推荐如下:沥青温度为 $175 \sim 180 \ ℃$,加入改性剂后溶胀搅拌 $10 \ \mathrm{min}$,胶体磨研磨 $20 \sim 30 \ \mathrm{min}$(沥青升温到 $180 \ ℃$ 后研磨 $2 \sim 3$ 遍即可)。改性沥青出料温度为 $180 \sim 190 \ ℃$,前述工艺需经现场试加工确定。

应详细记录每次加工的沥青初始温度、加入改性剂后的温度、出料温度、胶体磨研磨次数等加工工艺数据。

现场应准备有保温及具有搅拌功能的改性沥青贮存罐。施工中,贮存温度不超过 $190 \ ℃$,贮存能力应不低于 $30 \ \mathrm{t}$。改性沥青加工后,应以每个施工日取样 $1 \sim 2$ 次,进行针入度、软化点、延度等关键指标的试验检测。

每加工一釜改性沥青均采用涂膜、撕膜法检验是否加工均匀。

已加工改性沥青如因施工原因而需要贮存 $24 \ \mathrm{h}$ 以上时,应低温贮存($150 \pm 5 \ ℃$,搅拌),停止施工 $48 \ \mathrm{h}$ 以上时,应冷却静止贮存。施工前应升温至 $175 \sim 185 \ ℃$,并搅拌至少 $30 \ \mathrm{min}$ 后才能使用。

施工前,现场改性沥青加工厂商应向监理工程师提供包含生产能力、质量检测等内容的报告。

8.7.2 施工前准备

①浇筑式沥青混合料摊铺前,应保持防水层清洁干燥。必要时,应用吹风机进行吹风和干燥,对油迹的污染应及时擦洗,绝对不允许有油污的存在。

②由于浇筑式沥青混合料摊铺机是根据垫块和侧限挡板高度控制铺装层的平整度,因此,应进行精确测量,准确定位侧限挡板的高度。

③Cooker 运输车在进入施工现场前,应对其轮胎及底板进行清洗,防止运输

车污染桥面。现场施工人员应穿上鞋套,以保证施工现场清洁。

④应保证材料及时供应,加强对施工机械的检查以及人员的调配,防止因材料、人员或机械产生的人为冷接缝。

⑤浇筑式沥青混合料摊铺时,劳动强度大,环境温度高,应充分做好安全防护工作,配备必要的劳保用品。

8.7.3　浇筑式沥青混合料拌和

由于浇筑式沥青混合料拌和温度高,搅拌时间长,因此对拌和楼的拌和能力和耐高温能力有很高的要求。同时,浇筑式沥青混合料所用的沥青粘度大,而且沥青含量比较高,混合料容易黏附在设备上。每次生产完毕后,待设备还没完全冷却时,应对黏附的混合料进行彻底清理。在生产前,应清理运料小车、储罐或卸料斗,并涂刷隔离剂。

混合料拌和温度控制:如果矿粉未加热,则石料加热温度应为 300 ℃ 左右,混合料拌和后出料温度按 220 ~ 250 ℃ 目标控制。由于混合料中矿粉含量很大,因此,混合料的拌和时间比较长,拌和时间:干拌 15 s,湿拌 90 s,上述工艺均需现场试拌后确定。如果矿粉加热,则石料温度为 250 ~ 300 ℃。

拌和过程中,应充分注意矿粉掺加、沥青掺加、沥青用量及出料温度的控制。同时,冷料仓上料速度的设置应充分考虑加热鼓风中细集料的粉料(小于 0.3 mm 材料)损失。

如发现任何异常情况,立即停机处理,通知摊铺现场,在未找到发生异常的原因并解决前,不得恢复施工。

8.7.4　浇筑式沥青混合料运输

从拌和楼生产出来的浇筑式沥青混合料还需要不断搅拌和加温,因此,浇筑式沥青混合料使用专门的运输设备(国外称为 Cooker)。在 Cooker 初次进料之前,应将其温度预热至 160 ℃ 左右,装入 Cooker 中的混合料应不停地搅拌,同时应让混合料升温至 220 ~ 260 ℃。

应尽量避免浇筑式沥青混合料在高温的 Cooker 中停留太长时间。温度超过 250 ℃ 时,停留时间不能超过 1 h;温度为 220 ~ 250 ℃ 时,停留时间不能超过 4 h。但在 Cooker 中的搅拌时间应在 40 min 以上。

运输混合料的 Cooker 出料时,必须对加热温度进行调节,以避免结合料硬结。同时,还须减慢搅拌速度,不让空气中的氧气进入浇筑式沥青混合料中,以减少结合料的氧化。

8.7.5 浇筑式沥青混合料摊铺

因为浇筑式沥青混合料是自流成型无须碾压的沥青混合料,因此,铺装下层的摊铺使用浇筑式专用摊铺机。运至现场的浇筑式沥青混合料应进行刘埃尔试验,符合设计要求后,方可摊铺。具体施工工艺如下:

(1)边侧限制

浇筑式沥青混合料在 220~260 ℃ 摊铺时具有流动性,需设置边侧限制,防止混合料侧向流动。边侧限制采用约 35 mm 厚、300 mm 宽的钢制或木制挡板,设在车道连接处的边缘。根据钢桥面板表面平整度的情况,用不同厚度的铁片或木片调节,以达到保证铺装表面平整的目的。

(2)摊铺厚度控制

摊铺前,根据钢桥面板表面情况进行测量放样,确定一定间隔的某一点的摊铺厚度,然后调整导轨的高度及边侧限制板,从而确定摊铺厚度。摊铺机整平板有自动的水平设备控制,按照侧限板高度摊铺规定厚度的路面。

(3)行车道摊铺

应根据摊铺机及桥面宽度设定合理的摊铺宽度,尽量避免接缝位于行车道轮迹带内。

Cooker 倒行至摊铺机前方,将沥青混合料通过其后面的卸料槽直接卸在钢桥面板上。摊铺机整平板的紧前方布料板左右移动,将浇筑式沥青混合料铺开。摊铺机向前移动,将沥青混合料整平到控制厚度。

紧跟摊铺机后,对接缝进行加热,并由工人使用木制的刮板修整。摊铺机应带有红外加热设备,用于对先铺路面进行加热,保证与新铺的沥青混凝土形成整体,接缝处连接可靠。摊铺机行走过后,再采用喷枪进行加热,使新旧混合料变软,同时工人用工具搓揉,使结合部位进一步结合良好,消除接缝。

在浇筑式沥青混凝土摊铺过程中,会产生部分气泡,应采用带尖头的工具刺破,排出内部空气,使其充分致密。

一台推进式碎石撒布机紧随在摊铺机后,待摊铺的沥青混凝土降到合适的温度,撒布 5 ~ 10 mm 的预拌沥青碎石,用量为 5 ~ 10 kg/m²。最后,用 1 ~ 2 t 的串联式钢式压路机进行碾压。首先充分碾压接缝位置,确保接缝连接紧密,再从外侧逐渐向内侧碾压,使预拌沥青碎石牢固地嵌入浇筑式沥青混合料中。

拆除边侧限制前,让铺装层冷却,留下一个轮廓清晰的边侧连接。摊铺机行走速度应尽可能放慢,以便与拌和运输能力相匹配(整平能力适当低于拌和能力)。

8.8 改性沥青 SMA 混合料施工

8.8.1 改性沥青 SMA 混合料生产

每一阶段改性沥青 SMA 混合料拌和前,均需对拌和楼进行彻底的检修与维护,避免发生导热油渗漏、沥青泵停机、矿粉掺加速度慢及掺加量不够等问题。同时,对所有计量设备进行检查。

混合料拌和温度控制:石料加热至 200 ~ 240 ℃,混合料拌和后出料温度按 170 ~ 195 ℃目标控制,不满足上述温度要求则弃料。拌和时间:干拌 5 ~ 10 s,湿拌 30 ~ 60 s,上述工艺均需现场试拌后确定。

拌和过程中,应充分注意矿粉掺加、纤维掺加、沥青用量及出料温度控制;同时,冷料仓上料速度的设置应充分考虑到加热鼓风中细集料中的粉料(小于 0.3 mm 材料)损失,回收粉不得再次使用。

拌制好的混合料贮存时间不得超过 4 h。

试验室人员应按规定抽样频率取样检验,并密切观察拌制混合料的质量。

拌和楼拌和工序必须采用自动控制。特殊情况下,经监理工程师同意,可少量采用人工控制(开始拌和及故障等特殊情况,每次不超过 5 斗)。

要求每盘打印数据,并按每盘打印数据检查。

经过试拌、试验路施工确认并批准的混合料拌和工艺不得更改,如需更改,需取得监理工程师同意。

如发现任何异常情况,立即停机处理,通知摊铺现场,在未找到发生异常原因并解决前,不得恢复施工。

铺装层每个施工段需进行拌和混合料总量的计算及厚度检验,应按 35 mm 计算用量。

8.8.2　改性沥青 SMA 混合料运输

钢桥面铺装改性沥青 SMA 混合料运输应采用载重 10 t 以上的自卸车运输。运输车辆数量应足够，以保证施工作业连续进行。运输车辆应先将底盘及车轮清洗干净，防止泥土杂物掉落在铺装施工范围内。运输过程中，应加盖帆布保温。

运输车辆在摊铺机前被推行时，不得紧踩刹车，防止轮胎搓动缓冲层。向摊铺机料斗中喂料时，禁止将混合料大量洒落在桥面板上。

因各种原因，车厢中混合料未能完全卸完时，不得倾倒在桥面板上，应在钢桥面铺装范围以外清理干净。

运输车辆不得在钢桥面上急转弯、调头，运输车辆必须按指定路线进入施工现场，在钢桥面上行驶速度不超过 10 km/h。

运输车辆从装入混合料起至开始摊铺为止，运料及等待时间不超过 1.5 h。

8.8.3　改性沥青 SMA 混合料摊铺

摊铺机应在前一天基本就位，需通过防水黏结层时应在白天移动。到达摊铺起点附近，应放置在当日施工范围以外（不停留在防水黏结层上过夜）。压路机等机械设备也应同样放置。钢轮压路机直接在防水黏结层上行走时，需铺垫橡胶皮（橡胶皮应干净，无油污或沥青等杂物）。

摊铺开始前 1 h 左右使摊铺机就位于起点，并充分预热摊铺机熨平板。摊铺机采用挂线控制厚度（或用拖棒控制）。表面层铺装混合料摊铺机采用拖棒控制厚度。对此，施工单位应进行仔细研讨，采用适当的控制方式，通过试验验证确保铺装平整度与铺筑厚度。

摊铺机行走速度应尽可能放慢，以便与拌和楼拌和能力相匹配（摊铺能力适当低于拌和能力）。铺装下层及面层混合料摊铺时，摊铺机行走速度依据拌和能力，一般控制在 3 m/min 左右。

摊铺机行走时，应尽可能少在防水黏结层上转弯，禁止摊铺机在所有铺装层面上急转弯和掉头。

施工管理人员应密切注意拌和楼、运输车辆、摊铺机及压路机之间的协调统一，避免摊铺机长时间停机待料，摊铺最低温度为 160 ℃。

摊铺时,必须随时注意厚度控制,并通过试验确定松铺系数。

在改性沥青 SMA 摊铺及碾压期间,宜全桥封闭交通。

8.8.4　改性沥青 SMA 混合料压实

改性沥青 SMA 混合料碾压必须紧跟摊铺机进行,初碾和复碾工作长度约 30 m,不允许超过 50 m。因此,施工单位应采取适宜的保证措施。

1)初碾

初碾采用自重大于 10 t 压路机进行静压。

初碾压路机每次前进时,均应前行到接近摊铺机尾部位置。

每次前进后,均应在原轮迹上(重复)倒退,第二次前进应重复约 2/3 轮宽,往返一次为碾压一遍。需碾压 1~2 遍。

铺装下层施工时,初碾压路机行驶速度控制在 2 km/h 以内。铺装表面层施工时,行驶速度控制在 3 km/h 以内。

初碾必须在铺装温度为 150 ℃ 以上完成。

2)复碾

改性沥青 SMA 铺装层复碾采用水平振荡压路机,振荡碾压 3~4 遍。复碾完成时,铺装温度应大于 130 ℃。

3)收迹碾压

收迹碾压采用钢轮压路机无振动碾压收迹 1~2 遍,收迹碾压终了温度应大于 120 ℃。在边缘、角落及雨水井周围难以用大型压路机压实的部位,需采用小型压路机及人工操作的机动夯锤夯实。特别是铺装下层在雨水井周围部位,在混合料温度较高时,必须由 2~3 人采用人工夯锤紧跟摊铺机进行人工夯实,保证这些部位混合料的密实性。

8.8.5　施工缝设置与处理

在钢桥面铺装施工中,尽可能不设置施工缝(单向一次成型)。若遇特殊情况,需设置施工横缝时,横缝设置位置应在横梁间隔约 1/4 处,面层应设置在另一边约 1/4 处。上下层横缝错开 1.5 m 以上。

设置铺装下层横缝时,应采用槽钢点焊在钢桥面板上或嵌入在雨水井位置,再进行混合料摊铺碾压成型。施工完毕取出槽钢后,立即在横缝界面上满涂改性乳化沥青或黏结剂,并贴上贴缝条。槽钢取出后,该部位防水黏结层被损坏处应补涂。

铺装上层横缝时,先碾压成斜面并切割清除斜面部分,再进行下段施工。切割清除工作应在下段铺装的下层施工完毕后进行。切割界面在清洁、干燥后,应满涂改性乳化沥青或黏结剂。

半幅桥面分两次铺装,先铺设外侧。对于纵向接缝,采用碾压成斜面并切割清除多余部分,再行下一步施工。为防止渗水,切割界面在清洁、干燥后应满涂乳化沥青,破乳后贴上贴缝条,铺装时上下层纵缝错开 200 mm。

8.8.6 边缘缝及防、排水处理

在铺装层与外侧路缘石结合部位采用填缝料进行灌缝处理,防止雨水渗入铺装层。铺装防水隔离层(保护层铺装下层 GA10)、防水黏结层、与构造物结合部位的填缝料等组成完整的防水防腐体系。摊铺内侧车道前,必须在铺装层与中央分隔带路缘石结合部位贴上贴缝条,以防止水分侵入。

8.8.7 FRP 试验段铺筑

在主桥选取纵向长度为 20 m(标准梁段连续三幅索间距,索距 10 m)、单向全幅约 260 m² 作为 FRP 结构试验路段。

通过试验段铺装检测材料基本路用性能,验证工艺可行性,为后期逐步推广应用,积累基础数据。

FRP 基层防水材料施工工艺如下:

①在旧沥青混凝土清除、喷砂除锈检测合格 4 h 内,开始进行 FRP 基层施工。

②在钢桥面板上分 3 次涂刷桥梁结构胶浸渍无碱玻璃纤维短切毡(第 1 层和第 3 层),方格布(第 2 层)密贴黏结在钢桥面板上。

③后一层纤维布、毡的施工,须在前一层纤维毡、布指触凝胶并通体打磨和吹风清洁干净后进行;每层纤维布、毡的纵、横向接长、接宽的搭接长度不小于

50 mm,且每层间搭接错位距离不小于200 mm;每层纤维布、毡的浸胶量,以纤维无漏胶、无富余胶和各层纤维间及其与钢桥面板间密贴为准;各层间纤维布、毡及其与钢桥面板间的空鼓面积小于5%(即任意 100 m² 的基层上空鼓面积小于 5 m²);总体厚度控制在 3±0.5 mm 以内。

④在 FRP 铺装基层的顶板(第 3 层)短切毡浸渍结构胶后但未凝胶前,在其顶面铺设的塑料网格或钢丝网格的网格中摊铺粒径6~8 mm 的单层玄武岩或花岗岩碎石(碎石净间距≥碎石粒径)。

⑤碎石上覆盖塑料薄膜和在薄膜上堆码袋装碎石加压(压力不小于 2.0 kN/m²),使碎石在恒载作用下嵌入 FRP 铺装基层以内 0.5~1.0 mm 深度。

⑥FRP 基层的顶层短切毡凝胶 8 h 后,拆除碎石袋和塑料网格(若用钢丝网格可不拆除)。

⑦嵌固碎石铺装过渡层施工完成后,须养护 3 天方可进行浇筑式沥青混凝土施工。

8.9　铺装施工质量控制与检测

钢桥面铺装施工质量控制采用工序控制方法,同时对铺装材料、混合料及每一铺装层采用质检控制方法检测,并证实铺装施工控制效果。

采用工序控制方法控制质量,即从钢桥面板喷砂除锈到铺装施工完毕的每一层面施工过程中,对影响施工质量的因素进行严格控制,如控制施工条件、施工设备、施工工艺等,达到高质量铺装桥面的目的。

8.9.1　设备计量标定

施工前,应对各种生产设备和检测设备进行计量标定,其中,主要设备的计量标定应经过计量部门计量检定合格。凡自带标定装置的设备,可在监理工程师旁站的情况下进行计量标定。

8.9.2　钢桥面铺装施工质量控制

以下列出了铺装各结构层材料及施工质量的主要控制点,施工单位可以根据施工质量控制的需要,增加控制点及制订控制措施。

1）喷砂除锈

质量控制点:钢桥面板是否已经清洗干净,无油迹;施工条件(温度与湿度);粗糙度与清洁度。

2）防水黏结层

质量控制点:原材料性能;施工条件(温度与基面状况);涂布量(满布、厚度)及均匀性;涂刷工艺;黏结强度。

3）人行道

质量控制点:原材料性能;施工条件(温度与基面状况);涂布量(满布、厚度)及均匀性;涂刷工艺。

4）改性沥青生产

质量控制点:改性剂的掺加量;改性沥青性能;贮存温度与时间。

5）螺旋排水管

质量控制点:螺旋排水管是否顺直畅通,位置是否基本固定。

6）预制沥青贴缝条

质量控制点:安置基面及角落是否干燥、无杂物;贴缝条的位置是否已固定。

7）浇筑式沥青混合料运输

质量控制点:运输过程中的温度控制;运输车行驶及等待摊铺时间控制;在防水黏结层上行驶的注意事项;卸料时与摊铺机的配合;卸料时混合料的温度。

8）浇筑式沥青混合料摊铺

质量控制点:摊铺机行走速度;混合料流动性试验;摊铺温度;侧向限板的位置和高度;纵向接缝的处理;预拌沥青碎石撒布量和均匀性。

9）改性沥青 SMA 混合料生产

质量控制点:集料性能;级配及热料仓二次级配;矿粉掺加量;纤维是否稳定掺加;拌和时间与拌和温度;沥青用量。

10）改性沥青 SMA 混合料运输

质量控制点:运输过程中的保温措施;运输车行驶及等待摊铺时间控制;在防水黏结层上行驶的注意事项;卸料时与摊铺机的配合;卸料时混合料的温度。

11）改性沥青 SMA 混合料摊铺

质量控制点:摊铺平整度;摊铺机行走速度;松铺厚度;摊铺温度。

12）改性沥青 SMA 混合料碾压

质量控制点:压实工艺(压实遍数、是否紧跟摊铺机碾压、碾压工作面长度不超过 30 m 等);碾压温度保证;压实度(通过控制碾压工艺与压实度);施工缝部位压实度的保证。

13）施工缝设置与处治

质量控制点:施工缝位置;纵向施工缝附近的压实度及其平整度。

14）防、排水处理

质量控制点:钢桥面板排水(泄水孔);横坡保证;灌缝料的连续与饱满。

15）FRP 试验段

质量控制点:原材料性能;施工条件(基面状况);材料用量及厚度;空鼓面积及界面黏结强度。

8.9.3　钢桥面铺装施工质量控制性检测

钢桥面铺装施工质量控制性检测的主要目的是更好地控制施工质量,以及便于监理工程师更好地掌握工程质量。

钢桥面铺装施工质量控制性检测主要包含以下控制性检验内容。

1）喷砂除锈

（1）检测内容

①清洁度：达到 Sa 2.5 级；

②粗糙度：50～100 μm。

（2）检测频度

①清洁度：3 点/200 m²；

②粗糙度：3 点/200 m²。

（3）检测方法

①清洁度：对比《涂覆涂料前钢材表面处理　表面清洁的目视评定》（GB/T 8923.1—2011）标准图片，用放大镜观测；

②粗糙度：用塑胶帖纸法测量。

2）防水黏结层涂布

（1）检测内容

①外观：要求平整、均匀，无气泡、裂纹、脱落、漏涂现象；

②用量：底涂层为 100～200 g/m²，甲基丙烯酸类树脂为 2 500～3 500 g/m²，二阶反应型黏结剂为 100～200 g/m²；

③黏结强度：不小于 5 MPa。

（2）检测频度

①外观：随时；

②用量：每 1 000 m²；

③黏结强度：1 点/100 m²。

（3）检测方法

①外观：目测；

②用量：按用量和施工面积计算；

③黏结强度：按《公路钢箱梁桥面铺装设计与施工技术指南》中的相应试验方法进行。

检测后，如发现不能满足要求的部位，在附近加测 3 点。如证实施工质量达不到要求，应返工。

3）人行道

（1）检测内容

①外观：要求平整、均匀，无气泡、裂纹、脱落、漏涂现象；

②用量：设计用量。

（2）检测频度

①外观：随时；

②用量：每 1 000 m^2。

（3）检测方法

①外观：目测；

②用量：按用量和施工面积计算。

4）改性沥青生产

①应检测改性沥青的性能（针入度、软化点、延度等关键指标）；

②检测频度：2 次/每施工日；

③检测方法：按现行相关规范要求进行。

5）浇筑式沥青混合料拌和

（1）检测内容

①施工控制检测：混合料的目标出料温度为 220~250 ℃；

②质量检验性检测：浇筑式沥青混合料取样进行抽提筛分（级配、油石比）。

（2）检测频率

①出料温度：2 次/每车；

②抽提筛分：3 次/每施工日。

（3）检测方法

①出料温度：数显温度计；

②抽提筛分：按现行相关规范要求进行。

6）浇筑式沥青混合料运输、摊铺

（1）检测内容

①摊铺温度：220~260 ℃；

②混合料抽检检测(刘埃尔、贯入度、贯入度增量等关键指标)。

(2)检测频率

①摊铺温度:2 次/每车;

②混合料性能检测:3 次/每施工日。

(3)检测方法

①出料温度:数显温度计;

②混合料性能:取样检测按相关试验方法进行。

7)改性沥青 SMA 混合料拌和

(1)检测内容

①施工控制检测:目标出料温度为 170~195 ℃;

②质量检验性检测:改性沥青 SMA 混合料取样进行抽提筛分(油石比、级配)及混合料性能(马歇尔试验、动稳定度等)检测。

(2)检测频率

①出料温度:6 次/每施工日;

②抽提筛分及混合料性能:3 次/每施工日。

(3)检测方法

①出料温度:数显温度计;

②抽提筛分及混合料性能:按现行相关规范要求进行。

8)改性沥青 SMA 混合料运输、摊铺

(1)检测内容

①摊铺温度:平均值不低于 165 ℃;

②摊铺厚度。

(2)检测频率

①摊铺温度:2 次/每车;

②摊铺厚度:摊铺方向每 5 m 为一个测定断面,2 个测点/每测定断面。

(3)检测方法

①摊铺温度:数显温度计;

②摊铺厚度:用插入法测量改性沥青 SMA 混合料松铺厚度,根据松铺系数估算铺装层厚度。

9）压实

（1）检测内容

①改性沥青 SMA 混合料残余空隙率不大于 6 %；

②铺筑厚度。

（2）检测频率

①残余空隙率：1 点/2 000 m²；

②铺筑厚度：1 点/2 000 m²。

（3）检测方法

①残余空隙率：采用钻芯取样或核子密实度仪，由混合料的最大理论密度计算确定；

②铺筑厚度：钻芯取样，采用游标卡尺实测。

10）FRP 试验段

（1）检测内容

①外观；要求平整、均匀，无脱层、漏涂现象；

②FRP 材料拉伸强度及断裂延伸率；

③材料用量或厚度；

④空鼓面积及与钢板黏结强度；

⑤组合结构体黏结强度（待铺装下层实施后测试）。

（2）检测频度

①外观：随时；

②FRP 材料拉伸强度及断裂延伸率：3 次/施工日；

③材料用量或厚度：3 次/施工日；

④空鼓面积及与钢板黏结强度：3 次/施工日；

⑤组合结构体黏结强度：3 次/施工日。

（3）检测方法

①外观：目测；

②FRP 材料拉伸强度及断裂延伸率：按照《道桥用防水涂料》（JC/T 975—2005）实施；

③FRP 基层厚度：垂直切割测量；

④空鼓面积:参照《混凝土结构加固设计规范》(GB 50367—2013)执行;

⑤钢板黏结强度及组合结构体黏结强度:按《公路钢箱梁桥面铺装设计与施工技术指南》中的相应试验方法进行。

8.9.4 照相与摄像记录

对钢桥面铺装施工的每一段的每一层均应进行照相及摄像记录。

照相记录应包括施工单位自检试验、监理工程师旁站、抽检验情况、每一层的近景与全景以及施工中发现问题部分。照相时,应在旁边立一块黑板,标明时间、桩号位置及照相对象情况。

施工过程及每一层完成后,应用摄像机详细摄录层面情况,如喷砂除锈、黏结剂等施工完成状态。录像记录应完全记录桥面铺装施工过程中发现的异常问题。应采用黑板详细标明所录对象情况、摄像地点、时间等。

8.9.5 桥梁结构监控技术要求

施工时,为保证悬索桥的平衡、线形和安全,根据桥面铺装翻修工序,必须在横向上两边同时对称施工。施工期间需定期(2~4天)对桥梁线形进行检测。铺装翻修完工后,桥梁线形应满足大型桥梁变形设计要求。

8.9.6 施工期间桥面行车道病害处置措施

在桥面改造施工期间,旧桥面开挖和开放行车道通行压力大,导致旧桥面更易产生新病害,因此,需采取临时处置措施确保车辆通行顺畅。如主桥翻修铺装结构为 GA+SMA,可利用 GA 高温摊铺、高沥青含量可以与原铺装结构(旧沥青路面)形成一个良好的整体结构特点,同时无须碾压即可形成强度,施工工艺简单,对车辆通行影响较小,可以采用 GA 作为快速维修材料,对桥面改造施工期间行车道可能出现的病害进行临时处置维修。

8.9.7 防撞栏杆等涂装技术要求

桥面改造在施工期间会对主桥钢路沿、人行道防撞栏杆、人行道栏杆造成污染,改造完毕后需重新涂装。涂装要求需满足《铁路钢桥保护涂装及涂料供货技术条件》(TB/T 1527—2011)的相关要求。

8.10　交通标志标线施工

交通标志、标线施工质量不仅影响道路环境的美观,而且对其发挥使用功能起着决定性作用。交通标志标线施工原则上要求标志、标线在夜间能具有和白天一样的可见性。

8.10.1　标线材料

路面标线材料使用热熔型涂料(路标漆),其技术指标应满足《道路标志和标线》(GB 5768—2009)的相关要求。

8.10.2　标线设置

①车行道中心线、车道边界线与车行道边线按设计图纸进行设置。标线分为实线与虚线。

②应施画路面"小客车"和"慢车道"车种专用车道线,按设计图纸进行设置,字高300 cm,字宽100 cm,纵向字间距为200 cm。

8.10.3　施工控制

①施工前,认真检查施工设备,确保其正常。

②画线前,应对准备画线的区域进行路面检查。路面画线区域必须干净,否则将影响黏结。画线的当天还要注意天气情况。当有雨、风、天气潮湿时,不准施工。

③喷涂时,道路表面应干净、干燥,喷漆工作应在白天进行。天气潮湿、灰尘过大时,喷涂工作要暂停。

④所有的纵向标线由自行式机械喷涂。喷涂要均匀。

⑤所有横向标线、文字、符号和箭头都应用样板进行均匀涂敷,表面应平整。

⑥标线施工完成后,应对其进行保护,防止污染和破坏。

8.11　验收标准

钢桥面铺装质量验收主要根据沥青路面验收相关规范进行。除要求前述施工中质量控制与检测结果满足设计的规定以外,未规定内容及评分标准参照《公路工程质量检验评定标准　第一册　土建工程》(JTG F80/1—2017)执行。铺装结果应满足表8.20中的质量要求。

表 8.20　钢桥面铺装工程施工质量要求

工程分项	检测指标		要求	合格判定	检测频度
喷砂除锈	清洁度		>Sa 2.5 级	全部达到要求	3 点/200 m²
	粗糙度		50 ~ 100 μm	最小 50 μm, 最大 100 μm	
防水黏结层	用量		底涂层 100 ~ 200 g/m²	施工面积平均: 最小 100 g/m²	每 1 000 m²
			甲基丙烯酸类树脂 2 500 ~ 3 500 g/m²	施工面积平均: 最小 2 500 g/m²	
			二阶反应型黏结剂 100 ~ 200 g/m²	施工面积平均: 最小 100 g/m²	
	黏结强度 (25 ℃)		≥5 MPa	最小 5 MPa	1 点/100 m²
浇筑式沥青混凝土用改性沥青	针入度(25 ℃)		10 ~ 40(0.1 mm)	最小 10(0.1 mm), 最大 40(0.1 mm)	2 次/每 施工日
	软化点		≥85 ℃	最小 72 ℃	
	延度(10 ℃)		≥10 cm	最小 10 ℃	
浇筑式沥青混合料	级配 (通过率)	厂拌取样	9.5 mm, 4.75 mm ±7%	与施工级配目标值 对比,每次结果均达到 要求	3 次/每 施工日
			2.36 mm ±6%		
			0.075 mm ±2%		
	油石比		±0.3%	与设计值对比,每次 结果均达到要求	
	贯入度(60 ℃)	现场取样	1 ~ 4 mm	每次结果均达到要求	
	增量(60 ℃)	现场取样	≤0.4 mm	每次结果均达到要求	
	流动性(240 ℃)	施工现场	≤50 s	平均值	
	铺装结构黏结强度(25 ℃)		≥1.0 MPa	最小 1.0 MPa	1 点/ 1 000 m²

续表

工程分项	检测指标			要求	合格判定	检测频度
改性沥青 SMA 铺装用 改性沥青	针入度(25℃)			≤100(0.1 mm)	最大 100(0.1 mm)	2 次/每 施工日
	软化点			≥85 ℃	最小 85 ℃	
	延度(5 ℃)			≥75 cm	最小 75 cm	
改性沥 青 SMA 混合料	级配 (通过率)	厂拌 取样	9.5 mm	±5%	与施工级配目标值对 比,每次结果均达到 要求	3 次/ 施工日
			4.75 mm, 2.36 mm	±3%		
			0.075 mm	±2%		
	油石比	厂拌取样		±0.3%	与设计值对比,每次 结果均达到要求	
	空隙率			±1.0%	与设计马歇尔空隙率 对比,平均值	
	饱和度			70%～90%	平均值	
	马歇尔 稳定度			≥6.0 kN	平均值	
钢桥面 行车道 铺装现 场检测	铺装 厚度	总厚度		−6 mm −11 mm	代表值满足要求, 极值满足要求	钢桥面铺 装厚度按 总混合料 用量计算 检验
		上面层		−4 mm −8 mm	代表值满足要求, 极值满足要求	
	改性沥青 SMA 压实度			≥94%(以最大 理论密度为准)	全部满足要求	1 点/ 2 000 m²
	平整度			≤5 mm	平均值满足要求	每车道 100 m 连续 测量 10 尺
	横坡坡度			±0.3 %	全部满足要求	每断面
	铺砂法构造深度			≥0.8 mm	平均值满足要求	1 点/200 m
	渗水系数			≤200 mL/min	平均值满足要求	1 点/200 m

第9章　桥梁机电设施管养

9.1　城市桥梁机电设施管养总体要求

城市桥梁机电设施管养工作以充分发挥设施、设备的适用性为原则,确保设施、设备的耐久性、匹配性及稳定性为目的,不断提高管养质量,使城市桥梁机电设施处于良好的技术状态。

①城市桥梁机电设施管养工作必须贯彻安全第一的方针,制订安全技术措施,加强安全教育,严格执行有关国家标准、行业标准及地方相关标准的规定。

②对于城市桥梁机电设施的检查和维修,必须熟练掌握其使用状况,不断提高对机电设施故障预判的能力,根据实际情况制订维修计划,必要时应安排大中修和改建计划。

③加强城市桥梁机电设施管养工作费用的核算和成本分析,避免出现重复管养及资源浪费的情况。

④加强城市桥梁机电技术管理,正确评价使用状况,提出科学的维护计划,积极推广应用新技术、新设备、新工艺和新材料。

9.2　供配电系统

9.2.1　一般规定

①变配电站运行管理应建立岗位责任制,明确工作内容、工作程序、运行规程及注意事项等,同时按规程开展巡视检查、维护工作。

②变配电站设施应保持整洁、完好,不得有积水、漏水、渗水现象。内部灯光、通风设施应保持正常,自然通风要保持良好,站内温度宜保持在24 ℃以下。

③变配电站的附近环境不得有腐蚀性气体,站内外不得堆放各种易燃易爆

物品,不得有积水现象。

④变配电站内的安全用具——高压验电笔、接地线、绝缘垫、鞋、手套、木(竹)梯、标示牌、灭火器材等必须配置齐全,同时按照规范要求定期对绝缘安全用具进行耐压、安全试验。

⑤站内注油电气设备、冷却设备、照明设备、控制设备及辅助设备均应保持完好、可靠。

⑥变配电站房、场地应定期进行保洁,清除场地垃圾、门窗灰尘,及时处理电缆沟槽积水,保持站房整洁。

⑦变配电站的电气箱柜、仪器等定期进行保洁,清除表面浮灰、油污,确保箱柜、仪器整洁。

⑧对于停电养护的项目,保洁时必须切断电源,检查可能带电的部位,确认停电范围,并按照电力安全操作规程做好其他安全防护措施。

⑨应按规定周期落实变压器等电气设备的测试、检验工作。设备检修后,应经验收合格,才能投入运行。

⑩电气设备、系统线路如有变更,应及时修正档案资料,资料与设备系统线路实际情况必须相符合。

9.2.2　检查与维护

1)供配电系统巡视检查

供配电系统巡视检查分为日常检查、周期检查、特殊检查。

①日常检查:对供电系统运行状态进行观察,检查是否有异响、异味、异常读数等现象,并做好运行工作记录。

②周期检查:对高低压电气设备、变压器油温、干燥剂、冷却装置、仪器指示、信号等各项内容进行检查,并做好记录。

③特殊检查:遇阴雨、潮湿、雷雨、高温、强冷气候,应进行特殊检查(包括定期夜间检查),并做好记录。

2) 高压配电设备检查方法

①油浸式变压器检查如表9.1所示。

表 9.1 油浸式变压器检查项目、周期和方法

序号	项目	周期	方法
1	变压器的负荷电流、运行电压是否正常	日	目测判别:对电流表、电压表数值进行观察
2	油位、油色、油温是否超过允许值,有无渗油漏油的现象	月	目测判别:调整负载、处理渗漏
3	呼吸器、干燥剂是否变色	月	目测判别:调换干燥剂
4	冷却装置是否能正常运行,散热管温度是否均匀	月	检测判断:检修
5	变压器是否有异常的声音	月	耳听判断:检修
6	高压、低压瓷套管是否清洁,有无裂纹、缺损、闪络现象	月	目测判别:定期保洁、调换不合格的瓷套管
7	各接点示温蜡片是否融化,接点是否过热变色	月	目测判别:调换示温蜡片,紧固接点,调整负载
8	外壳接地是否良好	年	用接地电阻测试仪检测

②干式变压器检查如表9.2所示。

表 9.2 干式变压器检查项目、周期和方法

序号	项目	周期	方法
1	变压器的温度指示器是否正常	日	检测检查:调整负载平衡,检查温度控制器
2	变压器是否有异常气味及声音	日	嗅、听判断:检修
3	风机控制是否完好,风机能否正常运行	月	试验检查:定期维护,更换易损零部件
4	变压器、风机是否清洁	月	目测判别:定期保洁

序号	项目	周期	方法
5	示温蜡片是否融化	月	目测判断:绝缘检查、紧固接点、负载调整
6	各固定接头是否有松动	年	目测判断:紧固接点

③油断路器检查如表9.3所示。

表9.3 油断路器检查项目、周期和方法

序号	项目	周期	方法
1	油位是否符合标准,油色是否正常,并注意油位指示的真实性	月	目测判断:适当调整油位,更换绝缘油,排除油内气泡
2	各接点示温蜡片是否融化,接点是否变色	月	目测判断:停电、紧固接点,调换示温蜡片
3	套管和支持绝缘子是否清洁,有无裂纹及放电声响	月	夜间目测判断:定期进行开关保洁工作,调换不符合要求的绝缘子
4	外壳是否整洁,是否有渗油现象	月	目测判断:查明渗油点,根据状况进行处理
5	油断路器框架接地是否良好、完整	年	目测判断:定期紧固接地螺丝,调换接地线
6	操作机构位置是否正常	年	停电操作判断:传动机构补油润滑,调整机构

④真空断路器检查如表9.4所示。

表9.4 真空断路器检查项目、周期和方法

序号	项目	周期	方法
1	真空断路器结构固定是否松动,外表应清洁完好	年	目测判断:紧固、保洁
2	电气连接是否可靠,接触是否良好	年	目测判断:调整、紧固

续表

序号	项目	周期	方法
3	操动机构的联动是否正常,分合闸状态指示是否正确	年	分合闸判断:检查易损部件,适当注入润滑油
4	绝缘部件、瓷件是否完整、缺损	年	目测判断:检查、清除表面,更换部件
5	真空灭弧室情况	年	工频交流耐压试验

⑤负荷开关检查如表9.5所示。

表9.5　负荷开关检查项目、周期和方法

序号	项目	周期	方法
1	套管和支持绝缘子是否清洁,有无裂纹及放电闪络现象	月	夜间目测判断:定期保洁,调换不合格的绝缘子
2	是否有异常的声响和异常气味	月	嗅、听判断:检查接触是否良好
3	连接点有无过热变色、腐蚀现象	月	目测判断:紧固松动的螺栓、接点
4	动、静触点的工作位置是否有异常情况	年	停电检查:调整三相不同期状态
5	接地线连接是否可靠、完好	年	测试:调换接地线
6	操作传动机构零部件是否正常	年	停电分、合闸判断:调整机构、检修易损部件

⑥隔离开关检查如表9.6所示。

表9.6　隔离开关检查项目、周期和方法

序号	项目	周期	方法
1	套管和支持绝缘子是否清洁,有无裂纹及放电现象	月	夜间目测判断:定期保洁、调换不合格的绝缘子
2	三相接触是否良好、可靠	年	停电检查:调整三相不同期状态
3	传动操作机构是否可靠、完好	年	停电分、合闸判断:调整机构、检修部件

序号	项目	周期	方法
4	接地是否可靠、完好	年	目测判断:紧固接地螺栓或加设接地极、接地线

⑦高压熔断器检查如表9.7所示。

表9.7　高压熔断器检查项目、周期和方法

序号	项目	周期	方法
1	熔断器瓷体外壳有无裂纹、污垢	周	目测判断:停电保洁或调换部件
2	各零部件是否正常、有无松动	年	停电检查:紧固接线座螺栓
3	母线接触部分是否紧密良好	年	停电判断检查

⑧配电柜检查如表9.8所示。

表9.8　10 kV、5.5 kV 配电柜辅助元件及联锁装置检查项目、周期和方法

序号	项目	周期	方法
1	带电显示器显示状态是否正常	日	对应比较判断、分析异常显示状态的原因
2	工作位置指示灯是否正常	日	检查指示灯、辅助开关及回路
3	分、合闸指示灯是否正常	日	检查指示灯、转换开关及回路
4	"五防"装置是否完好,是否有效	年	检查机械联锁装置和电磁联锁装置及回路
5	接地开关是否完好	年	检查、传动机构有无阻、卡现象,有无锈蚀
6	柜体外壳、接地是否完好	年	定期检查接地装置
7	柜体内是否整洁	年	柜体内及电气装置除尘

⑨直流配电屏(盘)检查如表9.9所示。

表9.9 直流配电屏(盘)检查项目、周期和方法

序号	项目	周期	方法
1	监视灯指示是否完好	日	目测判断:调换指示灯或二次回路检修
2	充电设施运行是否正常	月	目测、万用表
3	浮充电流是否适宜	月	目测、万用表
4	测量直流系统绝缘电阻	年	用绝缘电阻测试仪进行测试
5	电池电压是否正常、完好	月	检查蓄电池组运行状态,处理受腐蚀及松动的接点,测量蓄电池电压,更换已损坏的电池
6	各表指示器是否正常	年	校对指示值的正确性

⑩配电站及户内外环境检查如表9.10所示。

表9.10 配电站及户内外环境检查项目、周期和方法

序号	项目	周期	方法
1	配电站顶部是否有漏水、渗水现象	半年	检查可能渗水的部位,及时落实渗漏维修
2	站内电缆沟槽内是否有渗水、积水现象	月	加强检查、处理积水、堵漏
3	站内门、窗、格栅、锁等是否完好	月	及时修复损坏的设施,可靠封堵,防止小动物进入站内的孔、洞、缝
4	自然通风是否畅通	年	检查设施设备
5	灯光、通风设施是否完好	月	检查、检修设备
6	户外沿墙周边是否有易燃、易爆物品	月	检查设施,清除易燃易爆物品
7	沿墙周边是否有积水现象	月	检查设施,处理疏通积水

3) 供配电系统维护要求

①技术人员对供配电系统进行维护时,必须遵守严格的操作程序。检查和维护时,一定要在停电的情况下进行,并且应先提前通知值班管理人员,告知相关人员和部门,确定停电的时间,便于其他工作人员合理安排自己的工作并做好应急准备。同时在停电状态下,对供配电设备进行检修和维护,也能确保工作人员的安全。

②城市桥梁供配电系统涉及高压,一旦处理不当,发生漏电或与人体接触,可以瞬间致人死亡。因此,进行维护的人员必须是专业电力技术人员,具有丰富的经验和专业技能,精确掌握供配电原理及系统内部的工作器件技术要求,才能及时准确地发现问题,并保证自身安全。

③对高压配电室进行维护和检修时,应按照电力操作过程的要求,必须有2人及以上人员陪同,一旦发生任何事故可以及时报告和处理。严禁独自一人进行高压配电室工作。

4) 供配电系统维护周期

供配电系统长期保持高负荷运行,根据材料和设备、使用负荷等综合情况不同,随时可能发生电力故障,因此,其维护和检修工作是一项长期任务。除日常的巡查和维护外,还应建立定期的大型的检修周期。

日常维护主要维护及检修工作如下:

①检查各个配电设备指示灯是否正常,它是显示设备是否正常运行的最明显的标志。

②检查各高低压配电柜柜门是否正常关闭,里面的元器件是否正常运行,表面有无污染,各仪表上的指示器、开关、继电器的控制线是否正常,有无松动。如有应该进行紧固工作。

③及时清除所有设备上的灰尘和污染物,防止灰尘堆积过多造成线路短路。

④检测所有的外接电路及电路是否有松动情况,有无接头处老化和变形等情况。如有应该及时通知相关部门过来进行更换。

⑤检测各个开关是否开闭顺畅和正常,各类插线和接线的位置是否有生锈、变色或接触不良的情况,以及其他的通风、排风、降温、消防设施设备是否运行正常等。

此外,还应定期进行月度、季度、半年度和年度的大型检修和维护工作。

5)常见城市桥梁供配电系统故障分析及处理

城市桥梁供配电系统主要涉及 5.5 kV 中压系统及 10 kV 市电系统,专业较多,且技术复杂,同时具有较高的安全风险,如果处理不当,很容易造成安全事故。特别对于交通枢纽来说,一旦发生电路故障,导致大面积停电,将对车辆通行造成严重影响。因此,供配电系统及电路的运行维护和常见故障处理至关重要。

(1)变压器运行异常

常见故障原因主要为:用电设备负荷过高,超过了固定荷载值;由于长期高负荷运行,造成设备温度过高;元件老化和损坏。

变压器故障的具体原因及排除处理措施如表9.11 所示。

表9.11　变压器绕组及绝缘的故障及原因

故障种类	现象	可能原因	判断方法
距间短路及层间短路	①异常发热,油温升高; ②电源侧电流增大,且不平衡; ③油枕盖上有黑烟; ④气体继电器动作,高压熔断器熔断、保险脱落; ⑤内部发出特殊的"咝咝"声	①变压器进水,侵入绕组; ②制造时,绕组匝间绝缘有损伤; ③绝缘老化,局部绝缘能力下降; ④大电流冲击,造成局部匝间绝缘损伤	①观察外接仪表; ②听内部声音; ③停电测三相电阻; ④测匝间耐压,看放电波形
绕组对地(铁芯、夹件、油箱等)短路、相间短路	①熔断器熔断,保险脱落; ②短路时有较大声响; ③气体继电器动作,安全气道膜片破坏、喷油气; ④无安全气道和气体继电器的变压器,可能使箱体变形甚至破坏; ⑤导电异物进入线圈内	①变压器油严重受潮或存有较多的游离碳; ②绝缘严重老化或遭到机械损伤; ③由于漏油使引线等露出油面,绝缘距离不足而击穿; ④各种过电压造成击穿	现象明显,一看便知

故障种类	现象	可能原因	判断方法
断线	①发出放电声； ②输出缺相或三相电压严重不平； ③输入缺相或三相电流不平； ④强烈的机械损伤	①线路连接点不实,特别是焊接点不良； ②各种过电压使线路薄弱部位有过电流烧断； ③匝间、相间、对地等故障使线路切断	①观察仪表的示值； ②用仪表测量各绕组的通断情况

处理措施:发生此类情况,应该及时关闭部分用电设备,开启通风降温设施。必要时应该停电,开启内部柜体,查看各元器件的工作情况。

(2)空气断路器运行异常

常见故障原因主要为:用电负荷太大,超过荷载值;电路老化,部分位置由于温度过高,烧断或发生短路;开关老化,引起闭合故障。

空气断路器故障的具体原因及排除处理措施如表9.12所示。

表9.12 空气断路器的常见故障原因及排除措施

序号	故障现象	故障原因	排除措施
1	手动操作后,断路器合不上	欠电压脱扣器无电压或线圈路、短路	检查电路的电压或更换检修线圈
		储能弹性变形,使闭合力量不够	更换储能弹簧、恢复闭合力量
		反作用弹簧力量过大	减小反作用弹簧力
		机械机构不能复位再扣	检修或更新操作机械机构
2	电动操作后,断路器合不上	电动操作电源电压太低	提高电源电压
		电磁铁拉杆行程不够	调整行程或更换拉杆
		电动机操作定位开关错位	调整操作定位开关
		控制器中的二极管或电容损坏	更换二极管或电容器
3	分励脱扣器动作时,断路器不能分断	线圈匝间短路	更换线圈
		电源电压过低	调节电源电压符合要求
		螺栓松动	紧固螺栓

续表

序号	故障现象	故障原因	排除措施
4	欠压脱扣器动作时,断路器不能分断	反作用弹簧力量小	调整弹簧力量
		储能弹簧力量小	更换储能弹簧或调大弹簧力
		机构卡死	修理机械机构
5	欠压脱扣器噪声大	反作用弹簧反作用力太大	调小反作用力弹簧力
		铁芯工作极面吸合不实	加些润滑机油
		短路环开裂	检修短路环或更换铁芯
6	断路器发热	触头压力太小	调大触头压力
		锄头表面磨损或接触不良	更换触头或清理触头
7	断路器误动作	整定电流值调错	调大整定电流
		锁链或搭接磨损	更换锁链或搭接

供配电系统维修除技术人员处理外,当发生中压系统、高压系统、供电线路、变压器损坏等自身无能力处理问题时,应及时通知电力部门或具有资质的施工单位进行抢修,并启动应急预案,全力保障供电。

6)其他事项

对于本章中未涉及的城市桥梁供配电系统的设施,参照国家、地方现行规范要求及咨询专业单位后开展检查、管养工作。

9.3 电力电缆线路

9.3.1 一般规定

①技术人员应全面了解供电系统中的电缆型号、敷设方式、环境条件、路径走向、分布状况及电缆中间接头的位置。

②电力电缆线路运行中,严禁有绞拧、压扁、绝缘层断裂和表面严重划痕缺陷,保证具有足够的绝缘强度;电缆线路的运行温度不得超过正常最高允许温度;电缆线路的拉伸值不得超过正常电缆的最大拉伸范围。

③测量电缆线路绝缘电阻时,应将断路器、用电设备及其他连接电器、仪表

断开后才能进行。

④10 kV 电缆线路停电 1 个星期及以上的,应遥测其绝缘电阻,合格后才能重新投入运行;停电 1 个月以上的,必须做直流耐压试验,合格后才能投入运行。

⑤对于使用年限较长的电力电缆,应在规范要求范围内对电缆绝缘层进行目测检查,检查电缆绝缘栅是否存在老化、破损的情况。

⑥对于电力电缆使用的环境,应加强日常巡查;任何敷设方式的电缆线路都不得受到高温、外力作用和化学性腐蚀的影响。

⑦电缆两端应符合规范要求,沿电缆井引入时,电缆排列整齐有序,绑扎牢固,预留长度满足使用要求,线缆进入口须用防鼠泥进行封堵。

⑧直埋电缆两端铠装层接地处理得当,电缆标识埋设符合设计要求。

⑨0.4 kV 低压配电线路上不得随意提高线路用电设备的容量。必要时,应查阅相关技术资料,在符合线路技术参数的条件下才能进行。

9.3.2　检查与维护

1)电力电缆线路巡视检查

电力电缆线路巡视检查分为日常检查、定期检查和特殊检查。

①日常检查:24 h 值班的配电室应每班检查一次,无人值守的配电室应每周检查一次。

②定期检查:对各种不同方式敷设的电缆线路所处的运行环境、地表情况、敷设状况等进行定期检查,每月至少一次。

③特殊检查:遇有异常气候或外力侵害等特殊情况,应按照实际情况做特殊检查。

2)电力电缆线路检查内容及方法

①直埋、穿管直埋、穿管明敷电缆检查项目、周期和方法如表9.13所示。

表 9.13　直埋、穿管直埋、穿管明敷电缆检查项目、周期和方法

序号	项目	周期	方法
1	电缆敷设路径上是否堆放重物或临时建筑物	季	及时清除
2	有无受到开挖、新建工程的影响	季	做好管线安全措施
3	地表有无明显塌陷	季	夯实、填充、加固基础,保证线缆敷设稳定
4	管口护圈是否脱落,导线绝缘层是否破损、老化	年	更换户口圈,缆线绝缘层包扎防护处理
5	电缆标识是否完整、清晰	年	做好电缆标识的保护

②沟道及桥架敷设电缆检查项目、周期和方法如表 9.14 所示。

表 9.14　沟道及桥架敷设电缆检查项目、周期和方法

序号	项目	周期	方法
1	沟道盖板是否齐全或损坏	季	修复缺损的盖板
2	沟槽、井是否有明显积水及杂物堆积	季	封堵管口,清除积水、淤泥和杂物
3	电缆桥架底、盖是否锈蚀	季	进行除锈防腐处理,更换锈蚀严重的桥架
4	电缆沟内的支架是否牢固,有无锈蚀情况	年	进行紧固处理或更换

③运行中的电缆检查项目、周期和方法如表 9.15 所示。

表 9.15　运行中的电缆检查项目、周期和方法

序号	项目	周期	方法
1	电流表指示值有异常变化	日	核实负荷情况
2	电缆端头接头有无过热、烧坏接点现象	季	紧固接头或重做接头,测量绝缘电阻,调整负载
3	接地线是否完好,有无松动现象	年	紧固接地螺栓,地阻仪测量阻值
4	电缆绝缘层是否破损、老化	年	绝缘电阻测试

3）电力电缆发生故障或新更换

电力电缆发生故障或新更换时,应按照相关规范要求对其进行参数检测,其主要内容如下：

①测量电缆线芯对地或对金属屏蔽层间和各线芯之间的绝缘电阻；

②进行直流耐压试验及测量泄漏电流；

③塑料绝缘电缆直流耐压试验电压标准应符合表9.16的规定。

表9.16　塑料绝缘电缆直流耐压试验电压标准

电缆额定电压 U_0/U(kV)	1.8/3	3.6/6	6/6	6/10	8.7/10	21/35
直流试验电压(kV)	11	18	25	25	37	63
试验时间(min)	5	5	5	5	5	5

注：U_0 为电缆线芯对地或对金属屏蔽层间的额定电压,U 为电缆额定线电压；塑料绝缘电缆包括聚氯乙烯电缆、聚乙烯电缆及交联聚乙烯电缆。

④橡胶绝缘电缆直流耐压试验电压标准应符合表9.17的规定。

表9.17　橡胶绝缘电缆直流耐压试验电压标准

电缆额定电压 U(kV)	6
直流试验电压(kV)	15
试验时间(min)	5

⑤电力电缆泄漏电流的控制标准应遵循：绝缘电缆泄漏电流的三相不平衡系数应小于2,10 kV及以下的电缆泄漏电流应小于20 μA,6 kV及以下的电缆泄漏电流应小于10 μA。

⑥对于10 kV及以下电力电缆的绝缘电阻测试,一般以直流耐压试验合格为准,低压电气线路的绝缘电阻一般不得低于0.5 MΩ。

⑦在电力电缆维护工作中,应密切注意电缆的运行温度。若温度超出规范要求值,应立即停止使用或改善运行温度。正常运行条件下,电缆允许的最高温度应符合表9.18的规定。

表 9.18　正常运行条件下电缆允许的最高温度

绝缘种类	电缆最高温度(℃)
聚氯乙烯	65
聚乙烯	70
交联聚乙烯	90
橡胶	60
硅橡胶	180

电缆线路应合理装设短路保护、过负载保护和接地保护。在维护过程中,应定期对保护装置进行检测,确保其功能性完好。

4)其他事项

对于本章中未涉及的城市桥梁电力电缆线路的设施,参照国家、地方现行规范要求及咨询专业单位后开展检查、管养工作。

9.4　城市桥梁照明系统

9.4.1　一般规定

①用于道路照明、景观照明的白炽灯、荧光灯、高压汞灯、高压钠灯、金属卤化灯、投光灯等灯具都必须安全可靠、完好无损,灯具与附件的安装必须正确、牢固。

②灯臂、灯盘、灯杆内穿线不得有接头,穿线孔口或管口应光滑无毛刺,并应采用长度不小于绝缘臂套或包带包扎。

③每盏灯的相线应安装熔断器,熔丝选用应符合要求。

④经常性地对功能照明、景观照明设施的亮灯情况进行检查,亮灯率应满足国家及地方相关规范要求。对于达不到亮灯率的照明设施,应进行定期维修和抢修。

⑤检查灯杆、机箱及灯具安装位置和方位是否正确,基座是否牢固,灯具安装是否端正。

⑥检查灯杆、配电箱等部件表面有无划伤、刻痕、剥落、锈蚀。

⑦日常检查基础混凝土表面平整、无损边。连接地脚及螺栓规格符合设计要求,无松动,外观无锈蚀。

⑧检查高杆灯防雷接地焊接牢固,并做防腐处理;防雷引下线及接地体用材料规格、防腐与连接措施、安装位置符合设计要求;金属机箱与安全保护地连接可靠,接地极引出线裸露金属无锈蚀;检查升降系统是否操作顺畅。

⑨按照《道路照明设施维护技术规程》(DB50/T 233—2006)的要求,定期对灯具进行清洗。

⑩高压汞灯、钠灯、金属卤化灯等气体放电灯的灯泡、镇流器、触发器等应配套使用,严禁混用。

⑪各类灯具的外壳均应接地可靠,接地方式应与供电系统的接地方式相一致。

⑫照明控制柜(箱)的要求如下:

a.控制柜(箱)的固定及接地应可靠,外壳应保持清洁完好、无锈蚀,户外使用的应做好防雨水渗漏、防湿气、防小动物等措施,IP 防护等级不低于 54。

b.控制柜(箱)内所装电气元件及面板仪器指示灯、按钮开关应保持齐全完好,各元器件安装应正确、牢固。

c.二次回路接线应保持准确、连接可靠、标志齐全清晰、绝缘合格。

d.光控开关、定时钟开关及远程控制等装置应保持运行正常、可靠。

e.电气线路保护装置(如短路保护、过载保护等)应保持完好可靠。

9.4.2　检查与维护

1)城市桥梁照明系统检查

城市桥梁照明系统检查主要分为日常巡查、周期巡查、特殊巡查。

①日常巡查:城市桥梁照明设施应每日巡查一次,检查亮灯率,做好巡查记录。

②周期巡查:控制箱、柜应每周检查一次,做好巡查记录,并定期进行照度、均匀度测试。

③特殊巡查:在恶劣气候环境、景观灯光开灯期间,应每日安排巡查值班人

员检查亮灯率,并做好巡查记录。

2)城市桥梁照明系统常见故障及维修

城市桥梁照明系统的故障类型主要有线路故障、灯具故障两种。管养工作的重点是日常检查及维护,其常见故障如下:

(1)线路故障

①外力破坏。常见原因是道路施工和其他管线施工的不规范性和随意性,经常发生将路灯电缆挖断、损坏的情况,且大多施工单位在挖出路灯电缆后,不通知路灯管理部门,私自重新填埋,而由此造成的电缆损伤,经过一段时间运行后便会造成此处电缆的彻底损毁。

②人为破坏。常见原因是人为偷盗电缆,使其断路。

③断路。常见原因为长时间大电流烧断、外力挖断所致。处理措施:线路发生断路故障后,如分路低压断路器未断开或保险熔丝未断,而电源侧火线没有电,则应采取逐级逐段检查的方法,缩小故障点范围,找到故障点后进行处理。断路故障的原因主要是导线折断、线头松脱、开关损坏、熔丝熔断、铝导线接头受严重腐蚀等。

④短路。主要是瞬间大电流烧结所致,不能正常送电。处理措施:线路发生短路故障后,应迅速拉开总开关,采取逐段检查的方法,找出故障点并及时处理。短路故障的原因大致有接线错误、插头接线不牢固、电气用具绝缘损坏、导线绝缘损伤,以及潮湿严重造成开关、灯头进水等。

⑤绝缘不良。主要是电缆外皮破损或绝缘老化而致。此类故障能短时送电,但线路中电流异常,经过一段时间,断路器保护动作,称为"软故障",是测试的难点。处理措施:对于漏电的故障,可用兆欧表和电流表测量判定漏电情况,并按以下步骤进行:判断是否确实发生漏电→判断漏电的性质→确定漏电范围→找出漏电点,及时妥善处理。

(2)灯具故障

①跳闸,灯不亮。常见原因是灯具进水导致短路、进线电缆破损导致短路、空气开关本身故障。

处理措施:检查灯具内是否存在进水短路情况;检查进线电缆是否破损短路;检查空气开关是否老化或连线松动。

②有电压,灯不亮。常见原因为光源损坏或松脱、灯具内元件故障。处理措施:检查光源;检查灯具内元件(电容、触发器、整流器、控制元件等)及相应连线。

③光源光衰较严重。常见原因为光源亮灯时间达到其使用寿命时间或灯罩附着灰尘等颗粒物。处理措施:使用专业设备对照度进行测量,测量后按照实际情况进行更换;对灯具进行清洗,以恢复灯罩的穿透性。

3)其他事项

对于本章中未涉及的城市桥梁照明系统的设施,参照国家、地方现行规范要求及咨询专业单位后开展检查、管养工作。

9.5 通信电源及应急电源设备

9.5.1 一般规定

①技术人员应定期对设备的电气技术参数进行检测,做好详细的记录,并及时进行检修和调整。

②在日常检查中,若发现告警,应立即关机检查,排除故障后,才能再次开机,以免扩大故障范围。

③维护人员应每天记录应急电源的运行情况及电压、电流值等参数,发现问题及时处理,主要内容如下:

a. 检查各信号灯工作是否正常;

b. 保持蓄电池外部清洁,对具有导电性的污垢或灰尘进行清扫;

c. 检查蓄电池组运行状态。

④应检查外场设备电源箱工作是否可靠,箱体应牢固、完好、密封,能防尘、防水、防污垢,元器件的紧固件无松动现象;箱体的镀层或油漆层无锈蚀或油漆层剥落现象。

⑤设备电源箱的电气性能应检查良好,保护接地电阻应不大于 $10\ \Omega$。

⑥日常维护中,UPS电源及蓄电池技术指标和性能应符合设计要求;冷却系统、信号保护系统和照明等应能正常工作。

⑦检查蓄电池组的连接点,接线是否严密,有无氧化,如有应立即处理。

⑧应对交流稳压电源的输入、输出电压进行密切监控,输入电压变化范围应能满足使用要求(无明确规定的,按 220/380 V ±20% 计算),输出电压精度为不大于 220/380 V ±5% ,对地绝缘电阻不小于 30 MΩ。

⑨保持设备整洁,定期打扫、除尘,防止因灰尘过多而在阴雨潮湿天气时产生漏电现象。打扫卫生时,应防止金属杂物落入设备内造成短路。

9.5.2 检查与维护

①直流配电屏检查项目、周期和方法如表 9.19 所示。

表 9.19　直流配电屏检查项目、周期和方法

序号	项目	周期	方法
1	设备是否清洁	季	断电后清洁
2	各开关情况及接触情况是否正常	年	观察、测量
3	接地电阻	年	用接地电阻测试仪测量
4	各输出段之间的电压	季	测量
5	告警信号	季	试验

②交流配电屏检查项目、周期和方法如表 9.20 所示。

表 9.20　交流配电屏检查项目、周期和方法

序号	项目	周期	方法
1	二路市电电压、电流及频率	季	电压表测量
2	负载分路和照明分路电压	季	电压表测量
3	市电监测	季	试验
4	事故照明模拟	季	试验
5	屏内清洁	季	停电清扫
6	闸刀空气开关的清洗及接触情况	年	停电清扫
7	接地电阻	年	仪器测量
8	告警信号	年	试验

③UPS 电源检查项目、周期和方法如表 9.21 所示。

表 9.21　UPS 电源检查项目、周期和方法

序号	项目	周期	方法
1	日常常规检查	日	观察工作是否正常
2	蓄电池组浮充电压值	周	测量
3	蓄电池充电电流	周	测量
4	UPS 三相输出电压	周	测量
5	UPS 三相输出线电流	周	测量
6	UPS 输出电压精度	月	测量
7	UPS 告警功能	季	测量
8	接地电阻	年	测量
9	UPS 清扫除尘及年检	年	停电检修
10	UPS 全面停电保养性检查	3 年	全面停电,检查所有输入、输出信号及设备

④交流稳压电源检查项目、周期和方法如表 9.22 所示。

表 9.22　交流稳压电源检查项目、周期和方法

序号	项目	周期	方法
1	稳压器的声音和温升	日	耳闻、手摸或仪表测量
2	稳压器运行的电压	日	观察
3	稳压器运行的主回路电流	日	观察
4	稳压器的稳压精度	月	试验
5	稳压器的调压时间	月	试验
6	稳压器对地的绝缘电阻	年	测量
7	设备除尘、检查	年	停电状态下,打开机壳进行清洁,检查内部组件是否完好

⑤每月测量一次蓄电池组的电压及单体电池的电压,若发现电池的电压偏低或不均匀,及时处理。

⑥模拟市电失电试验,按照规范要求让蓄电池向直流母线放电,动作正常后,立即送交流电源,蓄电池应能自动切断放电回路。该试验的操作时间不超过 30 min,模拟失电试验具体时间最好安排在使用需求不大的时间段,且宜每月

一次。

⑦每年对蓄电池核对容量一次,对蓄电池组进行一次活化,使电池容量均匀。每年对电源切换装置进行校验,确保切换动作无误。

⑧应定期对应急电源控制系统进行检查,主要内容如下:

a.检查控制的显示模块显示与运行情况是否一致,显示无黑屏及乱码。如遇此现象,尽快更换显示模块。

b.检查显示控制屏是否有异常声响。如有报警及其他异常现象,应及时处理。

c.检查显示控制屏操作按钮,确认各按钮功能正常,切换检查有关功能参数,如遇异常及时上报处理。

d.检查应急电源导线及电池组是否老化,老化的应及时更换相同载流面积的导线。对于长时间不用的应急电源,应定时进行人为的强制工作。这样可以活化电池,还可以检验应急电源是否处于正常状态。

e.对于电池组的工作全部是在浮充状态的,应定期充电放电,宜间隔 2~3 个月放电一次,至少应每年进行一次放电;放电前,应先对电池组进行均衡充电,以达全组电池的均衡(注意:确保所配接的负载容量不超过应急电源电池组容量的 2/3)。

f.应急电源常见故障及处理方法如表 9.23 所示。

表 9.23　应急电源常见故障及处理方法

故障现象和可能原因	处理方法
故障指示灯亮,蜂鸣器长鸣	确保应急电源未过载,通风散热口没有堵塞,室内温度未过高,等待 10~15 min 后重新启动设备,如失败,联系专业技术人员
旁路灯亮、过载灯亮和故障灯亮	断开所有不重要的设备的连接,重新启动设备,看是否正常
应急电源偶尔发出警报	无须采取行动,应急电源正在保护连接的设备
应急电源未能提供预期的备用电时间	可能由于最近曾经停电或电池的使用寿命将尽,电池电力不足;对电池充电,长时间停电后应对电池重新充电;如果电池组已使用 3~5 年,也可考虑更换电池

对于本章中未涉及的城市桥梁通信电源及应急电源的设备,参照国家、地方现行规范要求及咨询专业单位后开展检查、管养工作。

9.6　电力监控系统

9.6.1　一般规定

①技术人员应每日清扫监控台面,定期对设备进行除尘。

②应定期检测电力监控系统的各种设备接地,确保接地可靠性。

③维护(值班)人员在每次交接班时,都应认真检查服务器、控制器、打印机及具有冗余配置的电力监控主机等设备的工作是否正常,做好设备运行记录。

④如遇到运行程序或计算机出现死机现象,必须重新启动计算机时,应按照操作指南进行。

9.6.2　检查与维护

①电力监控系统检查项目、周期及方法如表 9.24 所示。

表 9.24　电力监控系统检查项目、周期及方法

序号	项目	周期	方法
1	设备工作状态	日	在模拟屏和工作站上观察
2	电量参数的显示	日	在模拟屏和工作站上观察
3	开关状态的显示	日	—
4	设备除尘、清洁	日	保洁
5	报表打印	周	观察、检查是否能正确打印
6	供配电主开关控制功能	月	实际操作
7	计算机、打印机接插件设备检查和除尘	月	检查、观察
8	接地电阻	年	用接地电阻测试仪测试

②各供电和照明主回路的电压、电流、功率因素等参数及其开关状态显示应正常。

③维护人员应定期对电力监控系统的自检功能进行检查,确保其使用功能

正常。

④电力监控机房的联合接地电阻应不大于 1 Ω。

9.7 桥梁检修桁车

9.7.1 一般规定

①技术人员应全面了解检修桁车的构造、工作原理。

②不得随意变更检修桁车的构造和电气线路。

③对桁车电机应定时进行清洁、打油、外壳除锈的维护保养。

④对桁车轨道应定时进行检查维保。

⑤对桁车滑触线应定时进行维保,对老化破旧的滑触线进行更换。

⑥对桁车的限位开关、指示灯等及时进行更换。

⑦检修桁车使用频率高或大桥进行重点维护后,应及时安排对检修桁车做重点检查或保养。

9.7.2 检查与维护

①桥梁检修桁车检查工作分为日常检查、定期检查及特殊检查。

②每月须通过观察对操纵台仪表、滑触线、电动机、减速箱、齿轮、控制电箱等元器件进行日常检查,同时运行桥梁检修桁车,在运行过程中检查是否存在卡轨、运行不顺畅的情况,并做好记录。

③定期对桥梁检修桁车的车体、悬挂、制动、走行等分系统进行检查,如表9.25 所示。

表9.25 桥梁检修桁车检查项目、周期和方法

序号	项目	周期	方法
1	梁体轨道有无变形、构件开裂	年	观察、调整变形、更换构件
2	紧固件连接是否有松动	年	观察、紧固
3	固定梁上挠度是否达到设计要求	年	经纬仪测量
4	齿轮轴承是否有疲劳裂纹,磨损是否超限	年	观察、测量
5	导轨是否有明显磨损	年	观察

序号	项目	周期	方法
6	行走系统和制动情况	年	观察、试车
7	电气系统线缆是否老化	年	观察
8	触点接点是否氧化接地良好	年	试车、观察

④当遇到桥梁撞击、台风、地震或出现运行异常等特殊情况时,应立即对桥梁检修桁车做全面详细的应急检查。如有需要,可委托具有专业资质的单位进行检查。

⑤对桥梁检修桁车的管养维护应分系统进行,车体、电气、走行、悬挂等分系统管养维护可参照表 9.26 进行。

表 9.26　桥梁检修桁车管养维护

维保部位	主要维保内容	建议维保周期
桁车金属结构	对桁架的挠度进行测量	1 次/半年
	检查桁架(包含门架)及人行走台、轨道连接座等结构件的主要焊缝;如发现裂缝,立即停止使用,将所有裂纹的焊缝全部清洗干净,采用 T50 焊条补焊	1 次/季度
	检查金属结构锈蚀情况,根据实际情况进行除锈、涂刷油漆保养	1 次/半年
	检查连接螺栓,各部件的连接螺栓不能有松动现象,并及时紧固或更换	1 次/季度
	检查斜梯、平台、走台、通道是否通畅,保持表面清洁状态;如有油污、水污、冰雪、铁屑、聚集尘,立即进行清扫	1 次/季度
	检查桁车车轮,车轮上不得有裂纹;轮缘磨损量超过原厚度的 30% 或轮缘出现崩裂时,应更换车轮	1 次/半年
桁车电气系统	检查操作开关、接触器、继电器、按钮、指示灯等各触点是否良好,行程限位、门开关是否灵敏,操作开关标识是否清晰,制动装置是否及时响应,发现异常立即进行维修或更换	1 次/月
	检查线路是否有破损、连接是否可靠	1 次/月

续表

维保部位	主要维保内容	建议维保周期
桁车电气系统	检查桁车灯光警铃装置是否正常,如有问题及时维修或更换	1次/月
	检查电动机安装底座有无变形、裂纹,固定连接螺栓有无松动,定位块有无松动且定位良好,电动机运转是否有异响或启动勉强	1次/月
	检查桁车电动机是否可靠接地	1次/月
	检查操作开关、接触器、继电器、按钮、指示灯等各触点是否良好,行程限位、门开关是否灵敏,操作开关标识是否清晰,制动装置是否及时响应等,发现异常立即进行维修或更换	1次/月
	检查制动性能是否安全可靠、动作灵敏	1次/月
	对控制箱及箱内电气设备清扫除尘	1次/月
安全滑导线	检查滑导线的塑料外套,如有损坏,立即更换	1次/月
	检查滑导线的伸缩接头,如有损坏,立即更换	1次/月
	检查滑导线各部位的连接是否松动,如有立即修复	1次/月
	检查继电器的碳刷,当碳刷磨损量超过 5 mm 时,应予更换	1次/月
轨道	检查轨道连接座、轨道本身以及螺栓紧固情况,各部位焊缝有无开裂,发现问题及时维修	1次/季度
	测量轨道直线度、平行度和垂直度,对超限部分进行调整	1次/半年
	检查轨道是否平直,如桁车行车走轨,应及时纠偏	1次/季度
	检查轨道是否有油污,如有应立即清除	1次/季度
悬挂	在运行中检查桁车的悬挂系统是否出现卡阻现象	1次/季度
润滑	检查行走机构减速箱内润滑油的情况,润滑油的油位应在最低一级齿轮轴轴心;油位太低时,应及时补充润滑油	1次/半年
	对滚动轴承及滑动轴承添加钙基润滑油脂	1次/半年

对于本章中未涉及的城市桥梁检修桁车的部分设施,参照国家、地方现行规范要求及咨询专业单位后开展检查、管养工作。

9.8　桥梁除湿系统

9.8.1　一般规定

①桥梁除湿设备宜长期处于一个密闭、干燥、低尘的工作环境中,以提高各机组的工作能力,降低电能损耗,提高机组使用寿命。

②桥梁除湿设备的空气过滤网应经常保持畅通状态,出现滤网堵塞指示报警,应及时更换过滤网,以提高机组运行效率,保持机组正常工作状态。

③应检查在规定的环境空间内除湿系统产生的干燥空气,其空气相对湿度应保持达到设计对设施环境控制湿度的要求。

④桥梁除湿系统在环境湿度设定的控制范围内,应能可靠地进行自动启动或停机。

⑤桥梁除湿系统中的各风机、传动机构应始终保持无异常声音、无异常振动、无异味的运行状态。

⑥桥梁除湿系统中的进风管、出风管、循环风管等管路应保持畅通、无泄漏、无阻塞、无损坏,各功能风阀开关位置应保持正确,风阀开关电气控制应保持完好。

⑦空气过滤网的使用应保持完好、有效,滤网介质应符合产品设计要求。

⑧在正常情况下,需要对除湿机进行维护工作时,不得采用切断总电源的操作方式强行停机。

⑨桥梁除湿系统的机组外壳和通风管道金属部分必须可靠接地。

9.8.2　检查与维护

①桥梁除湿系统检查主要分为日常检查和定期检查。

a. 日常检查:除湿设备日常检查项目、周期及方法应符合表9.27 的要求。

表9.27　除湿设备日常检查项目、周期及方法

序号	项目	周期	方法
1	电气控制箱指示灯显示的除湿机工作状态是否正常	日	目测判断
2	过滤网是否有堵塞	日	目测判断
3	各机组运行是否有异响、异味、异常振动	周	耳听、嗅觉判断
4	各管道风阀位置是否偏移	季	目测判断
5	除湿系统运行情况是否正常	季	系统检查
6	电气控制系统的工作状态是否正常	季	系统检查
7	除湿系统仪表显示是否正常	月	利用湿度计进行测量后,对比仪表显示数据

b. 定期检查:除湿设备定期检查项目、周期及方法应符合表9.28的要求。

表9.28　除湿设备定期检查项目、周期及方法

序号	项目	周期	方法
1	除湿转轮及传动部件	季	①检查传动皮带及电机情况是否过热、松动及损坏;②检查转轮是否有过热损坏、尘污堵塞
2	处理风机、再生风机和混合风机	季	①检查风机轴承润滑情况;②检查风叶有无松动或损伤;③检查传动皮带、皮带轮情况;④检查机座紧固螺栓是否松动;⑤检查电机电源是否完好
3	机组和网管的连接	半年	检查有无空气泄漏的现象,机组网管之间的连接是否正常
4	传感探头、控制开关	半年	①检查机组外接温、湿度传感探头是否完好;②压差开关的气压软管连接是否完好,软管是否有老化现象
5	电气控制箱	季	①检查开关、继电器、组件及接线有无过热、松动现象;②检查机组接地是否完好
6	除湿能力	季	检测

②除湿机在使用一段时间后,其进风过滤网会积聚灰尘,灰尘积聚过密过厚会影响除湿效果。因此,需经常清洗过滤网,使前后通风顺畅。

③采用湿度传感器的除湿机,其湿度传感器一般都放置在通风面上。若使用环境不好,湿度传感器被尘埃堵塞,其传感器就无法显示和控制湿度。在使用一段时间后,需用柔软的毛刷清除传感器上的灰尘,并保持传感器的清爽。

④除湿机长时间不用时,应拔下电源插头,对整机进行清洁。挥发油、稀释剂、清洁剂都可能对机器造成伤害,不得使用。应将水箱中的积水倒干净,避免滋生细菌。

⑤除湿机长时间使用时,每周至少停机一次,做一些一般性保养,检查机器过滤网是否需清洗、机器有无异常声音等。

对于本章中未涉及的城市桥梁除湿系统的设施,参照国家、地方现行规范要求及咨询专业单位后开展检查、管养工作。

9.9 防雷及接地装置

9.9.1 一般规定

①凡可能因绝缘损坏造成设备金属外壳带电危险、直接危害人身安全和设备安全的电气装置、电缆线路及各类电气、机电设备都应可靠接地。

②接地线与电气设备连接时,应采用螺栓压接每个电气设备,并都应单独与接地干线相连接。严禁在一条接地线上串接几个需要接地保护的设备。

③变压器供电的低压配电系统中,各类电气设备的接地方式应符合该系统的设计要求及国家相关规范。严禁部分电气设备采用保护接零、部分电气采用保护接地的两种混用接地方式。

④对于桥梁设施的保护接地,应加强日常检查,使用专业仪器测量其接地电阻。对于不符合接地要求的设施,应立即进行整改。

⑤应定期检查避雷器的使用情况,及时更换已损坏的避雷器。

⑥采用接地或接零装置,必须保证电气设备与接地体之间或电源变压器中性点之间的导电连续性、可靠性和热稳定性。

⑦避雷器的安装应牢固,接线应正确;连接导线应绝缘良好,无损伤。

⑧更换避雷器时,应尽量采用相同规格和型号的产品。避雷器的接口应与

被保护设备接口一致。

⑨避雷装置构架上不得挂设其他用途的线路,以防止将反击过电压引入室内。

⑩接地电阻的周期测量应在较干燥的季节进行。

9.9.2 检查与维护

①周期检查:

a.变配电站的接地网及变压器工作接地装置系统接地电阻,需每年检查测试一次。

b.各分路低压受电柜及电气设备的接地或接零每年至少检查 2 次,接地电阻需每年测试 1 次。

c.各种防雷保护的接地装置,在雷雨季节前应进行检查并测试接地电阻。

②接地装置巡视检查项目、周期和方法应符合表 9.29 的要求。

表 9.29　接地装置巡视检查项目、周期和方法

序号	项目	周期	方法
1	电气设备与接地线、接地网的连接有无松动	半年	工具测试
2	接地或接零导线有无损伤、腐蚀、断股	年	观察
3	接地装置、接地电阻值是否正常	年	用接地电阻测试仪测试

③避雷装置检查项目、周期及方法应符合表 9.30 的要求。

表 9.30　避雷装置检查项目、周期及方法

序号	项目	周期	方法
1	避雷器检查	半年	常规检查
2	接地电阻测试	年	用接地电阻测试仪测试

④采用接地或接零装置,必须保证电气设备与接地体之间或电源变压器中性点之间的导电连续性、可靠性和热稳定性。

⑤避雷器的安装应牢固,接线应正确;连接导线应绝缘良好,无损伤。

⑥更换避雷器时,应尽量采用相同规格和型号的产品;避雷装置构架上不得

挂设其他用途的线路,以防止将反击过电压引入室内。

⑦桥梁等设施的防雷检测工作应在较干燥、雷雨少的 3 ~ 4 月进行,应先自行检查,同时委托专业单位进行防雷装置安全性能检测工作,并出具《防雷装置安全性能检测报告》。

⑧对于建筑物、构筑物的防雷阻值要求,须参照《建筑物防雷设计规范》(GB 50057—2010)等相关规范的要求执行。

对于本章中未涉及的城市桥梁防雷及接地装置,参照国家、地方现行规范要求及咨询专业单位后开展检查、管养工作。

9.10　安防系统

9.10.1　一般规定

安防系统主要包括安装在桥梁上的视频安防监控系统和入侵报警系统及其配套的供配电、软件、中心机房等设备。

①检查养护目的:确保系统前端设备、系统控制功能、监视功能、入侵报警功能、防破坏及故障报警功能、记录回访功能、联动报警功能等工作正常,确保全系统运行正常。

②系统维护保养包括但不限于检查、清洁、调整、测试、优化系统、备份数据、排查隐患、处置问题等工作。

③检查设备时,应对设备进行物理检查、运行环境检查、电气参数与性能检查等。

④清洁设备时,应根据设备类型使用吸(吹)尘、刷、擦等方法对设备表面或内部的灰尘、污物等进行清理。

⑤调整设备时,应按照标准规范、技术手册和使用要求对设备的安装位置、防护范围、电气参数、运行模式等进行设置与校正。

⑥测试设备系统时,应按照标准规范、技术手册和管理要求对设备系统的功能、性能进行测量试验。

⑦优化系统时,应按照标准规范和管理要求对系统的参数、设置等进行合理配置。

⑧备份数据时,应根据管理要求对重要数据进行转存、转录,并确保数据和

存储介质的安全。

⑨系统的维护保养周期为每 6 个月不少于 1 次。根据各系统设备的运行情况及安全防范需要,相应地增加维护保养次数。

⑩检查保养工作每次必须有文字记录,并应有维护保养人和设施责任人签字并存档。

9.10.2 检查与维护

1)视频安防监控系统

①视频安防监控系统保养内容及要求如表 9.31 所示。

表 9.31 视频安防监控系统保养内容及要求

序号	维护保养对象		维护保养内容与要求
1	前端设备	物理检查	①检查前端监控设备是否根据图纸标定位置(或系统中标定的位置),前端设备的拆改、挪移应及时反映至系统中; ②检查设备安装部件是否齐全,安装是否牢固,有无明显破损情况,并进行必要处理或处置
		运行环境检查	①检查前端有无影响监控效果、设备正常工作的因素; ②发现异常情况,应及时调整或处置
		电气参数与性能检查	①检查摄像机及其配套设备,包括电源、风扇、雨刷、辅助照明装置等的工作状态; ②采用相应的仪器、仪表测量摄像机的相关指标,并做相应调整
		机械构件维护	对摄像机/防护罩/云台/辅助照明装置的安装支架、立杆等构件进行加固、除锈、防腐等养护,并做必要调整
		设备清洁	采用专业的方式方法,对摄像机镜头、摄像机防护罩及附属配件进行必要的清洁

序号	维护保养对象		维护保养内容与要求
1	前端设备	设备调整	根据视频监控需要,调整前端摄像机的焦距、监控范围等,确保设备处于良好的运行状态,发挥其最佳监控效果
2	传输设备	线缆、路由检查	①传输线缆安装应牢固,安装部件应齐全,标示应清晰,检查线缆有无破损、破坏、氧化等情况; ②检查线管管口封堵情况、接地连接情况,查找有无异常现象
		传输设备检查	传输线缆安装应牢固,安装部件应齐全,标识应清晰,工作状态应正常
		清洁整理	①对传输设备、管线等设备、设施或配套装置进行必要的清洁和清理; ②根据现场情况和需要,调整电缆、光缆等的捆扎方式
		测试调整	①根据检查结果和系统需要,调整传输设备的相关参数; ②调整后,应保证视频信号及控制信号衰减满足规范或原设计要求
3	处理、控制、管理、记录设备	物理检查	根据系统构成模式和安装方式,制订检查方案,重点检查处理/控制/管理设备安装是否牢固,设备外壳及部件有无异常变化或破损迹象,设备部件和接线是否正常;发现问题,应在维保过程中及时处理
		电气参数与性能检查	通过观察设备指示灯、测量设备电压/电流等方式,检查设备运行状态;应确保设备运行指示应正常,排查明显故障隐患
		设备清洁	采用适当的方式,对设备内外进行必要的清洁和除尘
		功能/性能测试	应按《安全防范工程技术标准》(GB 50348—2018)的要求,并结合设计方案和使用管理要求对系统的功能/性能进行测试和调整

续表

序号	维护保养对象	维护保养内容与要求
4	显示设备	**物理检查** ①检查显示设备安装柜/箱和结构件是否牢固,检查其外表有无异常或破损迹象、检查接地是否完好; ②检查并调整显示设备,确保显示设备安装应牢固,设备外壳及部件应无异常变化或破损迹象,设备部件和接线应正常; ③除视频显示设备外,显示设备还应包括 LED 显示屏等字符显示装置
		设备清洁 ①对设备、箱/柜及结构件等进行必要的清洁和除尘; ②清洁显示屏幕,应采用专用试剂
		功能/性能测试 应按《安全防范工程技术标准》(GB 50348—2018)的要求,并结合设计方案和使用管理要求对系统的功能/性能进行测试和调整
5	系统	**系统优化** ①根据系统运行情况及使用/管理要求,调整系统的相关设置参数,提高、优化系统性能; ②系统优化的重点在于提高视频监控系统监控效果、延长视频录像保存时间、提高视频图像回放效果、缩短报警视频联动时间等
		系统校时 对系统进行校时,系统的主时钟与标准时间偏差应满足相应标准规定或使用/管理要求
		数据备份 ①对系统信息、设置数据及其他有助于保证系统安全、有助于系统快速恢复的数据资本进行备份; ②备份文件应存储在专门的介质上,并注明备份时间、打开密码(如有)、恢复数据注意事项等信息
		隐患排查 ①通过询问系统管理员/操作员、查阅运行记录等方式核实系统运行状态,排查系统存在的问题或隐患; ②汇总维保过程中发现的问题,分析系统目前的健康状态,预测系统可能发生的问题

序号	维护保养对象		维护保养内容与要求
5	系统	问题处置	①监控图像、记录图像达不到标准规范和使用/管理要求或设备破损/污损严重,且已然不能满足视频监控需要时,应提出处置建议,征得使用单位同意后,采取相应的措施进行解决; ②对于日常运行过程中性能稳定性较差或频繁发生故障的设备,经现场调整/调试后仍无法满足要求时,应提出处理建议,征得使用单位同意后,采取相应的措施解决

②常见视频监控系统故障分析及处理措施如表 9.32 所示。

表 9.32　常见视频监控系统故障分析及处理措施

序号	故障现象	可能原因	处理措施
1	设备显示不在线、无图像	①电源损坏或功率不足; ②电源线接错; ③传输线路故障	对设备进行更换、故障排除
2	设备显示在线,但无图像	①视频线路接错; ②视频线路接触不良; ③摄像机损坏	线路检查、设备更换
3	球形云台不能控制	①控制信号线接错; ②球形云台地址不对应; ③协议或通信波特率不匹配	更正、重新选择、调整协议与控制器匹配,并重新上电
4	图像不稳定	①视频线路接触不良; ②电源功率不够	排除故障、更换电源
5	球形云台失控	①主机操作存在问题; ②视频线路接触不良	故障排除、主机重新上电

2）入侵报警系统

①入侵报警系统保养内容及要求如表9.33所示。

表9.33　入侵报警系统保养内容及要求

序号	维护保养对象		维护保养内容与要求
1	前端设备	物理检查	①检查前端监控设备是否根据图纸标定位置（或系统中标定的位置），前端设备的拆改、挪移应及时反映至系统中； ②检查设备安装部件是否齐全，安装是否牢固，有无明显破损情况，并进行必要处理或处置
		运行环境检查	①检查前端有无影响监控效果、设备正常工作的因素； ②发现异常情况，应及时调整或处置
		设备清洁	采用专业的方式方法，对摄像机镜头、摄像机防护罩及附属配件进行必要的清洁
		设备调整	根据视频监控需要，调整前端摄像机的焦距、监控范围等，确保设备处于良好的运行状态，发挥其最佳监控效果
		功能/性能测试	①模拟报警条件或采用相应的测试设备和手段，进行模拟报警试验，检查入侵探测器的有效性； ②前端设备的功能/性能应满足《入侵报警系统工程设计规范》（GB 50394—2007）和前端设备标准规定及使用/管理要求
2	传输设备	线缆、路由检查	①传输线缆安装应牢固，安装部件应齐全，标示应清晰，检查线缆有无破损、破坏、氧化等情况； ②检查线管管口封堵情况、接地连接情况，查找有无异常现象
		传输设备检查	传输线缆安装应牢固，安装部件应齐全，标识应清晰，工作状态应正常
		清洁整理	①对传输设备、管线等设备、设施或配套装置进行必要的清洁和清理； ②根据现场情况和需要，调整电缆、光缆等的捆扎方式
		测试调整	根据检查结果和系统需要，调整传输设备的相关参数

续表

序号	维护保养对象		维护保养内容与要求
3	处理、控制、管理、显示、记录设备	物理检查	根据系统构成模式和安装方式,制订检查方案,重点检查处理、控制、管理设备安装是否牢固,设备外壳及部件有无异常变化或破损迹象,设备部件和接线是否正常;发现问题,应在维保过程中及时处理
		电气参数与性能检查	通过观察设备指示灯、测量设备电压/电流等方式,检查设备运行状态;应确保设备运行指示应正常,排查明显故障隐患
		设备清洁	采用适当的方式,对设备内外进行必要的清洁和除尘
		功能/性能测试	应按《安全防范工程技术标准》(GB 50348—2018)的要求,并结合设计方案和使用管理要求对系统的功能/性能进行测试和调整
4	系统	系统优化	①根据系统运行情况及使用/管理要求,调整系统的相关设置参数,提高、优化系统性能;②系统优化的重点在于提高视频监控系统监控效果、延长视频录像保存时间、提高视频图像回放效果、缩短报警视频联动时间等
		系统校时	对系统进行校时,系统的主时钟与标准时间偏差应满足相应标准规定或使用/管理要求
		数据备份	①对系统信息、设置数据及其他有助于保证系统安全、有助于系统快速恢复的数据资本进行备份;②备份文件应存储在专门的介质上,并注明备份时间、打开密码(如有)、恢复数据注意事项等信息
		隐患排查	①通过询问系统管理员/操作员、查阅运行记录等方式核实系统运行状态,排查系统存在的问题或隐患;②汇总维保过程中发现的问题,分析系统目前的健康状态,预测系统可能发生的问题
		问题处置	①由于入侵探测器老化而造成的探测范围减小、探测灵敏度降低或前端设备破损、污损严重,且已经不能满足防护需要时,应提出处置建议,征得使用单位同意后,采取相应的措施进行解决;②对于日常运行过程中性能稳定性较差或频繁发生故障的设备,经现场调整、调试后仍无法满足要求时,应提出处理建议,征得使用单位同意后,采取相应的措施进行解决

②常见入侵报警系统故障分析及处理措施如表9.34所示。

表9.34　常见入侵报警系统故障分析及处理措施

序号	故障现象	可能原因	处理措施
1	出入口控制开关失效	①电源损坏或功率不足； ②电源线接错； ③物理装置损坏	检查电源及供电线路、更换
2	不能检测入侵事件	①侦测信号失效； ②信号线路接触不良； ③检测装置损坏	线路检查、设备更换
3	检测到入侵，不能发出声光报警	①信号线路接错； ②信号线路接触不良； ③报警装置损坏	线路检查、设备更换

3）其他事项

对于本章中未涉及的视频监控系统、入侵报警系统的设施，参照国家、地方现行规范要求及咨询专业单位后开展检查、管养工作。

9.11　桥梁结构健康监测系统

9.11.1　一般规定

桥梁结构健康监测系统是指在大桥等重点部位安装的传感器及数据处理相关设施（备），主要包括监测系统的应力监测、温度监测、挠度监测、防船撞监测等子系统。

①巡视检查内容应包括监测范围内的结构和构件变形、开裂、测点布设及巡视检查。

②监测期间应确保监测系统的正常运行和必要的软件升级，并应根据阶段性的检测结果对监测系统进行参数更新，确保监测系统能真实反映桥梁状态。

③应制订系统使用、管理和维护保养的规章制度，建立维护保养工作的长效机制，保证系统有效运行，充分发挥系统监测功能。

9.11.2　检查与维护

①检查以目测为主,可辅以锤、钎、量尺、放大镜等工具以及摄像、摄影等设备进行。

②发出预警信号时,应加强巡视检查;当发现异常或危险情况时,应及时通知相关单位。

③检查的重点是确认基准点、测点的位置未改变及完好状况,确认监测设备运行正常及保护状态。

④检查宜由熟悉系统情况的人员参加,并相对固定,做好相关记录。

⑤系统的日常维护保养工作应由具备相关资质和经验的维护保养单位执行,应具有同类、同规模项目的设计施工或维护保养服务经历,并具备协助建设使用单位建立、完善系统运行应急预案的能力。

⑥系统的检查维保内容如表9.35所示。

表9.35　系统的检查维保内容

序号	项目	周期	内容与要求
1	前端控制箱及箱内设备	每半年一次	箱体安装是否牢固可靠、有无锈蚀,箱内设备(传感器、线路连接)运行是否正常
2	光缆传输设备	每年一次	光缆安装是否稳固,有无标识损坏、模糊、脱落
3	软件系统	每季度一次	各项模块功能是否正常,数据是否完整、真实

对于本章中未涉及的桥梁健康监测系统的设施,参照国家、地方现行规范要求及咨询专业单位后开展检查、管养工作。

第 10 章　悬索桥其他构件管养

10.1　伸缩装置管理与养护

1）伸缩装置出现破损的成因

桥梁伸缩装置由于设置在梁端构造薄弱的部位，直接承受车辆荷载的反复作用，又多暴露而受到大自然各种因素的影响，是易损坏、难修补的部位。伸缩装置出现破损的成因是多方面的，主要包括以下 7 个方面。

（1）设计不周

在伸缩缝设计过程中，只注重计算桥梁的伸缩量，并以此进行选型，而对伸缩装置的性能了解不够全面，忽视了产品的相应技术要求。另外，由于变形量计算不恰当，采用了过大的伸缩间距，也会导致伸缩装置破损。

（2）施工不当

在施工过程中，梁端伸缩缝间距没有按设计要求完成，人为地放大或缩小，定位角钢位置不正确，致使伸缩装置不能正常工作。这样会出现下列情况：缝距太小，橡胶伸缩缝因超限挤压凸起而产生跳车；缝距过大，荷载作用下的剪切力以及车辆行驶的惯性会将松动的伸缩缝橡胶带出定位角钢，产生另一种类型的跳车。施工时，伸缩装置的锚固钢筋焊接不够牢固，或产生遗漏预埋锚固钢筋的现象，给伸缩缝本身造成隐患；施工时，伸缩装置安装得不好，桥面铺装后伸缩缝浇筑得不好，使用过程中，在反复荷载作用下致使伸缩缝损坏。

从施工上看，伸缩装置安装是桥梁施工最后的几道工序之一，为赶工程通车，施工人员马虎，不按安装程序及有关操作要求施工；或伸缩装置安装后，混凝土没有达到强度就提前开放交通，致使过渡段的锚固混凝土早期损坏，从而导致伸缩装置过早破损。

（3）伸缩装置自身问题

伸缩装置本身构造刚度不足、锚固的构件强度不足、与之密切相关起决定作用的锚固系统不尽合理、锚固混凝土太薄、强度很难达到设计要求，都会导致伸缩装置在营运过程中出现不同程度的破坏。

（4）连续缝设置不够完善

为减少桥梁伸缩缝，桥梁常采用简支连续梁结构并设置连续缝。目前，连续缝的设置不够完善，致使连续缝破损而出现桥面跳车；在桥面连续缝处，变形假缝的宽度和深度设置得不够规范、统一，这也不同程度地影响连续缝的正常工作。

（5）养护不当

桥梁在营运过程中，后浇压填材料养护管理不善，桥面没有经常进行清扫，导致伸缩装置逐渐破损。

（6）桥面铺装的影响

桥面铺装层老化、接缝处桥面凹凸不平等均可引起伸缩装置破损。

（7）交通流量影响

桥梁在营运过程中，车流量大、车速快、载重车辆多，巨大的车轮冲击力造成板式伸缩缝、橡胶伸缩缝的某些伸缩装置的部件破损、脱落、松动，有的甚至引起桥面破坏，严重影响行车安全。

2）伸缩装置管理与养护对策

结合悬索桥伸缩装置的结构特点，提出以下管理与养护对策。

（1）控制桥上超重车的通行

大量实践证明，桥上车辆超载是桥梁结构构件的最大隐患，尤其对桥梁伸缩装置破坏最为严重。很多时候，伸缩装置的破坏不是正常的伸缩疲劳损坏，而是车辆超载引起的受压和冲击破坏。因此，建立良好的交通管制是非常必要的。

（2）及时清理伸缩装置间的杂物

伸缩装置间的杂物不仅影响伸缩装置的正常伸缩，还会引起改变伸缩装置的正常受力状态，尤其是悬索桥这种大伸缩量的桥梁更是如此。应安排专门的维护工人定期、及时清理，责任到人。

（3）增强伸缩装置的排水和防水性能

长期处在水环境下的伸缩装置，其耐久性必然受到影响。XF型伸缩装置是由焊接开型的型钢组成，在水环境下的抗腐蚀性较差，因此，应增强伸缩装置的排水和防水性能。对于桥面的雨水，宜在伸缩装置附近设集中排水口，对防水和填料的性质、结合方法和防脱落等应进行研究。

（4）重视伸缩装置与桥面板接合的端部维护

安设伸缩装置的桥面板端部处于最薄弱部位，往往因结合不充分而破坏，尤其对于悬臂板薄翼缘板的结构，在伸缩装置高度比桥面的厚度大而侵占桥面板以外时，除对断面尺寸做必要的调整以满足锚固需要外，还应适当增加受力钢筋的用量。伸缩装置在桥梁结构中属于小构件，但其损坏后造成的损失很大，除影响正常行车外，对结构受力也带来不良的后果，直接影响桥梁的服务质量。因此，需要加强日常养护工作，提高伸缩装置的使用性能与使用寿命，以保证桥梁的正常运营。

3）保养说明

毛勒伸缩缝不需对诸如滑动部件及其他部件润滑之类的保养，而只需定期对单个部件进行检查，建议每两年进行一次检查，以发现可能出现较大损坏的隐患。

伸缩缝检查分为特殊检查和定期检查（目视）。特殊检查应每两年进行一次，定期检查应每年进行两次，在气温较低和较高季节进行。日常巡查应每周进行，以便及时发现伸缩缝是否被阻塞、滑动支座有无脱落、不锈钢滑板有无损坏、平行钢梁之间的间距是否均匀等。

特殊检查和定期检查应由与毛勒公司签订过检查合同的专业技术人员负责实施。如需更换非金属原件（包括密封条），只需封闭部分交通，用简单的工具即可进行，所有的非金属材料通过其形状或定位装置进行定位。金属件的更换可通过支承耳环的开口部分得以实现。

（1）主检部件

①密封条。检查时，伸缩缝间隙粗略清扫一次，检查密封条的污染、老化、硫化对接、损坏，以及密封条与型钢的连接、密封性。

②滑动原件。检查滑动面的污染、磨损、表面损伤、松动、滑动、锈蚀情况。

③滑动支座和滑动弹簧。检查滑动支座和滑动弹簧的位置、损伤、裂缝、足够的预紧。

④防锈。车行道的防锈层自通车后短期内即被磨去,但不影响寿命,须检查伸缩缝下表面、嵌密封条凹槽部位的防锈层。

⑤承载结构。检查承载构件,特别是焊缝连接处是否有裂缝,检查机械连接是否稳固。检查中间梁与承载梁的连接、型钢对接焊缝、控制机构、边梁的锚固、承载箱下的混凝土,以及承载梁是否可以移动。

(2)目视部件(检查频率:每年)

①密封条。检验时,伸缩缝间隙粗略清扫一次,注意检查密封条的污染、损坏,以及密封条与型钢的连接、密封性、缝间的均匀性。

②滑动原件。检查滑动面的磨损、表面损伤、松动情况。

③滑动支座和滑动弹簧。检查滑动件的位置是否正确、是否损坏,重点检查混凝土侧的伸缩缝部件。

④防锈。行车道的防锈层自通车后短期内即被磨去,需检查伸缩缝下表面的防锈层。

⑤承载结构。检查承载构件,特别是焊接连接处是否有裂纹,检查机械是否稳固,检查中间梁与承载梁的连接、型钢对接焊缝、承载梁下的混凝土。

⑥检查重车通过伸缩缝时声音有无异常。

⑦检查中间梁间距是否均匀,有无平面弯曲。

4)部件更换

伸缩缝的所有部件更换均由专业队伍制订方案后实施。

10.2　预应力混凝土结构管理对策与养护

对于预应力混凝土桥梁结构,因其结构特征和交通环境状况在运营中不可避免地出现各种问题,尤其是作为主要承力构件的主梁更是如此。为保证桥梁的正常使用功能和结构的安全性,并延长桥梁的使用寿命,应加强对桥梁的检测,及时发现问题,针对特定的情况实施维修或加固处理。

1)裂缝控制和处理

对于全预应力混凝土构件,是不允许出现裂缝的。但在使用过程中难免出现车辆超载等现象,加之混凝土自身的特性,如在荷载的长期作用下的收缩徐变、抗拉性能较差等,随着超载现象的不断发生,临时裂缝应有可能演变为永久裂缝。维护时,可根据裂缝的宽度确定其对混凝土构件的影响。若裂缝较小,小于特定值时(规范规定允许最大纵向裂缝为 0.2 mm),几乎对构件的受力性能与耐久性能不产生影响。当裂缝宽度达到一定的范围时,会影响结构的耐久性;当裂缝达到特定值时,会影响结构的正常使用功能,甚至影响结构的承载能力。在对混凝土构件裂缝的处理过程中,可根据不同的裂缝宽度情况采取适当的措施,防止裂缝的进一步发展,恢复或提高构件的承载能力和使用功能,并保持构件的耐久性能。混凝土构件裂缝修复的主要目的是恢复结构的整体性,保持结构的强度、刚度、耐久性、抗渗性以及外形美观。

裂缝修复方法分为表面封闭处理和压力灌浆修复两类。对于开裂严重、混凝土状况恶劣的情况,则需要对结构做补强加固处理。裂缝的表面封闭处理主要针对开裂轻微、裂缝不影响构件受力的情况。通过裂缝的表面处理可以恢复结构刚度,保持构件的耐久性和外形美观。

裂缝表面封闭处理的常用方法有表面抹灰、表面喷浆、表面粘贴以及凿槽嵌补等。压力灌浆是施加一定的压力,将浆液材料灌入结构物内部裂缝中,在浆液材料凝结硬化后,便可达到完全封闭裂缝,恢复并提高结构构件强度、耐久性和抗渗性能的一种修补方法。压力灌浆法是一种较为彻底的裂缝修复方法。

2)主梁混凝土表面涂装维护

对于在役混凝土构件来说,表面涂料涂装是防止混凝土碳化和钢筋锈蚀等行之有效的维护方法。表面涂装可以降低 CO_2、O_2、水蒸气等向混凝土内部的扩散作用,尽量防止碳化和锈蚀条件的发生。目前,防碳化处理多采用涂料封闭法,主要使用环氧涂料、改性环氧涂料、丙烯酸涂料等。使用涂料时,应考虑涂料与混凝土间的黏结力,涂料是否抗冻、抗晒、抗雨水侵蚀,涂料的收缩、膨胀系数是否与混凝土接近。在外界环境作用下,涂料本身的性能也在不断下降,因此,对桥梁涂料维护时可全面定期进行涂装。

涂装维护一般可以采取 5 年为一个维护期。在认真检查的基础上,按标准涂装方法进行维护。

3）预应力加固

由前述分析可知,混凝土所处的应力状态对混凝土碳化有不同的影响。拉应力可以加速混凝土的碳化,而在一定范围内的压应力作用,则会减缓其碳化速度。全预应力混凝土主梁在使用过程中存在一定的预压力,这对混凝土碳化有抑制作用。但随着桥梁的使用,对于悬索桥这种大伸缩量的柔性体系,其预应力有可能会发生部分失效或局部失效。这不仅破坏主梁结构的力学性能,还会改变混凝土的碳化和钢筋锈蚀速度。因此,必须进行加固。对于主梁,可针对三向预应力系统的设计特点进行加固。加固时,若原结构有预留孔,可在预留孔内穿体外预应力钢束,增设齿板,进行体外束张拉。

10.3　桥塔管理与养护

对于处在一定环境下的桥梁,为提高和确保桥梁的耐久性,不仅在于优秀合理的设计、正确良好的施工,还在于及时的管理与养护。对于在役混凝土桥梁来说,设计、施工对耐久性的影响已成既定事实,只有针对实际工程情况在管理与养护方面做好工作,才能提高耐久性,确保其使用寿命。

悬索桥塔柱耐久性的管理与养护是一项系统的、长期的工作,其关键在于怎样防止和减缓混凝土碳化和钢筋锈蚀。根据前述分析可知,从混凝土碳化和钢筋锈蚀机理入手是解决以上问题的关键。根据前述分析及结论现提出以下管理与养护对策。

（1）定期检测,预防为主

一般大气环境下,混凝土碳化和钢筋锈蚀是一个时域性过程,其影响因素较多,必须制订合理的维护制度,以保证和延长塔柱的使用寿命。根据钢筋混凝土塔柱的碳化和钢筋锈蚀规律及预测分析结果,定期对塔柱进行检测,以防止出现意外情况。例如,每隔 10 年对塔柱混凝土结构进行碳化深度的检测,以了解其碳化状况。

（2）切断影响混凝土耐久性的途径

首先,应清理塔柱周围的不良环境。对塔柱周围的杂物、废物经常清扫,防止含有 Cl^- 等有害物质接近塔柱体。

其次,采用对混凝土表面进行憎水浸渍处理技术,即使混凝土表面由亲水变为憎水,由此降低混凝土的吸水率,防止 Cl⁻等有害介质向混凝土内部渗透。众所周知,混凝土的许多耐久性病害,如混凝土碳化、钢筋锈蚀、碱-骨料反应、Cl⁻等有害介质的侵蚀,其破坏机理各不相同且作用机理复杂,但有一个共同的特点是破坏程度与混凝土的物质传输能力有关,受混凝土渗透性的影响很大。因此,对混凝土表面进行维护处理,能改变混凝土结构面层的性质,提高桥梁结构的耐久性。目前,用于混凝土表面维护的材料有渗透结晶型水泥基浆料、硅烷类材料、树脂聚氨酯超重防腐涂料及 AP⁻陶瓷保护漆等。具体做法可根据前述对桥梁耐久性的分析结果,对塔柱定期进行维护。例如,每隔 5~8 年对塔柱表面进行全面的涂漆保护。

(3)及时诊断和维护

对于使用中已暴露出耐久性问题的混凝土桥梁,必须进行及时的诊断和维护,做到及时诊治。对于碳化深度较小并小于钢筋保护层厚度、碳化层比较坚硬的,可用优质涂料封闭;对于碳化深度虽较小但碳化层疏松剥落的,应凿除碳化层,粉刷高强砂浆或浇筑高强度混凝土。防碳化后的结果应达到阻止或尽可能减慢外界有害气体进入混凝土内侵蚀,使其内部和钢筋一直处在高碱性环境中。对于碳化深度较大或钢筋锈蚀的,应在修补前除锈。钢筋锈蚀严重的应根据锈蚀情况进行加固。

多种因素可导致混凝土劣化,钢筋锈蚀是造成钢筋混凝土结构耐久性变差的主要因素。在一般大气环境下,混凝土碳化是混凝土中钢筋锈蚀的前提条件。因此,混凝土碳化是一般大气环境下研究混凝土劣化的根本,保护层厚度、混凝土密实度和裂缝宽度又是保证混凝土耐久性的关键。

10.4 锚碇渗水及处治

锚碇特别是隧道式锚,极易发生渗水现象,仅靠简单的堵漏方式很难解决。

(1)检查

经常对锚碇进行检查,重点检查混凝土沉降缝、施工缝、开裂等位置,特别是大雨过后,发现渗水及时处治。

(2)建议处治方法

①当锚室位于行车道下方,沥青铺装层存在裂缝,雨水通过铺装层裂缝渗入锚室,应该将路面洗刨、清洗,重新进行防水层铺设。

②采用化学灌浆原理,将化学材料注入混凝土裂缝中,浆液遇到混凝土裂缝中的水分会迅速分散、乳化、膨胀、固结,将水完全堵塞在混凝土结构体以外,达到止水的目的。

③锚室内渗水严重时,可以采取排水方式将锚室周边地下水进行排出。

10.5　主缆检查及处治

主缆作为悬索桥最重要的生命线,与桥梁同寿命周期。但人员检查仅能对主缆外观进行检查,无法知道其内部的工作情况,特别是服役较长的悬索桥基本没有主缆除湿设施,了解其内部情况尤为重要。但随着科学技术的进步,越来越多的科技手段可用于对主缆内部运行情况的检查。

(1)检查

对主缆进行"开窗"检查,检查主缆直径,将主缆用楔子拨开,检查主缆腐蚀、锈蚀及断丝情况。

(2)建议处治方法

①恢复外层涂装。

②去除旧涂层,换新体系涂料涂装。

③在涂装层外采用弹性橡胶带缠带加强保护。

④更换腻子,重新缠丝、涂装或缠带。

⑤全面内部检查试验、处理断丝、恢复缠丝后,增加缠带和主缆除湿系统。

第11章 悬索桥运营期间的风险事件及评估

风险,即潜在损失的不确定性或与预期目标的差异。风险客观存在,虽然可以通过一定的措施降低风险损失,但却永远无法彻底消除。桥梁运营期间发生风险事件,将对桥梁全寿命费用产生影响。可能影响桥梁运营期间全寿命费用的风险事件复杂多样,且具有高度不确定性,因此,对影响桥梁运营期间全寿命费用的风险事件进行研究、评估和预测并制订合理的工程保险策略以最大限度地降低桥梁管理者损失,是桥梁全寿命设计中重要的组成部分。

11.1 技术路线

根据项目要求,基于风险评估矩阵方法进行,依托某城市悬索桥项目开展风险评估。研究过程中使用的风险评估矩阵及其评价准则如表11.1至表11.5所示。

表11.1 风险评估矩阵

后果概率	1	2	3	4	5
1	可忽略	可忽略	可接受	可接受	合理控制
2	可忽略	可忽略	可接受	合理控制	严格控制
3	可接受	可接受	合理控制	严格控制	不可接受
4	可接受	合理控制	严格控制	不可接受	不可接受
5	合理控制	严格控制	不可接受	不可接受	不可接受

表11.2 各种等级风险事态的基本风险对策

等级	风险损失描述
不可接受	无论降低风险成本有多大,都应至少把该风险降低到ALARP区间

续表

等级	风险损失描述
严格控制	应确定降低风险措施,只要降低风险的成本与所取得的风险较低效益相比是合理的,就应执行风险降低措施
合理控制	除常规运营管理外,应对此风险事态引起高度重视,必要时可采取措施降低风险等级
可接受	整个运营期间都应对这一风险进行管理,但无须立刻采取专门的措施降低风险
可忽略	无须进一步考虑该风险

表 11.3　风险事态概率等级划分及其描述

等级	1	2	3	4	5
文字描述	非常不可能	不可能	偶尔	可能	非常可能
年概率范围	<0.0003	0.0003 ~ 0.003	0.003 ~ 0.03	0.03 ~ 0.3	>0.3

表 11.4　人员安全、运营时间、管养费用损失水平分级

等级	1	2	3	4	5
文字描述	无关紧要	一般的	严重的	非常严重	灾难性的
人员安全	0	轻伤 1 ~ 4 人	重伤 1 ~ 2 人或轻伤多人	死亡 1 ~ 2 人或重伤多人	死亡 3 人以上
运营时间(h)	<2	2 ~ 4	4 ~ 8	8 ~ 24	>24
管养费用(万元)	<5	5 ~ 10	10 ~ 50	50 ~ 100	>100

表 11.5　结构安全损失水平分级

等级	风险损失描述
1	对结构安全不造成影响;不造成受力构件的结构性损伤,或损失不影响构件原有的受力性能,不对该构件本身或整体结构的受力状态造成影响

续表

等级	风险损失描述
2	对大桥受力构件造成轻微影响,但该损失对大桥其余构件的受力状态不产生本质影响,损伤范围可控制在受损构件本身范围。典型损失场景如下: ①吊杆有变形,但未断裂; ②主缆轻微局部损伤; ③混凝土桥面局部略有破坏,钢箱梁基本无损伤; ④边墩、桥塔等混凝土构件基本无损伤
3	对大桥受力构件造成轻微破坏,吊杆可能需要更换,对结构整体受力影响微弱,结构整体稳定可以得到保证。典型损伤场景如下: ①单根吊杆断裂; ②主缆的局部变形较小,基本不受影响; ③混凝土桥面局部损伤,钢箱梁局部轻微损伤; ④边墩、桥塔等混凝土构件轻微损伤,不影响受力
4	对大桥受力构件造成一定破坏,对结构整体受力影响很小,结构整体稳定可以保证。典型损伤场景如下: ①相邻两根或相隔两根吊杆断裂; ②主缆局部变形明显,受力和稳定可以满足; ③混凝土桥面局部破坏较为严重,钢箱梁局部发生一定损伤; ④边墩、桥塔等混凝土构件损伤较大,在承受力范围内
5	对大桥受力构件造成较大破坏,对结构整体受力影响小,但结构整体稳定性可以保证。典型损伤场景如下: ①3根及以上吊杆断裂; ②主缆变形较大; ③钢箱梁大面积破坏; ④边墩、桥塔等混凝土构件损失较大

根据项目研究内容和深度要求,基于桥梁工程风险评估方法及过程,建立该项目总体技术路线。针对风险的研究内容,该研究的技术路线如图11.1所示。

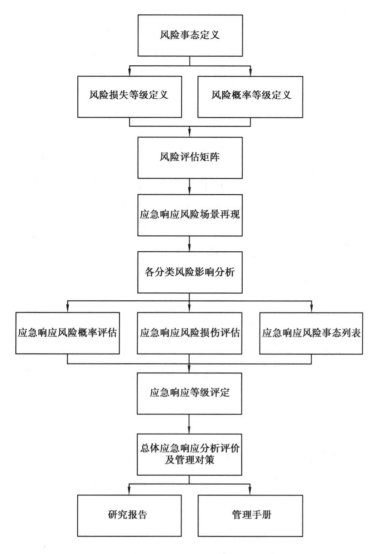

图 11.1　应急响应风险评估总技术路线

11.2　自然灾害风险评估

该大桥处于 6 度区,考虑到大桥的经济、社会、文化等因素,抗震设防烈度为 7 度,设计基本地震加速度值为 0.10 g,大桥采用的设防等级为 7 度。

11.2.1　大桥地震概率分析

迄今为止,大桥桥址邻近地区陆地上记载的地震不超过 6 级,海域记载的地震不超过 7 级,5 级左右的地震频度较高。数据表明,大桥遭受级别较高的地震概率较低,特别是震源距桥址近的地震。

鉴于该大桥的建设规模及其在国家交通网络中的重要性,主桥结构抗震采用两水平设防、两阶段设计。采用以1 000年一遇的地震加速度验算结构的强度,以3 000年一遇的地震加速度验算大桥结构的位移,分析桥梁结构的动力特性。

11.2.2　大桥地震风险场景分析

地震属于突发事件,事前难以预报,主要的风险管理工作在应急响应方面。基于目前的抗震风险管理经验,建议采取如下管理措施。

1)风险场景1:遭受6度及以下等级地震

(1)总体评价

大桥抗震能力较强,此风险场景发生时,基本不对结构造成严重损失,基本不会因结构损伤而造成人员伤亡;影响运营时间有限,基本无影响;可能造成附属设施损伤;震后需要开展部分检修工作,但不会涉及大量维修资金。

(2)震中管理

①密切关注大桥运营安全,如无重大交通事故或明显震害,可以继续维持正常运营,不必采取特殊交通管制。

②迅速封闭水域交通,防止结构损伤部分坠落,造成船只、人员伤亡。

(3)震后检查

①主体结构:对于吊杆,查看是否有变位;对于钢箱梁,查看端部焊缝是否有裂纹;对于桥塔,查看混凝土是否有开裂。

②附属结构:检查排水设施中排水管道是否有破裂或断裂;迅速核实通道闸门是否可以正常开启。

2)风险场景2:遭受7度地震

(1)总体评价

根据地震易损性分析及大桥抗震特性可知:此场景有可能会造成少量人员伤亡;影响运营时间短暂,检修后可以迅速开放通行;设备检修资金总体一般;结构可能发生局部破坏或损伤,但不会影响结构整体受力和稳定。

（2）震中管理

立即关注大桥运营安全,如桥梁主要部位发生轻微病害,附属结构发生局部损伤,应短暂设立交通管制,限制大型车辆通行,待检修后解除管制。

（3）震后检查

①主体结构:对于钢箱梁,查看端部焊接处是否有裂纹;对于桥塔,检查混凝土是否有开裂,裂缝宽度是否小于 0.2 mm;对于吊杆,检查与主缆、桥面系接头是否有裂纹或滑移。

②附属结构:对于排水设施,检查的重点是排水管道伸缩缝处有无破裂或断裂;对于照明设施,检查电缆线路是否破损;对于其他如监控摄像头,检查有无损坏、掉落。

3）风险场景 3:遭受 8 度及以上等级地震

（1）总体评价

根据结构性能可知:此风险场景可能会造成部分人员伤亡,包括交通事故和桥下船只人员;可能会影响交通通行较长时间,待检修后方可确定开放时间及通行车型;结构损伤较大,维修资金较多;部分结构发生破坏,重要结构构件受到损伤,整体受力受到部分影响,但尚能保证桥梁不会倒塌。

（2）震中管理

立即上报上级部门,并进行交通管制,迅速处理交通事故、转移受伤人群。

（3）震后检查

①主体结构:对于钢箱梁,查看端部焊接处是否有裂纹;对于桥塔,查看裂缝宽度是否大于 0.2 mm,裂缝是否过多,钢构件是否有局部裂纹;对于桥墩,查看边跨桥墩是否有裂纹,是否位移偏移过大,立柱是否有屈曲现象,反映在外观上表现为靠近中部位置立柱侧向位移是否过大;对于主缆,查看主缆是否发生较大变位,主缆钢丝是否出现裂纹;对于吊杆,查看锚固端是否有裂纹或开裂、滑移。

②附属结构:对于支座,查看是否已经破坏或阻尼器抗震性能降低需更换;对于供电设施,查看全桥范围是否可以正常供电、照明;对于排水设施,检查的重点是排水管道伸缩缝处有无破裂或断裂;对于其他设施,如核查通道闸门是否可以正常开启,监控摄像头有无损坏、掉落。

11.2.3 地震风险评估

根据前述分析,大桥抗震风险总体水平较高,可以将地震作为 3 个风险事态进行管理:

①地震风险事态 1:大桥遭受 6 度及以下等级地震;

②地震风险事态 2:大桥遭受 7 度地震;

③地震风险事态 3:大桥遭受 8 度及以上等级地震。

前述风险事态评价如表 11.6、表 11.7 所示。

表 11.6　地震风险损失分项评价

评价代号	袭击描述	人员安全	运营时间	管理费用	结构安全
R3001	大桥遭受 6 度及以下等级地震	2	2	3	2
R3002	大桥遭受 7 度地震	3	4	4	3
R3003	大桥遭受 8 度及以上等级地震	4	5	5	4

表 11.7　地震风险基本评价

评价代号	袭击描述	风险概率	风险损失	矩阵评价
R3001	大桥遭受 6 度及以下等级地震	3	3	合理控制
R3002	大桥遭受 7 度地震	2	4	合理控制
R3003	大桥遭受 8 度及以上等级地震	2	5	严格控制

11.3　风影响风险评估

空气流动形成风,8 级及以上的风可能给桥梁造成灾害。目前,气象预报中采用的风力等级划分如表 11.8 所示。某悬索桥的风致破坏如图 11.2 所示。

表 11.8　风级表

等级	名称	风速(m/s)	陆地现象
0	无风	0 ~ 0.2	静,烟直上
1	软风	0.3 ~ 1.5	烟能表示风向,但风向标不能转动

等级	名称	风速(m/s)	陆地现象
2	软风	1.6~3.3	人面感觉有风,树叶有微响,风向标能转动
3	微风	3.4~5.4	树叶及微枝摆动不息,旗帜展开
4	和风	5.5~7.9	能吹起地面灰尘和纸张,树的小枝微动
5	清劲风	8.0~10.7	有叶的小树枝摇摆,内陆水面有小波
6	强风	10.8~13.8	大树枝摆动,电线呼呼有声,举伞困难
7	疾风	13.9~17.1	全树摇动,迎风步行感觉不便
8	大风	17.2~20.7	微枝折毁,人向前行感觉阻力甚大
9	烈风	20.8~24.4	建筑物有损坏(烟囱顶部及屋顶瓦片移动)
10	狂风	24.5~28.4	陆上少见,可使树木拔起,将建筑物损坏严重
11	暴风	28.5~32.6	陆上很少,有则必有重大损毁
12	飓风	32.7~36.9	陆上绝少,其摧毁力极大
13	飓风	37.0~41.4	陆上绝少,其摧毁力极大
14	飓风	41.5~46.1	陆上绝少,其摧毁力极大
15	飓风	46.2~50.9	陆上绝少,其摧毁力极大
16	飓风	51.0~56.0	陆上绝少,其摧毁力极大
17	飓风	56.1~61.2	陆上绝少,其摧毁力极大

图 11.2　某悬索桥的风致破坏

虎门大桥是珠江口一座连接东西区域的大跨度悬索桥。2020 年 5 月 5 日 14 时许,虎门大桥出现较为明显的抖动,随后大桥双向车道均被封闭(图 11.3)。5 日 21 时许、6 日凌晨,从实时监控画面可见,大桥仍有轻微的抖动。截至 6 日晚,虎门大桥仍处于双向全封闭状态。抖动发生后,相关工作人员对大桥进行检测,大桥的恢复通车时间尚未确定。2020 年 5 月 6 日下午,在虎门大桥底下眺望,肉眼看不出桥体有振动,约 20 h 后涡振基本停止。

图 11.3　虎门大桥的涡振

本研究项目大桥地处长江上游,受大风等风灾影响频率较高。根据近三四十年资料,桥址地区年平均风速为 3.6 m/s,历年最大风速为 20 m/s,最多风向及频率为 ESE、ENE、SSE,9% ~ 10%。大桥设计根据《公路桥涵设计通用规范》(JTG D60—2015)采用数理统计方法推算,百年一遇重现期风速为 31 m/s 左右。

11.3.1　风对悬索桥的影响

风对结构的作用包括静力、动力、稳定等,除此之外,还需考虑对行车安全等其他方面的影响。

(1)静力作用

静力作用主要是风荷载作用。大桥使用阶段在百年一遇的风速作用下,能够保证静力安全。风荷载对结构主体影响,不对大桥风险管理起主导影响。

(2)动力作用

动力作用主要是各种振动效应。

(3)稳定作用

稳定作用包括颤振稳定性和静风稳定性。

11.3.2　风灾害概率分析

根据设计资料,大桥桥位不同重限期的计算风速如表 11.9 所示。从表 11.9 中可见,桥位处 10 年一遇的风速为 11、12 级。

表 11.9　不同重现期的计算风速

重现期(年)	10	30	50	100	120	150	200
基本风速(m/s)	32	36	38	40	41	42	43

从近年来遭遇的暴风袭击看,其风速特征如表 11.10 所示。

表 11.10　某地 1972—1992 年暴风参数

时间	代号	风向	最大风速(m/s)
1972 年 8 月 16—18 日	7209	SSE	24
1973 年 8 月 16 日	7308	NW	21
1974 年 8 月 19—22 日	7413	E	24
1975 年 8 月 3—4 日	7503	E	20
1975 年 8 月 14—15 日	7504	SSE	20
1977 年 7 月 25—28 日	7704	SE	19
1977 年 9 月 10—12 日	7708	SW	24
1978 年 7 月 29 日—8 月 1 日	7806	N	21
1979 年 8 月 14—17 日	7909	NNW	20
1979 年 8 月 24 日	7910	ENE	18
1981 年 7 月 22—24 日	8108	ENE	19
1981 年 8 月 31 日—9 月 2 日	8114	N	25
1982 年 7 月 29—31 日	8209	ESE	24
1982 年 8 月 10—11 日	8211	ESE	15
1983 年 9 月 27—28 日	8310	NNE	15
1984 年 7 月 30 日—8 月 1 日	8406	W	18
1985 年 7 月 30 日—8 月 1 日	8506	SW	24
1985 年 8 月 18—19 日	8509	WSW	19

续表

时间	代号	风向	最大风速（m/s）
1986 年 8 月 26—27 日	8615	N	18
1987 年 7 月 13—15 日	8704	E	11
1987 年 7 月 27—28 日	8707	SE	21
1988 年 8 月 7—8 日	8807	E	22
1989 年 7 月 20—22 日	8909	ESE	17
1989 年 8 月 3—5 日	8913	SW	17
1990 年 6 月 23—25 日	9005	SE	23
1990 年 8 月 30 日—9 月 1 日	9015	E	25
1992 年 8 月 29—31 日	9216	E	22

大桥遭遇严重风灾的可能性依然存在，必须进行认真对待。

11.3.3 风险场景分析

1）风险场景 4：8 级以下大风对大桥的影响

8 级大风年发生次数约为 0.70 次，频率较高；8 级以下大风概率更高。8 级及以下大风基本不会对结构产生损伤，对行车、人员影响不明显，可以保证正常运营。大风期间，大桥发生交通事故概率可能提高，应注意管理措施。

因此，本风险场景总体风险水平较低，目前可以予以关注。

2）风险场景 5：9 级暴风对大桥的影响

9 级暴风年发生次数约为 0.50 次，频率较高。9 级暴风对结构产生轻微损伤，对行车、人员影响一般，可以保证正常运营，但需要限速行驶。大风期间，大桥发生交通事故概率可能提高，应注意管理措施。

因此，本风险场景总体风险水平一般，目前处于合理控制。

3）风险场景 6：10 级暴风对大桥的影响

10 级暴风年发生次数约为 0.10，频率较低。10 级暴风会对附属结构产生轻微损伤,对主体结构基本不会产生影响,对行车、人员影响明显,大桥需要进行交通管制。考虑到暴风发生时,主要体现在交通运营时间上,综合损失较小。

因此,本场景总体风险水平较低,处于可接受状态。

4)风险场景 7:11 级暴风对大桥的影响

11 级暴风一般发生在海上,陆地上很少发生,频率很低。11 级暴风会对桥梁结构附属构件产生损伤和破坏,桥梁整体结构整体稳定性和受力仍可保证,对行车、人员影响明显,需关闭桥梁通行功能。

考虑到大风的可预测性,结构损失较小,本风险场景总体风险水平一般,需要合理控制。

5)风险场景 8:12 级及以上暴风对大桥的影响

12 级及以上暴风基本不会发生在陆地,频率极低。12 级及以上大风会对附属结构产生巨大破坏,需要禁止车辆和人员通行,关闭大桥的通行功能,灾后需要进行检修加固。考虑到此风险场景主要体现在结构损伤和运营时间方面,损伤程度较高。

综合考虑发生概率和损伤可判断,本风险场景总体风险水平一般,目前可以不予关注。

11.3.4　风灾风险评估

根据前述场景分析,可以从中识别出风险事态,前述风险事态评价如表11.11、表 11.12 所示。

表 11.11　风灾风险损失分项评价

评价代号	袭击描述	人员安全	运营时间	管理费用	结构安全
R3004	8 级以下大风对大桥的影响	2	1	1	1
R3005	9 级暴风对大桥的影响	2	2	2	2
R3006	10 级暴风对大桥的影响	3	2	2	2
R3007	11 级暴风对大桥的影响	3	3	3	3
R3008	12 级及以上暴风对大桥的影响	3	4	3	4

表 11.12　风灾风险基本评价

评价代号	袭击描述	风险概率	风险损失	矩阵评价
R3004	8 级以下大风对大桥的影响	5	1	合理控制
R3005	9 级暴风对大桥的影响	4	2	合理控制
R3006	10 级暴风对大桥的影响	3	2	可接受
R3007	11 级暴风对大桥的影响	2	3	可接受
R3008	12 级及以上暴风对大桥的影响	1	4	可接受

11.4　暴雨影响风险评估

11.4.1　大桥遭受暴雨概率分析

如果每小时降雨在 16 mm 以上,或者 12 h 降雨在 30 mm 以上,或者 24 h 降雨在 50 mm 以上,都称为暴雨。根据暴雨成因、经桥址处暴雨过程的时空分布和暴雨的天气气候类型等分析,暴雨由暴雨期暴雨和暴风暴雨组成。某大桥受暴雨洪水的破坏现场如图 11.4 所示。

图 11.4　某大桥受暴雨洪水的破坏现场

大桥遭受大风暴雨、大雨暴雨的概率较大,大风暴雨、大雨暴雨的作用时间非常靠近,气象台共发布了多次暴雨雷电黄色预警。可见,大桥遭受暴雨袭击的概率很高。

暴雨对悬索桥的影响如下:

①暴雨短时间内积水较多,如果桥面排水不畅,会导致桥面渗漏,引起钢箱梁锈蚀,给大桥养护带来许多不便,并影响大桥的正常使用。

②暴雨可能会使桥下锚碇处有积水,长期浸泡会导致基础沉降、钢管锈蚀,影响钢管桩的承载力和使用寿命。

③暴雨使景观水系水位升高,使锚碇处于不利环境之中,景观水系瘫痪或破坏会给锚碇带来威胁。

④暴雨使景观水系道路破坏,设备车辆到达锚碇处困难会加大,延误部分工作时间。

11.4.2　风险场景分析

1)风险场景 9:暴雨对大桥受力性能的影响

暴雨本身作为荷载,不会对结构产生过大变形和内力,但可能会使钢结构的保护层破坏或剥落,使钢材加快锈蚀,降低其使用寿命。考虑到大桥使用期间会遭受到暴雨袭击,发生此风险的概率很高。考虑到暴雨造成的损伤主要体现在管养费用和运营时间,对结构本身损失很小。

因此,本风险场景总体风险水平一般,处于可接受状态。

2)风险场景 10:暴雨对大桥桥塔的影响

暴雨可能会使桥塔位置产生积水,长期浸泡会使基础沉降较大、钢管锈蚀,影响结构的承载力和使用寿命。考虑到桥塔的标高和排水设施管理,发生此风险的概率一般。

因此,本风险场景总体风险水平一般,需要合理控制。

3)风险场景 11:暴雨对桥面通行的影响

暴雨可能因排水系统来不及排水而导致桥面系大量积水,给车辆行驶带来不便,甚至导致行车中断,延误车辆通行的时间,对结构整体受力影响很小。暴雨可能会导致交通堵塞,产生交通事故,影响运营时间。考虑到暴雨,发生此风险的概率较高。

因此,本风险场景总体风险水平一般,处于可接受状态。

11.4.3　暴雨风险评估

根据前述场景分析,可以得到大桥的暴雨风险事态和风险评价,如表11.13、表11.14所示。

表11.13　暴雨风险损失分项评价

评价代号	袭击描述	人员安全	运营时间	管理费用	结构安全
R3009	暴雨对大桥受力性能的影响	1	2	2	1
R3010	暴雨对大桥桥塔的影响	1	1	2	3
R3011	暴雨对桥面通行的影响	1	1	2	2

表11.14　暴雨风险基本评价

评价代号	袭击描述	风险概率	风险损失	矩阵评价
R3009	暴雨对大桥受力性能的影响	3	1	可接受
R3010	暴雨对大桥桥塔的影响	3	3	合理控制
R3011	暴雨对桥面通行的影响	3	2	可接受

11.5　雾影响风险评估

11.5.1　雾后果分析

通常,以水平能见度表示雾的浓度:小于50 m为浓雾,50~500 m统称为中雾,500~1 000 m为薄雾。雾天行车能见度大大降低,视野变窄,很容易引发交通事故(图11.5)。

雾天能见度较低,视野变窄,交通事故发生率较高。其主要影响如下:

①能见度降低。大雾天气容易造成追尾事故。由于不同路段大雾的严重程

度可能有所不同,驾驶员很难根据各路段不同的能见度距离及时调整自己的速度和车间距。

②减小车辆与路面的摩擦系数。由于雾水与积灰、尘土混合,这会导致轮胎与路面的附着系数减小,从而导致制动距离延长、行驶打滑、制动跑偏等现象发生。

③造成驾驶员心理紧张。驾驶员的情绪在雾天也容易受到影响,心理压力增大,一旦发生意外,就容易惊慌失措,采取措施不当从而引发交通事故。

图 11.5　某大桥大雾导致能见度降低

11.5.2　大桥发生雾天气概率

根据大桥的设计资料,年平均雾日为 211.6 天,持续至上午 8 时以后的雾日平均有 8 天。每年的 10 月至次年的 4 月为雾季,大雾的持续时间短,通常不超过 3 h,超过一天的大雾罕见。

大桥发生大雾的概率较高,需要做好大桥的大雾应急响应。

11.5.3　大桥雾天气场景分析

1) 风险场景 12:中雾对大桥运营的影响

发生此场景时,大桥能见度较低,容易发生交通事故,汽车运行速度较慢,可能产生交通堵塞,需要限速行驶。考虑到中雾发生的概率较高,发生此风险事态的概率较高。

因此,发生此风险场景的总体风险水平一般,需要合理控制。

2)风险场景 13:大雾对大桥运营的影响

发生此场景时,大桥能见度很低,极易发生交通事故,可能产生交通堵塞。根据运营情况,可能对大桥运营进行一定管制和关闭通行功能。考虑到大桥发生大雾的概率一般,发生此风险事态的概率一般。

因此,发生此风险场景的总体风险水平较高,需要严格控制。

3)风险场景 14:大雾对养护工作的间接影响

发生大雾天气时,可能会发生交通事故以及对能见度产生影响,给养护工作的正常运行带来不利影响。考虑到大桥发生大雾的概率一般,且大桥隔离带较宽,发生此风险事态的概率一般。

因此,发生此风险场景的总体风险水平一般,处于可接受状态。

11.5.4 大桥雾风险评估

根据前述理论和分析,可以得到大雾风险损失和风险评价,如表 11.15、表 11.16 所示。

表 11.15 大雾风险损失分项评价

评价代号	袭击描述	人员安全	运营时间	管理费用	结构安全
R3015	中雾对大桥运营的影响	2	2	2	1
R3016	大雾对大桥运营的影响	3	2	2	2
R3017	大雾对养护工作的间接影响	1	1	2	1

表 11.16 大雾风险基本评价

评价代号	袭击描述	风险概率	风险损失	矩阵评价
R3015	中雾对大桥运营的影响	4	2	合理控制
R3016	大雾对大桥运营的影响	4	3	严格控制
R3017	大雾对养护工作的间接影响	3	2	可接受

11.6 交通事故风险评估

11.6.1 车辆交通事故风险评估

1) 交通事故率的概率分析

针对该问题,丹麦、西班牙的道路工作者曾指出:在对本国道路交通事故进行统计调查后,认为单位路段上通过每百万车辆发生 k 次交通事故的概率服从泊松分布,其公式为:

$$P_n(k) = \frac{y^k}{k!} e^{-y} \tag{11.1}$$

式中 y——路段上的事故率期望值;

n——分布参数。

从国内事故统计可知,其分布也基本服从泊松分布,与此理论吻合得比较好,所以大桥的事故发生率采用该理论进行分析。

某大桥桥面发生交通事故场景如图 11.6 所示。

图 11.6 某大桥桥面发生交通事故场景

2）汽车撞击荷载分析

对于汽车撞击问题，根据 JCSS 建议的碰撞力模型，车辆与结构的碰撞力可描述为：

$$F_c = \sqrt{(v_0^2 - 2ar)mk} \tag{11.2}$$

式中　m——包括载重量的碰撞车辆质量；

　　　v_0——车辆驶入碰撞线路时的起始速度；

　　　a——车辆在碰撞线路中行驶的减速度；

　　　r——车辆偏离点至碰撞点的距离，$r = d/\sin\alpha$；

　　　k——车辆的刚度。

式（11.2）中各变量的分布和数字特征如表 11.17 所示。

表 11.17　车桥碰撞有关参数分布及数字特征（JCSS,2000）

变量	变量名		分布类型	均值	标准差
α	碰撞入射角		瑞利分布	10°	10°
v_0	速度（公路）		对数正态分布	80 km/h	10 km/h
a	减速度		对数正态分布	4 m²/s	1.3 m²/s
m	质量	卡车	正态分布	20 000 kg	12 000 kg
		轿车	正态分布	1 500 kg	400 kg
k	刚度		对数正态分布	300 kN/m	60 kN/m

根据以上数据，计算结果如表 11.18 所示。

表 11.18　车辆撞击荷载分布

类型	参数		
	$\mu - \sigma$	μ	$\mu + \sigma$
卡车（kN）	96.99	195.96	305.47
轿车（kN）	35.97	53.67	74.43

3）船只撞击荷载分析

对于船只撞击问题,各国规范的差异较大,本书仍采用 JCSS 建议的基于刚体碰撞假设的碰撞力概率模型。

$$F_c = v\sqrt{mk} \qquad\qquad (11.3)$$

式中　v——船只碰撞时的速度;

　　　k——船只刚度;

　　　m——船只质量。

式(11.3)中参数的取值如表 11.19 所示。

表 11.19　船只撞击大桥参数分布(JCSS,2000)

变量	变量名		分布类型	均值	标准差
v	速度	港口	对数正态分布	1.5 m/s	0.5 m/s
		内河	对数正态分布	3 m/s	1.0 m/s
		海洋	对数正态分布	6 m/s	1.5 m/s
m	质量	大型	对数正态分布	20 000 t	40 000 t
		超大型	对数正态分布	200 000 t	200 000 t
k	刚度		对数正态分布	15 MN/m	3 MN/m

根据大桥的特点,取期望值后计算可知,$F_c = 9 \times 10^9$ MN。

某桥梁船撞事件如图 11.7 所示。

图 11.7　某桥梁船撞事件

4)火灾荷载分析

引起桥梁火灾的原因很多,如车辆碰撞、易燃品泄漏、线路断路导致车体燃烧等(图11.8)。

图11.8 某桥梁火灾事件

根据学者研究,相同功能建筑物的火灾荷载服从正态分布规律。即各类功能建筑物的火灾荷载 w 的分布规律可近似表示如下:

$$f(w) = \frac{1}{\sqrt{2\pi}\,\sigma_w} \exp\left[-\frac{(w-\mu_w)^2}{2\sigma_w^2}\right] \tag{11.4}$$

式中 w——火灾荷载,kg/m^2;

$f(w)$——火灾荷载分布的概率密度;

μ_w,σ_w——火灾荷载的平均值和标准差,kg/m^2。

例如:一易燃品车辆在桥上发生火灾,考虑到火灾蔓延的速度和范围,火灾荷载的平均值和标准值分别为 24.5 kg/m^2、6.4 kg/m^2,则大桥局部的火灾荷载密度分布函数为:

$$f(w) = \frac{1}{16.0} \exp\left[-\frac{(w-24.5)^2}{81.9}\right]$$

其火灾荷载和火灾密度关系如图11.9所示。

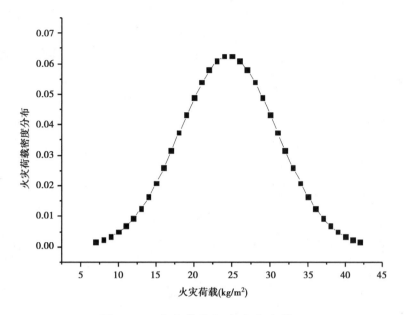

图 11.9　火灾荷载与火灾密度关系

根据火灾不同的燃烧持续时间,可得出火灾对结构的损伤程度。

11.6.2　普通交通事故风险场景分析

1)风险场景 15:引桥区发生普通交通事故

(1)影响分析

①结构损伤:不会影响主桥的受力,引桥受力影响很小,可忽略,会引起防撞护栏和路灯等局部损伤。

②运营时间:影响运行时间短暂,可迅速恢复通行,且可能主要体现在单向行车,导致双向运营受阻概率很低。

③人员损伤:人员伤亡范围基本局限在交通事故车辆中,影响大范围人员概率很低。

④影响范围:基本局限在引桥区局部范围,涉及相邻区域的概率很低。基本不会影响到长江江面的船只交通通行。

(2)应急管理

大桥管理处应根据交通事故发生时间、影响范围,设立路障和指示牌,迅速组织人员对道路进行疏导。

（3）总体评价

考虑到车辆在引桥上的行驶速度和车流量,发生在此区域的概率较高。

本风险场景总体风险水平较低,应该进行合理控制。

2）风险场景 16：主桥区发生普通交通事故

（1）影响分析

①结构损伤：主桥受力会受到轻微影响,可能会使单根吊杆破坏,撞击到主缆会使与主梁交接处主缆发生轻微局部损伤。

②运营时间：影响运行时间较短,可能主要体现在单向行车,双向车道同时被影响概率很低。

③人员损伤：人员伤亡范围基本局限在交通事故车辆中。

④影响范围：主桥区局部区域可能会有交通堵塞；车速较快,冲出桥面,可能会影响主桥区长江江上的船只通行。

（2）应急管理

若事故程度较低,迅速组织人员对道路进行疏导。道路通畅后,需迅速检查大桥受损构件的损伤程度,及时维修、更换。

若影响到公共安全,应成立应急小组,统一进行应急管理。

（3）总体评价

考虑到车流量,发生在此区域的概率较高,后果影响一般较小。

本风险场景总体风险水平较高,需要合理控制。

11.6.3　易燃品、危险品交通事故风险场景分析

1）风险场景 17：引桥区发生易燃品、危险品交通事故

（1）影响分析

①结构损伤：不会影响主桥的受力,引桥受力影响与燃烧时间有关系。若事故时间较长,可能会引起桥面系局部的较大破坏。

②运营时间：影响运行时间短暂,可迅速恢复通行,且可能主要体现在单向行车,导致双向运营受阻概率很低。

③人员损伤：人员伤亡范围基本局限在交通事故车辆中,影响大范围人员概

率很低。

④影响范围:基本局限在引桥区局部范围,相邻区域受到影响的概率很低。基本不会影响长江江上的船只交通通行。

(2)应急管理

立即与消防部门、卫生部门取得联系,尽量减小灾情损失。迅速进行交通管制,无关个人或组织不得随意靠近事发地点。

(3)总体评价

考虑到此类车辆占车流量比例较小,此类事故相对普通事故的比例较低,发生这类事故的概率较低。

本风险场景总体风险水平较低,应该进行合理控制。

2)风险场景 18:主桥区发生易燃品、危险品交通事故

(1)影响分析

①结构损伤:主桥桥面系可能会受到局部影响,可能会有少数吊杆失去承载力,主缆可能会受到轻微影响。

②运营时间:影响运行时间较长,事故发生必然会影响双向车道的车辆运行。

③人员损伤:人员伤亡范围基本局限在交通事故车辆中,伤亡人数较少。

④影响范围:主桥受到影响的可能性最大,江面行驶船只可能会受到一定影响。

(2)应急管理

迅速组织人员对道路进行疏导,及时通知消防部门进行抢险。

需要对过江船运进行一定限制,保证船只安全。

(3)总体评价

考虑到此类车辆的危险性和管理的重视程度,发生此类事故的概率较低。

考虑到主桥区在结构中为重要构件,本风险场景总体风险水平较高,需要严格控制。

11.6.4　交通事故风险评估

根据以上风险场景分析,可以识别出交通事故风险事态及其影响,并评估交

通事故风险,如表 11.20 至表 11.22 所示。

表 11.20　交通事故风险事态及其影响

风险代号	风险描述	事态对大桥的影响
R3018	引桥区发生普通交通事故	会引起防护栏局部变形,对大桥结构影响很小,人员伤亡较小,影响运营时间短暂
R3019	主桥区发生普通交通事故	可能会使主缆局部轻微损伤,单根吊杆可能破坏,影响大桥运营时间短暂
R3020	引桥区发生易燃品、危险品交通事故	可能会导致交通堵塞,引起火灾,使桥面系局部破坏,不影响整体受力
R3021	主桥区发生易燃品、危险品交通事故	桥面系局部损坏,有可能导致部分吊杆软化,失去承载力,主缆局部受损,不影响整体受力

表 11.21　交通事故风险损失分项评价

评价代号	袭击描述	人员安全	运营时间	管理费用	结构安全
R3018	引桥区发生普通交通事故	2	2	1	1
R3019	主桥区发生普通交通事故	2	2	1	2
R3020	引桥区发生易燃品、危险品交通事故	2	3	2	2
R3021	主桥区发生易燃品、危险品交通事故	3	4	3	3

表 11.22　交通事故风险基本评价

评价代号	风险描述	风险概率	风险损失	矩阵评价
R3018	引桥区发生普通交通事故	4	2	合理控制
R3019	主桥区发生普通交通事故	4	2	合理控制
R3020	引桥区发生易燃品、危险品交通事故	3	3	合理控制
R3021	主桥区发生易燃品、危险品交通事故	3	4	严格控制

第3篇 管理篇

第 12 章　桥梁管养机构

12.1　设置城市桥梁管养机构的目的和意义

通畅的交通不仅是地区经济发展的保障,也是衡量现代社会生活品质的重要指标之一,而桥梁正是交通运输的"咽喉",也是 21 世纪社会拥有的庞大战略固定资产。桥梁结构在建造与使用过程中,其结构功能和使用性能会因行车荷载和环境因素的不断作用而逐渐变坏,桥梁在其生命周期内必然发生结构状态的退化,甚至出现破损乃至损坏。因此,在桥梁使用期间需要设置城市桥梁管养机构,通过具备桥梁知识与技能的人员和维护资金,对桥梁进行科学、经常性的养护维修和管理,使每座桥梁保持一定的服务水平,经常处于完好的技术状态,实现和尽可能延长桥梁的设计寿命。

桥梁管理与养护的目的是确保设施安全、交通畅通。桥梁管理与养护的目标是设施一流、服务一流、环境优美。

12.2　管理机构设置及职责

一座桥梁附近设置一个桥梁管理机构,实行处长负责制,配置少量管理人员和工勤人员,便于桥梁日常检查和出现情况时及时响应。通常,应设置办公用房、功能配套(设备、配电、监控、环卫)用房、生活配套用房。

(1)桥梁管理机构职责

桥梁管理机构应贯彻执行大桥养护、安全生产、治安消防等有关法律法规和公司有关规章制度,全面负责大桥的设施设备维护、安全保卫、经营管理、综合管理、党工群团工作及其他业务管理工作,确保桥、隧、路及其附属设施设备在健康、安全、整洁的状态下运行。

①负责桥梁管理机构年度桥梁养护计划的编报及组织实施。

②负责桥梁管理机构设施设备检查、检测、监测、安全排查等各类检查,及时发现设施缺陷及安全隐患,并采取相应的整改措施。

③负责桥梁管理机构维护项目技术方案编制、施工相关手续的协助办理等维护项目前期准备工作,并做好工程施工中的工程进度、工程质量、工程安全监督。

④负责桥梁管理机构环卫绿化、超限车监管等各类市政监察、超限车管理等工作。

⑤负责桥梁管理机构各类突发事件的处置与协调处理工作。

⑥负责依法、依规地做好桥梁管理机构各种经营活动、合同管理、经营资源监管等经营管理工作。

⑦负责桥梁管理机构员工业务技能学习培训、员工考核考评、员工考勤管理等人力资源管理工作。

⑧负责桥梁管理机构现金、财务台账报表等财务管理工作。

⑨负责桥梁管理机构车辆使用、检查、维护、维修及驾驶员管理等车辆管理工作。

⑩负责桥梁管理机构收发文管理、文件起草、档案管理、资产管理、台账报表等行政管理工作。

⑪负责办公楼管理、食堂管理、员工宿舍管理等后勤管理工作。

(2)维护科职责

①按现行养护技术规范和公司的管理规定,负责对管辖范围内的设施进行经常性检查、定期检查、安全隐患排查、设施病害的观测与监控等各类检查、监测、监控工作,按照要求及时填报"设施健康检查表"。

②负责桥梁设施技术等级评定并拟订下年度桥梁维护计划,提出相应项目的技术要求(或方案)、措施。

③负责桥梁管理机构供配电、桥梁健康监测系统、桥梁数字化中心、交通监控设备、交通诱导屏、技防设备、会议及办公系统等常见故障的检修和日常保养、升级、改造等工作。

④负责桥梁管理机构超限车管理及日常检查,按照超重车过桥监护程序,做好对申请过桥的超重车进行桥梁承载能力验算、审批、协助过桥监护工作。

⑤负责办理桥梁管理机构管理范围内占道、挖掘、设施占用、临时使用等工

程项目的方案(由施工方办理的手续除外)以及协调施工中的有关事宜,按程序完善会签、备案及安全协议的拟定工作。

⑥负责日常维护、大修工程项目及应急工程项目施工方案的初审和组织实施,并对实施中的质量和安全责任以及工程数量进行监督管理。

⑦负责管辖范围内广告设施的技术管理、广告设置施工技术方案审批、广告设置的资料备案工作,检查和督促广告设置单位规范施工,并做好广告设施的日常安全检查与监督。

⑧负责维护项目完成情况统计、大桥病害及整治情况登记,建立设施台账。

(3)综合科职责

①负责大桥设施设备的安全防范工作,做好安全管理体系的建立完善、安全保卫和消防工作措施制订、大桥的重点部位守护,防止火灾、爆炸、破坏事故的发生。

②做好桥梁管理机构贯彻落实国家有关方针政策、上级有关精神、公司各项管理制度的督导及桥梁管理机构工作落实情况的督查督办。按照公司要求及《突发事件应急预案》,做好桥梁管理机构突发事件处置工作。

③负责桥梁管理机构市政管理有关工作,做好辖区内的环卫、绿化、车损索赔统计、报表和总结等工作。

④负责桥梁管理机构经营管理有关工作,做好产权确认管理、土地、房屋管理、开设道口、路产占用、公路用地架设、埋设管线、设置广告的审批、监督、检查工作。

⑤负责审查重车及特种车辆的过桥申报,办理相关手续并组织实施重型车辆监护过桥等相关工作。

⑥负责桥梁管理机构人力资源管理有关工作,根据国家政策规定及公司要求,做好劳动用工管理、考勤和绩效考核、员工培训教育及相关档案完善、技术人员职称申报与评审、员工社会保险办理等工作。负责桥梁管理机构费用管理有关工作,做好桥梁管理机构资金计划和合理安排使用管理、成本费用的预算、计划、编报、统计及日常费用的申领报销工作。

⑦负责桥梁管理机构资产管理工作,做好桥梁管理机构桥梁设备设施资产、土地房屋资产、有价证券资产、办公设施资产、低值易耗品资产等各类资产的管理。负责桥梁管理机构车辆管理有关工作,做好车辆的使用、检查、维护、维修、

登记及驾驶员管理等工作。

⑧负责桥梁管理机构档案管理有关工作,做好各类文件档案、影音资料档案、人事档案、党工群团档案等各类档案的管理。

⑨负责桥梁管理机构办公楼管理工作,做好员工宿舍、食堂、中控室、办公楼保洁绿化督查、检查等工作。

⑩负责桥梁管理机构日常办公文秘工作,做好文件起草、会议会务管理、信息资料的搜集、整理及报送、沟通协调等工作。

(4)桥梁工程师职责

①负责公司桥梁设施的完好及安全检查督促工作。

②负责桥梁设施定期检查指导工作和专项检查的现场管理工作。

③负责桥梁设施健康检查资料的审核工作。

④负责桥梁大修工程和改善工程的监理工作。

⑤负责编制大修计划和复核大修工程量工作。

⑥督促桥梁设施的日常维护和中修等工作。

⑦督查维护项目现场施工质量及进度,以及工程原材料报验、抽检及施工过程中相关重要或关键工序的质量报验工作。

第 13 章　桥梁养护工程管理

桥梁养护工程包括桥梁检测评估、维修方案设计等技术咨询类和桥梁维修加固、桥梁机电及设施设备维修、桥梁环境及景观改善等施工类工程。桥梁养护工程管理是桥梁养护工作中极其重要的部分,必须设置专业技术和质量部门加强管理。

13.1　城市桥梁养护计划管理

13.1.1　城市桥梁养护计划编制原则

城市桥梁养护计划编制的原则是"立足桥梁使用寿命周期,兼顾规范要求,科学编制",每座桥梁都应有中长期养护规划。规范要求是我们需要严格执行的,使用寿命周期内总体养护成本也是我们应该控制的。科学编制计划就是要求在满足规范要求的前提下,尽量减少养护成本,创造更多的社会效益。把握桥梁使用寿命周期成本,要求桥梁养护必须要有前瞻性和预见性,要用科学的观念、科学的手段、科学的方法来指导和推进城市桥梁管养工作。

13.1.2　城市桥梁养护计划编制范围

城市桥梁养护计划编制范围如下:
①规范规定必须开展的城市桥梁检测评估工作;
②按照规范要求必须要开展的城市桥梁维修工作;
③特殊情况下发生的城市桥梁检测评估和维修工作;
④企业基于使用寿命周期内养护成本最小化和其他因素开展城市桥梁维修、改善工作,充分考虑防治结合、轻重缓急、新材料的应用。

在桥梁管养初期,桥梁管养单位就应该提前谋划,根据桥梁建设情况、桥梁交通流量、地理环境位置等影响桥梁寿命的因素制订桥梁管养中、长期计划,通过长远规划,防治结合,尽量减小总体养护成本和对交通的影响。

13.1.3　城市桥梁养护计划主要内容

城市桥梁养护计划内容应主要包括项目名称、项目概况及必要性,项目主要工作内容、工程数量,项目实施主要工艺、方法,项目工程费用预算等。城市桥梁养护计划应该由有经验的桥梁管护人员进行编制,充分征求参建各方及有经验的桥梁维修施工单位的意见,形成主要实施方案并尽可能组织专家论证,查漏补缺,确保计划的可行性和实用性。

13.1.4　城市桥梁养护计划编制要求

按照规范和制度要求,必须开展周期性工作计划。

①管养单位宜在每年年底做好第二年的年度养护计划,包括城市桥梁检测计划、维护维修计划和改善工程计划等。

②城市桥梁检测计划,按照相关规范和本手册规定的检测任务(包括经常性检查、定期检测评估、防雷检测、变形观测等)结合管养单位特殊需求进行编制。

③城市桥梁维护维修计划,根据当年桥梁检测资料和养护建议,结合管养单位实际情况,提出维护维修计划。需要请专业设计单位进行维修方案设计的,应将设计任务一并纳入计划。城市桥梁维护维修,应从保障功能、消除安全隐患(包括结构耐久性)、桥梁景观效果 3 个不同的层面,结合使用寿命周期成本和社会交通影响等因素进行综合考虑。

④城市桥梁养护计划应进行分类,以便于统计。例如,大的方面分为土建类、机电类、采购类和其他费用,土建类又包括涂装类、路面类、结构类等,机电类分为强电类和弱电类,其他费用包括水费、电费、航道管理费等。

⑤维护计划的编制应做到有据可查、有规可依,经过相关部门的审核后方可实施。

⑥对于较大的专项维护项目,编制维护计划前应提前设计、论证专项维护方案,以便于维护计划的准确性和资金申请。

⑦根据计划的实施情况,如遇突然要求或突发事故,可在下半年调整计划。

13.2　建设程序管理

城市桥梁养护工程建设程序管理是确保养护工程项目依法依规顺利实施的重要保证,必须有相关部门加强管理。城市桥梁养护工程根据工程规模可分为大型维护项目和一般维护项目。

13.2.1　大型维护项目

应参照相关法律法规规定的工程建设程序实施。建设程序主要包括以下步骤,步骤的顺序不能任意颠倒,但可以合理交叉。

①编制项目建议书。对建设项目的必要性和可行性进行初步研究,提出拟建项目的轮廓设想。

②开展可行性研究和编制设计任务书。具体论证和评价项目在技术和经济上是否可行,并对不同方案进行分析比较;可行性研究报告作为设计任务书(也称计划任务书)的附件。设计任务书对是否建设该项目,采取什么方案,选择什么建设地点,作出决策。

③进行设计。从技术和经济上对拟建工程作出详尽规划。大中型项目一般采用两阶段设计,即初步设计与施工图设计。对于技术复杂的项目,可增加技术设计,按3个阶段进行。

④安排计划。可行性研究和初步设计,应送请有条件的工程咨询机构评估,经认可后报计划部门,经过综合平衡,列入年度基本建设计划。

⑤建设准备。建设准备包括水电接入、落实施工力量、组织物资订货和供应、办理施工许可以及其他各项准备工作。

⑥组织施工。准备工作就绪后,提出开工报告,经过批准后,即开工兴建;遵循施工程序,按照设计要求和施工技术验收规范进行施工安装。

⑦生产准备。生产性建设项目开始施工后,及时组织专门力量,有计划、有步骤地开展生产准备工作。

⑧验收投产。按照规定的标准和程序,对竣工工程进行验收(见基本建设工程竣工验收),编制竣工验收报告和竣工决算(见基本建设工程竣工决算),并办理固定资产交付生产使用的手续。对于小型建设项目,建设程序可以简化。

⑨项目后评价。项目完工后对整个项目的造价、工期、质量、安全等指标进

行分析评价或与类似项目进行对比。

13.2.2　一般维护项目

①项目立项。根据检测评估报告,提出项目实施意见,报公司批准立项。

②项目设计。对需要进行专项设计的项目,要从技术和经济上对拟建工程作出详尽规划。小项目可直接采取施工图设计,大中型项目一般采用两阶段设计,即初步设计与施工图设计。对于技术复杂的项目,可增加技术设计,按 3 个阶段进行。

③安排计划。对于完成设计的项目,根据施工图预算,报计划部门,经过综合平衡,列入年度基本建设计划。

④建设准备。建设准备包括落实施工力量、组织物资订货和供应、办理施工许可,以及其他各项准备工作。

⑤组织施工。准备工作就绪后,提出开工报告,经过批准后,即开工建设;遵循施工程序,按照设计要求和施工技术验收规范进行施工安装。

⑥生产准备。生产性建设项目开始施工后,及时组织专门力量,有计划、有步骤地开展生产准备工作。

⑦验收投产。按照规定的标准和程序,对竣工工程进行验收(见基本建设工程竣工验收),编制竣工验收报告和竣工决算(见基本建设工程竣工决算),并办理固定资产交付生产使用的手续。对于小型建设项目,建设程序可以简化。

⑧项目后评价。项目完工后,对整个项目的造价、工期、质量、安全等指标进行分析评价或与类似项目进行对比。

13.3　养护工程方案管理

对于城市桥梁检测评估报告中提出的桥梁病害,桥梁管养单位应按照规范要求及时进行养护维修。对于普遍性简单病害的处治,建设单位可视情况决定是否进行专项维修设计。

对建设单位决定主要请专业单位进行专项维修设计的,应做好以下管理工作:

①根据设计单位要求,提交相关桥梁竣工、维修加固、检测评估等资料。

②如所提交的资料不能满足设计要求,则需补充提交相关资料。补充资料

的收集可由设计单位完成,也可外委其他专业机构完成。

③在设计实施阶段,与设计单位保持密切沟通,以便双方实现充分交流,确保设计工作效率。

④设计文件审查。对于设计单位提交的设计文件,应组织召开专家评审会,完整记录专家评审修改意见,督促设计单位修改完善。

⑤对照专家评审修改意见,验收设计文件并存档。

对建设单位决定不需要请专业单位进行专项维修设计的,相关部门必须自行拟定维修方案,明确工程部位、工程内容、工程数量、施工措施、维修技术要求和交通组织方案等重要内容。

第 14 章　桥梁安全保护区管理

城市悬索桥的安全保护区是指桥轴线上游 200 m 至下游 150 m 的水域和陆域。

城市悬索桥的安全保护区影响因素主要有近接工程、桥下堆积物和航道变迁等。

14.1　近接工程管理

近接工程是指在城市桥梁安全保护区域内施工的工程。近接工程施工可能影响城市桥梁安全,必须依法加强管理。

14.1.1　近接工程施工行为

近接工程施工行为如下:

①河道疏浚、河道挖掘等施工作业;

②建筑打桩、修建地下结构物、盾构顶进、管线顶进、(架)埋设管线、爆破、基坑开挖、降水工程等作业;

③大面积堆物或减少荷载量超过 20 kN/m² 的作业;

④其他可能损害城市桥梁的作业。

14.1.2　开展近接工程时的保护

对于可能影响城市桥梁安全的近接工程作业,应制订城市桥梁安全保护设计方案和相应的施工方案,并签订城市桥梁安全保护协议。

①城市桥梁安全保护设计方案包括作业区域、作业内容、开竣工日期、技术保护措施、施工设计图纸等内容。

②城市桥梁安全保护协议包括以下内容:

a. 作业对城市桥梁影响的分析评估(即城市桥梁影响性评估);

b. 城市桥梁安全保护的设计方案;

c. 作业的安全保护措施及施工方案;

d. 在作业期间及后续阶段,城市桥梁的沉降、位移等监测方案;

e. 监测资料的报送内容和形式;

f. 施工应急预案;

g. 其他需要的技术要求等。

③对于可能影响城市桥梁安全的近接工程作业,应由具有相应资质的专业检测单位进行桥梁结构检测,编制检测报告,并根据检测结果采取相应的加固措施。

④对于可能影响城市桥梁安全的近接工程作业,应由具有相应资质的专业检测单位编制监测方案。施工作业期间,对相关城市桥梁进行动态监测,并定期报送城市桥梁动态监测记录和报告。动态监测应包括以下主要内容:

a. 安全保护区域内的地面沉降、土体侧移;

b. 城市桥梁的垂直位移、水平位移等;

c. 城市桥梁的墩台、基础、支座和接头连接部分的位移、转角等;

d. 影响城市桥梁安全的其他监控内容。

对城市桥梁进行动态监测前,应根据使用情况、现有状态及设计要求制订沉降、位移的监控值及报警值。

14.1.3 近接工程监督管理

①城市桥梁管养单位应编制城市桥梁安全保护区域监督管理方案,以便有效实施对桥梁安全保护区域内近接工程作业的管理,从而确保城市桥梁的安全运营。

②城市桥梁安全保护区域监督管理方案应明确监督机构设置、岗位设置、岗位职责、办事流程和需要准备的相关资料清单,以及需要填制的表格样表等重要内容。

③桥梁安全保护区不可避免的施工行为应按以下程序处置。

a. 不危及桥梁结构安全或对桥梁安全影响很小时:

● 施工活动组织单位提出申请并填写和提交《城市桥梁(隧道)安全保护区

域施工作业申请表》《城市桥梁（隧道）保护区施工安全保护协议》及其必要的附件。

　　● 城市桥梁管养单位相关技术部门和安全部门经办人复核审查（审核通过，则进入下一步流程；未通过则退回修改，并给出修改意见）。

　　● 城市桥梁管养单位相关责任部门负责人审核（审核通过，则进入下一步流程；未通过则退回修改，并给出修改意见）。

　　● 城市桥梁管养单位领导审批核准。

　　● 城市桥梁管养单位相关负责人监督实施。

　　b. 危及桥梁结构安全时：

　　● 施工活动组织单位提出申请并填写和提交《城市桥梁（隧道）安全保护区域施工作业申请表》《城市桥梁（隧道）保护区施工安全保护协议》及其必要的附件。

　　● 城市桥梁管养单位相关技术部门和安全部门经办人收到文件转交给原设计单位、勘察单位进行设计验算。

　　● 原设计单位、勘察单位进行设计验算后出具书面回复文件，并返给城市桥梁管养部门经办人。

　　● 城市桥梁管养单位经办人汇集原设计单位、勘察单位相关意见（若需组织专家论证，组织专家论证并进行意见汇总）。意见汇总完后，反馈给申请单位进行修改完善，申请单位完善后报。

　　● 城市桥梁管养单位相关部门经办人复核修改完善情况。若有必要，可以将修改后方案反馈给原设计单位、勘察单位、专家组进行再次复核。

　　● 城市桥梁管养单位相关责任部门负责人审核（审核通过，则进入下一步流程；未通过则退回修改，并给出修改意见）。

　　● 城市桥梁管养单位相关责任部门负责人审核（审核通过，则进入下一步流程；未通过则退回修改，并给出修改意见）。

　　● 城市桥梁管养单位领导审批核准。

　　● 城市桥梁管养单位相关负责人监督实施。

　　④必须在桥梁安全保护区进行施工时，应办理施工许可，需要提交的备案材料（电子版、纸质版各一份）如下：

　　a.《城市桥梁（隧道）安全保护区域施工作业申请表》；

b.《城市桥梁(隧道)保护区施工安全保护协议》;

c. 依法经规划、国土、交管、消防、公安、环保等行政主管部门的审批手续、文件或函件;

d. 设计专篇安全论证、针对性施工方案及措施;

e. 第三方安全评估报告;

f. 原设计、勘察、监测单位的征求意见;

g. 审核合格的设计施工文件及其变更文件;

h. 施工方案及其专项方案;

i. 施工过程中对原有桥梁的安全监测方案及其应急处置方案(此项针对新建桥梁,此部分应包含施工前原有大桥监测报告、施工中原有大桥监测报告、施工后原有大桥监测报告)。

以上 a～i 项备案资料仅供参考,备案资料的电子版、纸质版内容应完全一致。具体的备案材料可视工程具体实际情况进行适当增减。

⑤城市桥梁管养单位应指派专人对备案材料按类别和项目名称进行归档保存。

⑥城市桥梁管养单位相关管理人员应随时对其施工行为进行监管,发现施工活动中存在违反国家法律法规、备案内容的行为及时予以制止,并及时按程序和流程向相关部门和领导进行汇报。

⑦城市桥梁管养单位相关管理人员应加强桥梁安全保护区域的巡查管理。发现未按规定办理相关手续的作业行为,应及时进行处置。

14.2　航道变迁影响

城市桥梁建设设计时,对通航净空、净宽都有要求,桥墩尺寸、配筋和混凝土强度等都根据通航状况和漂浮物情况做了防撞设计,桥梁墩、台基础埋置深度也根据水文条件、地质条件结合使用寿命做了设计。随着桥梁、沿岸构筑物、沿岸防护工程的建成使用,水文条件发生变化,使河道、航道出现改变。

14.2.1　河道改变对城市桥梁的影响

河道改变包括河床下切、水流改变等多种情况,对城市桥梁的影响也有差异。

①影响桥梁墩、台基础的埋置深度。长期水流冲刷导致河床下切,会使桥梁墩、台基础埋置深度减小,严重时导致不满足规范要求。这对摩擦桩的影响是致命的,对扩大基础的安全也是严重威胁。

②影响桥墩安全。当河床下切达到一定程度后,河床土体高差会使桥墩形成偏压,出现结构安全隐患,严重时导致桥墩倾斜、开裂等一系列病害。

14.2.2　航道改变对城市桥梁的影响

水流改变往往伴随航道变迁,一些设计不通航的桥跨成了主要水流道和航道,对城市桥梁也带来了影响:一方面,这些桥跨的河床下切严重;另一方面,使相应桥墩出现船和漂浮物撞击的风险。

14.2.3　航道变迁管理

①有计划地开展城市桥梁桥位区域河床检测,及时准确了解河床下切情况并与设计单位沟通,掌握桥梁结构安全状态。当存在安全风险时,及时采取有效处置措施,确保桥梁结构安全。

②当出现可能引起航道改变的建(构)筑物建设时,要及时沟通协调。如果无法避免建(构)筑物建设时,则需进行城市桥梁影响性评估,针对性采取防护措施,使航道不发生改变。

③当航道改变无法避免时,要提前进行城市桥梁影响性评估,针对性采取防护、加固措施,避免桥梁结构出现安全危害。

14.3　桥下空间管理

14.3.1　桥下堆积物的影响

城市桥下堆积物包括桥下填土、建筑垃圾、生活垃圾、易燃材薪等,对城市桥梁的影响如下:

①桥下填土和建筑垃圾会造成桥墩偏压受力,危及桥墩安全。不均匀堆载会对桥墩形成偏压。如果堆积土体出现滑动,更会使桥墩出现偏压,导致桥墩倾斜,严重时造成桥墩或基础剪切断裂。

②桥下堆积易燃材薪、生活垃圾,极易引发火灾,导致桥梁结构受损。

③桥下堆积物产生的有害物质会对混凝土、钢筋形成化学腐蚀、生物腐蚀等,影响结构安全。

④桥下堆积物影响桥梁检测、养护工作的实施。

14.3.2 桥下堆积物管理

①加强桥下空间管理宣传,未经允许,不得在桥下堆积任何物品。

②对必须发生的桥下堆积作业,要有专项设计方案和桥梁保护措施方案,进行城市桥梁影响性评估,经批准后方可实施,具体可参考本章安全保护区规定执行。

③对未经允许的桥下堆积物,必须坚决予以清除。

④开展桥梁运营安全应急管理。

第 15 章　桥梁运营安全应急管理

15.1　应急预案编制概况

（1）编制目的

为了快速、及时处置道、桥、隧可能出现的重大安全风险,建立统一、规范、科学、高效的应急指挥体系,形成分工明确、责任到人、常备不懈的应急处置保障体系,保障公众生命财产安全、设备设施安全及交通安全,维护正常的工作秩序,最大限度地减少人员伤亡和财产损失,确保应急救援工作的顺利进行,结合实际编制应急预案。

（2）工作原则

依照"以人为本、预防为主、统一领导、分级负责"的原则,高度重视公共安全工作,常抓不懈,防患于未然。管养单位做好应急处置的组织、领导和准备工作,建立和完善安全风险应急机制,整合现有应急资源,建立健全预测预警体系,提高应急管理和处置能力,快捷、高效、科学地处置事件造成的灾难。

（3）编制依据

依据《中华人民共和国突发事件应对法》《中华人民共和国安全生产法》《国家安全生产事故灾难应急预案》《生产经营单位安全生产事故应急预案编制导则》（GB/T 29639—2020）、《重庆市生产安全事故应急预案管理办法实施细则》《重庆市突发事件风险管理操作指南（试行）》《重庆市突发公共事件总体应急预案》《重庆市城市桥梁事故灾难应急预案》以及管养单位《突发事件应急处置预案》等制订应急预案。

（4）应急预案体系

应急预案体系从总体上阐述安全风险发生时的应急方针、政策,应急组织机构及职责,以及预防和预警机制、应急响应程序、应急处置、善后处置、培训和演习等基本要求和程序,是应对各类安全风险的综合性文件。

15.2 应急组织机构及职责

1) 应急组织机构

设立应急中心指挥组,指挥组下设办公室和4个应急处置领导小组。

2) 应急中心指挥组职责

① 负责统一组织、协调、部署应急预案的实施工作及紧急处理措施。

② 发布启动安全风险应急处置预案的命令,研究解决安全风险处置过程中的重大问题。

③ 根据安全风险的性质和实际情况,迅速制订或调整抢险救援方案。

④ 及时向上级和有关部门报告安全风险处置进展情况。

⑤ 协调市区相关职能部门,共同处理安全风险。

⑥ 配合有关部门组织做好安全风险事故的调查处理工作。

⑦ 组织做好稳定生产秩序和伤亡人员善后处理和对家属的安抚工作。

⑧ 组长因公不在的情况下,由副组长全权指挥。

3) 应急中心指挥组办公室职责

① 应急中心指挥组办公室是管养单位应急指挥组的日常办事机构。

② 负责应急准备、信息的报送、组织协调上级和各相关部门应急处置工作,联络各职能部门开展工作。

③ 负责应急工作的物资储备、管理和发放。

④ 负责与外界相关媒体的渠道沟通,正确引导公众舆论。

4) 应急处置小组职责

① 现场处置救援组:负责组织本小组成员,及时赶赴现场,展开抢险救援工作;抢救伤员、全力排除险情、控制事态不良发展,将人员伤亡、财产损失减到最小,并随时将突发事件的发展趋势以及采取的对策和措施报告管养单位中心指挥组办公室。

②现场安全保卫组:负责组织本小组成员,及时赶赴现场,指挥现场安全保卫工作;设置事故现场警戒区,疏散危险区域的行人和车辆、封闭交通,同时加强对道、桥、隧重点要害部位进行守护,防止可疑人员破坏设施,对肇事嫌疑人实施监控;必要时,调动预案相应单位组织安保人员现场救急,并随时将突发事件的发展趋势以及采取的对策和措施报告中心指挥组办公室。

③现场勘查组:配合相关部门进行实地勘查取证工作,为有关部门提供物证;协助相关部门从专业角度提出事故的成因;提供工程抢险所需的道、桥、隧等相关资料;随时报告工程出现的各种问题。

④后勤保障组:根据现场发展的需要,及时协调调运管养单位及附近其他桥梁管理机构储备的抢险物资,联系预案响应单位,调用抢险物资、工程机械和机具,为事发现场处置工作提供有效的物资保障。

5)应急中心指挥组组长和各处置小组组长岗位职责

(1)应急中心指挥组组长职责

负责对重大突发事件的全权决定和处理;根据现场危险等级、潜在后果等决定应急预案的启动;事件超出处置能力时,向上级应急机构提出救援申请;负责或受权发布应急预案启动、解除、升降级命令和应急处理,接受上级应急部门的相关命令。副组长协助组长做好应急处置工作,组长不在的情况下,由副组长全权负责处置指挥。

(2)应急中心处置救援小组组长职责

①现场处置救援小组组长:负责对事故现场的协调和指挥和救援处置工作;向组长及上级相关部门提出应急程序和行动建议。完成现场应急处理和救援任务。副组长全力协助组长开展现场处置救援处置工作,组长不在位的情况下,由副组长全权负责处置指挥。

②现场安全保卫小组组长:负责事故现场的保护,设置安全警戒线,积极协助交警做好交通疏导,疏散围观人群,严禁闲杂人员进入事故现场。

③现场勘查小组组长:负责对事发现场进行勘查取证、摄像,对事发现场有无潜在和次生事故进行分析评估,对重要设施后期修复提供技术保障。

④后勤保障小组组长:负责做好现场所需的人、财、物等的协调,对所需的机具设备、施工队伍进行联系、协调。

6）应急组织机构框架

应急组织机构框架见图 15.1。

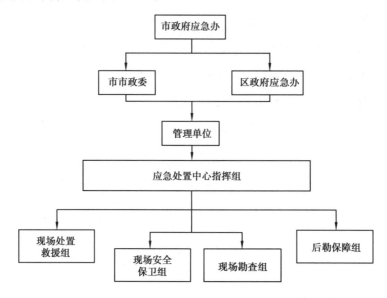

图 15.1　应急组织机构框架图

表 15.1 所示为桥梁管理处在管理过程中可能发生的突发事件类型及相应处置措施。

表 15.1　突发事件类型及相应处置措施

序号	事件类型	处置措施
1	治安事件（含群体闹事事件）	①立即赶赴现场(如事态轻微,无人伤亡或财产损失)自行处理; ②(如事态严重)立即报警; ③隔离和劝散围观人员,保持通道畅通; ④配合调查,现场取证; ⑤倾听民意,疏导群众; ⑥对事故受伤人员施救; ⑦清理现场,恢复秩序

序号	事件类型	处置措施
2	交通事故（人员伤亡、设施损坏）	①立即报警并报告责任部处,并通知有关部处人员赶赴现场; ②配合交警视情况疏散人员,隔离围观群众; ③现场取证,并填写车祸事故情况登记表,事故当事人签字; ④配合医务人员对事故伤亡人员分别施救和处理; ⑤将机动车移至不妨碍交通的地点; ⑥根据损毁设施的不同权属,通知道路、桥梁、供电、通信等有关部门及时处理; ⑦初步评估出车祸对设施影响程度的初步结果,及时办理索赔事宜; ⑧车祸事故造成的设施修复,在赔偿金额能够自行平衡的情况下,原则上按车祸赔偿合同走流程报批;如果车祸事故造成较大的设施损毁或严重安全隐患,按《运营抢险工程管理办法》执行; ⑨实施临时抢险,以恢复交通; ⑩后期对现场设施损毁进行修复
3	运输易燃易爆、危化品车辆在桥上滞留或发生泄漏	①立即向管养单位领导报告和报警,对车辆进行监控; ②配合公安机关封锁现场,疏散人员,保证救援车辆进入; ③配合环保部门对危险化学品事故现场进行应急环境监测; ④敦促公安、消防等单位尽快处理,直到全部转移到安全地方为止; ⑤配合环保、消防部门实施现场清理,以消除隐患
4	船舶等漂浮物危及桥墩	①发现该隐患的人员,在向有关部门报告的同时,不得离开,并采取适当措施予以监护; ②配合交警部门在大桥两端实施紧急封路措施; ③通知海事、航道部门立即赶赴现场; ④配合政府有关部门采取措施引导船舶等大型河道漂浮物避开桥墩,或者减小漂浮物的速度和对桥墩的冲击,将损失降到最低; ⑤现场勘查组织人员对事发现场做好资料收集工作,对抢险救灾的过程进行摄像照相; ⑥待船舶等大型河道漂浮物通过大桥后,视其对桥墩的撞击情况,或者对被撞桥墩进行有关检测,或者立即组织专家对大桥安全状态进行评估,若无大碍立即开放交通; ⑦大桥如有损伤,应对受损桥墩进行检测,并尽快出台桥梁抢修方案

续表

序号	事件类型	处置措施
5	地震、自然灾害等不可抗力事件	①立即赶赴现场； ②配合应急办、公安等相关部门,组织营救被困群众和受伤人员； ③做好安抚工作,发动群众自救互救； ④配合医疗救助和卫生防疫； ⑤协助调集所需物资； ⑥组织力量对管辖范围的设施进行检查,开展应急抢险,帮助尽快恢复生产和生活秩序;察看设施受损情况,并组织有关专家对桥梁的技术状况进行评估;根据现场设施受损的严重程度,协助强力部门采取封闭交通等措施； ⑦对于存在安全隐患的设施,应采取临时抢险,设置警示标志
6	车辆事故造成大面积漏油或发生自燃	①立即赶赴现场； ②组织疏散和营救被困群众和受伤人员； ③配合交警、消防部门清除现场油污,以消除隐患
7	高边坡或挡土墙等附属设施发生垮塌	①立即赶赴现场； ②配合应急部门及公安、消防、市政或土地房管部门组织疏散和营救被困群众和受伤人员； ③积极配合清障,尽快疏通交通； ④对路、桥、隧损失情况进行评定； ⑤组织应急抢险
8	恐怖分子对大桥从事破坏活动	①立即赶赴现场； ②配合公安和应急部门迅速封锁现场和要道,维护治安和交通秩序； ③营救受伤人员； ④尽快查明情况,以防止事态发展； ⑤全力抢险,以消除隐患； ⑥协助开展缉捕行动； ⑦加强防范控制,加大巡逻守护力度

序号	事件类型	处置措施
9	办公区域和重点要害部位发生重大火灾事故	①立即赶赴现场,组织疏散和营救被困群众和受伤人员; ②协同配合公安、消防部门,全力灭火抢险; ③尽快查明情况,以防止事态发展
10	车辆事故损坏重要设施	①立即赶赴现场,组织疏散和营救被困群众和受伤人员; ②配合交警、消防部门实施交通管制,全力灭火; ③配合交警、消防部门在大火扑灭后移动事故车辆,并进行清障; ④对隧道损坏情况进行评定; ⑤根据损毁设施的不同权属,通知道路、桥梁、供电、通信等有关部门及时处理; ⑥实施抢险,恢复交通
11	施工现场发生重大人员伤亡事故	①第一时间赶赴现场,立即停止事故现场周边的作业,并启动生产安全事故应急预案; ②做好现场保护工作; ③配合安监、公安、卫生等部门对伤亡人员进行救治和处理; ④配合调集应急队伍进入现场,采取有效措施控制事态
12	雷电、强风、暴雨造成重要设施损坏或汛期重要道路被淹没	①第一时间赶赴现场查看情况; ②紧急营救被困人员; ③根据损毁设施的不同权属,通知市政、道路、桥梁、供电、通信等有关部门及时处理; ④视情况采取封路、交通管制等措施; ⑤调集力量实施紧急抢险,恢复交通
13	大桥供配电设施发生火灾	①要求供配电室人员第一时间切断电源,如火势较大,无法切断电源时,通知上一级变配电所切断电源; ②第一时间赶赴现场处理; ③如火势较大,应急队伍无法控制,应迅速通知消防部门处置,再通知电力等部门到场处理; ④配合消防、电力部门实施灭火、修复等工作

续表

序号	事件类型	处置措施
14	主桥、立交或隧道发生垮塌	①第一时间赶赴现场查看情况； ②组织营救被困人员； ③通知公安、市政、国土、电力、通信等部门到场处理； ④视情况配合交警采取封路、交通管制等措施； ⑤将情况及时告知租赁和回购方业主，要求对方立即整改，并在事后检查落实情况；调集力量实施临时紧急抢险，尽快恢复交通
15	由于轻轨运行造成桥梁设施损坏	①第一时间赶赴现场查看情况； ②通知交警、轨道集团等到场处置； ③视损坏程度确定是否采取封路、封桥等措施； ④对受损设施进行检测，并尽快出具桥梁抢修方案； ⑤调集力量实施紧急抢险，尽快恢复交通
16	大雾、冰雪等恶劣天气造成道路不具备通行能力	①第一时间赶赴现场； ②划出警戒线，疏散车辆和人群； ③视情况通知交警实施临时封路及交通管制措施； ④调集力量对路面进行整治，清除路障

15.3 善后处置

1）善后处置

①配合相关部门，对事件进行调查处理。

②对于损坏的设备设施，应尽快编制维修计划，按申报流程修复完善。

③如果事件造成管养单位人员伤亡和财产损失，应按照有关政策，尽快给予善后安抚和赔付。

2）调查与评估

对突发事件的起因、影响、责任、经验教训和恢复重建等问题按照"四不放过"原则（"四不放过"原则：事故原因没有查清不放过；事故责任者没有严肃处理不放过;广大群众没有受到教育不放过;防范措施没有落实不放过)进行调查评估和处理。

3) 实施修复

根据事故造成的损失拟订修复计划,报管养单位领导批准后组织实施修复工作。

4) 做好后续报告

应根据事件处置情况,做好向上级有关部门的后续报告工作,也应当向员工发布简要信息和应对措施等。

15.4   培训和演习

①管养单位各部门应根据管养单位制订的《突发事件应急预案》的相关要求,制订相应的应急预案,储备相应的应急物资,组织本部处全体人员开展学习培训,熟悉实施预案的工作程序和工作要求,确保每个岗位在重大事故发生时知道该做什么和该怎么做,做好实施预案的各项准备工作。

②管养单位每年落实专项资金作为应急预案演练经费,各部处每年组织开展一次专项应急预案实战演练。每次实战演练工作完成后,各部处应对演练情况进行评估,并将评估情况报管养单位安保部门。安保部门应及时总结经验教训,针对薄弱环节提出改进措施,不断修订完善预案,进一步提高员工应急反应能力。

15.5   预案管理

管养单位各部门应根据应急预案和应急管理职责,组织制订相应的应急预案和保障计划。

为确保应急预案的科学性、合理性和可操作性,管养单位适时对应急预案进行修订和完善。原则上,每两年由管养单位安全管理部门牵头组织评审修订一次。

参考文献

[1] 范立础.桥梁工程:上册[M].3 版.北京:人民交通出版社,2017.

[2] 范立础.桥梁工程:下册[M].3 版.北京:人民交通出版社,2017.

[3] 项海帆,等.高等桥梁结构理论[M].2 版.北京:人民交通出版社,2013.

[4] 陈传尧.疲劳与断裂[M].武汉:华中科技大学出版社,2002.

[5] 周远棣,徐君兰.钢桥[M].北京:人民交通出版社,1991.

[6] 小西一郎,等.钢桥(第九分册)[M].北京:人民铁道出版社,1981.

[7] 沈祖炎,陈扬骥,陈以一,等.钢结构基本原理[M].北京:中国建筑工业出版社,2000.

[8] 王春生,陈惟珍,陈艾荣.桥梁损伤安全评定与维护管理策略[J].交通运输工程学报,2002,2(4):21-28.

[9] 中华人民共和国交通运输部.公路钢结构桥梁设计规范:JTG D64—2015[S].北京:人民交通出版社,2015.

[10] 中华人民共和国住房和城乡建设部,中华人民共和国国家质量监督检验检疫总局.钢结构设计标准:GB 50017—2017[S].北京:中国建筑工业出版社,2017.

[11] 国家铁路局.铁路桥梁钢结构设计规范:TB 10091—2017[S].北京:中国铁道出版社,2017.

[12] 英国标准学会.钢桥、混凝土桥及结合桥[M].成都:西南交通大学出版社,1986.

[13] 美国各州公路和运输工作者协会(AASHTO).美国公路桥梁设计规范:荷载与抗力系数设计法[M].辛济平等,译.北京:人民交通出版社,1998.

[14] 欧洲钢结构协会.钢结构疲劳设计规范[M].西北工业大学,中国铁道科学研究院,译.西安:西北工业大学出版社,1989.

[15] 费希尔.钢桥疲劳设计解说[M].钱冬生,译.北京:人民铁道出版社,1980.

[16] PAIK J K,KIM S K,LEE S K. Probabilistic corrosion rate estimation model for longitudinal strength mem-berg of bulk carrier[J]. Ocean Engineering,1998,25(10):833-860.

[17] 陈惟珍,D Kosteas.钢桥疲劳设计方法研究[J].桥梁建设,2000(2):1-3.

[18] 王天亮,党志杰.公路钢桥疲劳设计曲线参数研究[J].国外桥梁,1998,26(1):32-36.

[19] 禹智涛,韩大建.既有桥梁可靠性的综合评估方法[J].中南公路工程,2003,28(3):8-12.

[20] ELLINGWOOD RE. bridge design specifications[J]. Journal of Structural Engineering,1994,16(5):168-172.

[21] FRANGOPOL D M,HEARN G. Structural reliability in bridge engineering. Journal of Struc-

tural Engineering,1996,108(3):35-38.

[22] MELCHERS R E. Structural reliability analysis and prediction[J]. Journal of Structural Engineering,1999,18(3):218-228.

[23] 赵国藩,金伟良,贡金鑫. 结构可靠度理论[M]. 北京:中国建筑工业出版社,2000.

[24] KAMEDA H, KOIKE T. Reliability theory of deteriorating structures[J]. Journal of the Structural Division,1975,101(1):295-310.

[25] GEIDL V,SAUNDERS S. Calculation of reliability for time-varying loads and resistances [J]. Structural Safety,1987,4(4):285-292.

[26] MORI Y,ELLINGWOOD B R. Time-dependent system reliability analysis by adaptive importance sampling[J]. Structural Safety,1993,12(1):59-73.

[27] LI C Q,CSIRO. A case study on the reliability analysis of deteriorating structures[J]. Proceedings of the Institution of Civil Engineers-Structures and Buildings,1995,110(3): 269-277.

[28] 贡金鑫,赵国藩,赵尚传. 大气环境下锈蚀对钢筋混凝土结构可靠度的影响[J]. 大连理工大学学报,2000,40(2):210-213.

[29] 混凝土保护层厚度专题研究组. 钢筋混凝土保护层厚度取值的建议[J]. 建筑结构学报,1982,3(5):11-20.

[30] 张平生,卢梅,李晓燕. 锈损钢筋的力学性能[J]. 工业建筑,1995,25(9):41-44.

[31] 牛荻涛,王庆霖. 一般大气环境下混凝土强度经时变化模型[J]. 工业建筑,1995,25 (6):36-38.

[32] 贡金鑫,赵国藩. 考虑抗力随时间变化的结构可靠度分析[J]. 建筑结构学报,1998,19 (5):43-51.

[33] 陶靖轩. 经济预测与决策[M]. 北京:中国计量出版社,2004.

[34] 王有志,王广洋. 桥梁的可靠性评估与加固[M]. 北京:中国水利水电出版社,2002.

[35] 秦权. 基于时变可靠度的桥梁检测与维修方案优化[J]. 公路,2002,47(9):17-25.

[36] 刘小虎. 桥梁加固方案选择及资金分配策略[D]. 大连:大连理工大学,2005:28-33.

[37] RYALL M J. Bridge management[M]. Oxford:Butterworth-Heinemann,2001.

[38] 周履. 桥梁耐久性发展的历史与现状[J]. 桥梁建设,2000,30(4):58-61.

[39] 雷俊卿. 桥梁安全耐久性与病害事故分析[J]. 中国安全科学学报,2005,15(2):86-90.

[40] 陈肇元. 土建结构工程的安全性与耐久性[M]. 北京:中国建筑工业出版社,2003.

[41] 屈文俊. 既有混凝土桥梁的耐久性评估及寿命预测[D]. 成都:西南交通大学,1995.

[42] 牛荻涛. 混凝土结构耐久性与寿命预测[M]. 北京:科学出版社,2003.

[43] 刘亚芹. 混凝土碳化引起的钢筋锈蚀实用计算模式[D]. 上海:同济大学,1997.

[44] 张伟平. 混凝土结构的钢筋锈蚀损伤预测及其耐久性评估[D]. 上海:同济大学,1999.

[45] 张誉,蒋利学,张伟平,等. 混凝土结构耐久性概论[M]. 上海:上海科学技术出版社,2003.

[46] 周履. 21世纪的重要课题关于混凝土耐久性的新观点[J]. 国外桥梁,1998,26(4): 62-67.

[47] 《中国公路学报》编辑部. 中国桥梁工程学术研究综述·2014[J]. 中国公路学报,2014,

27(5):1-96.

[48] 冯正霖.我国桥梁技术发展战略的思考[J].中国公路,2015(11):38-41.

[49] 杨新华.疲劳与断裂[M].2版.武汉:华中科技大学出版社,2018.

[50] 周修南,刘圣根,牛虹.圣水大桥倒塌的教训[J].钢结构,1997(1):21-27.

[51] 王文涛.斜拉桥换索工程[M].2版.北京:人民交通出版社,2006.

[52] 陈思甜,王静,龚尚龙.钢管砼拱桥吊杆更换施工控制技术[J].重庆交通学院学报,2005(2):12-17.

[53] 姜宏维,崔玉萍.某吊杆拱桥病害原因分析及承载能力评估[J].市政技术,2008,026(5):389-393.

[54] 陈宜言,汤国栋,廖光明,等.拱式桥梁破损安全吊杆及其系统研究[J].四川大学学报(工程科学版),2008,40(1):44-50.

[55] 徐俊.拉索损伤演化机理与剩余使用寿命评估[D].上海:同济大学,2006.

[56] 徐岳,武同乐.桥梁加固工程生命周期成本横向对比分析[J].长安大学学报(自然科学版),2004,24(3):30-34.

[57] 陈艾荣.基于给定结构寿命的桥梁设计过程[M].北京:人民交通出版社,2009.

[58] 王礼.正交异性钢桥面板疲劳可靠性评估[D].重庆:重庆交通大学,2016.

[59] 曾勇,谭红梅,孙士成,等.基于概率的钢桥焊接构件疲劳养护策略优化方法[J].中国铁道科学,2013,34(1):29-34.

[60] 曾勇,甘林坤,谭红梅.全寿命成本分析法在钢桥疲劳检测与维修决策中的应用[J].武汉理工大学学报(交通科学与工程版),2011,35(5):1053-1057.

[61] 曾勇.大跨度悬索桥设计寿命期内的监测、维护与管理策略研究[D].上海:同济大学,2009.

[62] 杨绍兵.大跨径钢管混凝土拱桥桁架拱肋耐久性评估研究[D].重庆:重庆交通大学,2014.

[63] 史振伟.基于动态贝叶斯网络的钢桥疲劳检测和维修优化研究[D].重庆:重庆交通大学,2020.

[64] 周世忠.江阴长江公路大桥工程技术总结[M].北京:中国科学技术出版社,2005.

[65] 阮欣,陈艾荣,石雪飞.桥梁工程风险评估导论[M].北京:人民交通出版社,2011.

[66] 李世华.道路桥梁维修技术手册[M].2版.北京:中国建筑工业出版社,2015.

[67] 张磊.江阴大桥钢桥面铺装病害研究[D].南京:东南大学,2004.

[68] 雷俊卿,郑明珠,徐恭义.悬索桥设计[M].人民交通出版社,2002.

[69] 严国敏.现代悬索桥[M].北京:人民交通出版社,2002.

[70] 周孟波.悬索桥手册[M].北京:人民交通出版社,2003.

[71] 雷俊卿,郑明珠,徐恭义.悬索桥设计[M].北京:人民交通出版社,2002.

[72] 尼尔斯J·吉姆辛.缆索承重桥梁:构思与设计[M].姚玲森,林长川,译.北京:人民交通出版社,1992.

[73] 重庆市城市建设投资(集团)有限公司,重庆市城投路桥管理有限公司.钢结构桥梁管理与养护手册[M].重庆大学出版社,2022.